大国之声

人民日报国际评论"钟声"2013

人民日报社国际部 编

人民日报出版社

图书在版编目（CIP）数据

大国之声：人民日报国际评论"钟声"2013 / 人民日报社国际部编
——北京：人民日报出版社，2013.12
ISBN 978-7-5115-2314-3

Ⅰ.①大… Ⅱ.①人… Ⅲ.①时事评论—世界—2013—文集 Ⅳ.①D55-53

中国版本图书馆CIP数据核字(2013)第309884号

书　　名：	大国之声：人民日报国际评论"钟声"2013
编　　者：	人民日报社国际部

出 版 人：	董　伟
责任编辑：	蒋菊平
封面设计：	艺和天下

出版发行：	人民日报 出版社
社　　址：	北京金台西路2号
邮政编码：	100733
发行热线：	（010）65369527　65369512　65369509　65369510
邮购热线：	（010）65369530　65363527
编辑热线：	（010）65369523
网　　址：	www.peopledailypress.com
经　　销：	新华书店
印　　刷：	北京中新伟业印刷有限公司

开　　本：	710mm×1000mm　1/16
字　　数：	415千字
印　　张：	27
印　　次：	2014年3月第1版　2014年3月第1次印刷

书　　号：	ISBN 978-7-5115-2314-3
定　　价：	58.00元

目录
CONTENTS

安倍在历史问题上"抓狂" ……………………… 001

让国际关系体系转型更自如 …………………… 003

开历史倒车绝无出路 …………………………… 005

切实打击网络恐怖主义 ………………………… 007

解决安全问题的有益尝试 ……………………… 009

趁热打铁推动伊核问题解决 …………………… 011

"安保三箭"射穿安倍之"梦" ……………… 013

大国不应迫使中小国家选边站 ………………… 015

让勤劳和创新携手共进 ………………………… 017

环保是一项长期而艰苦的工作 ………………… 019

中国方案 中国智慧 …………………………… 021

为阿富汗平稳过渡提供支持 …………………… 023

值得期待的现实进程 …………………………… 025

多哈回合应力争"零突破" …………………… 027

社会共识也是竞争力 …………………………… 029

诚意总会得到理解 ……………………………… 031

双重标准自毁形象 ……………………………… 033

将不光彩的"标签"还给美国 ………………… 035

坚定的意志　有力的行动······037
有挑战，更有作为空间······039
历史观决定日本生存方式······041
创新开辟发展空间······043
为奥林匹克运动增添光彩······045
叙利亚化武销毁进入攻坚阶段······047
割裂战略无力结束"亚洲世纪"······049
"丝绸之路经济带"立意高远······051
中国周边外交步入新一轮活跃期······053
改革开放增添中国软实力······055
中国发展道路和中国梦
　　——如何更好"读懂中国"之一······057
改革开放永无止境
　　——如何更好"读懂中国"之二······059
对中国经济抱有信心
　　——如何更好"读懂中国"之三······061
促进和平发展的建设性力量······063
　　——如何更好"读懂中国"之四······063
美国也要守"村规民约"······065
抗衡中国是安倍对世界的贡献？······067
社会责任、职业良心千金难换······069
增强中欧经贸合作抗风险能力······071
让地方交往的大门越开越大······073
自信方能正确定义国家利益······075
空口袋立不起来······077
中缅管道项目的多重意蕴······079
拜鬼之举必须迎头喊打······081
只靠商机当不了"驾驶员"······083
"依赖症"有碍世界经济复苏······085
推动伊核谈判取得实质性进展······087

"否决政体"的"停滞本质"……………………………………089
把握解决叙利亚问题大方向…………………………………091
走正道方有远大前程……………………………………………093
对亚太发展前景保持信心……………………………………095
开创美好未来……………………………………………………097
合力推动区域经济一体化……………………………………099
深化传统睦邻友好………………………………………………101
全面准确执行销毁叙化武决定………………………………103
危险的安倍式"请便吧"………………………………………105
"政治极化"传递的信息………………………………………107
警惕"棱镜门"催生"割裂"…………………………………109
空头支票打造不出执政力……………………………………111
乌云掩不住和平的光芒………………………………………113
坚持六方会谈的正确方向……………………………………115
忘记历史意味着背叛……………………………………………117
共同构建全球金融安全网……………………………………119
务实推进"南海行为准则"…………………………………121
期待更精彩的"第二季"……………………………………123
大国当自重大国当作为………………………………………125
日本，执迷不悟难有出路……………………………………127
"例外论"损耗美国软实力…………………………………129
创造合作的"钻石十年"……………………………………131
日本，侵略历史翻不了案……………………………………133
美国，靠战争维护国际准则？………………………………135
日本的"反弹"不啻警钟……………………………………137
共同促进世界经济复苏………………………………………139
叙利亚问题，当心"模式"背后的私货……………………141
"例外论"，不可能获好名声…………………………………143
新兴市场国家，深化合作不是拉山头………………………145
"调查小组"承载重大使命…………………………………147

稳定，埃及唯一正确的选择……149
邪恶的"历史坐标系"……151
文明需要"约束"……153
挤压冷战思维扩展空间……155
伊核谈判现"机遇之窗"……157
共同准则岂容炒作……159
打开心结才能解除反恐魔咒……161
日本"拜鬼"闹剧当休矣……163
记取恒天然的教训……165
成熟的市场拒绝"双重标准"……167
日本无权频频突破底线……169
埃及最需要什么？……171
中国人权事业，博采众长的实践……173
媒体，勿忘工作出发点……175
日本右倾化加大世界戒心……177
底特律衰败凸显政治弊端……179
自力更生，推进现代化的法宝……181
中美投资合作需要好环境……183
日本，不要自讨没趣……185
强化跨国公司监管体系……187
重视实体经济竞争……189
发展，怎样强调都不为过……191
建设性是一种高贵的气质……193
释放新兴市场国家发展能量……195
填补网络空间"规则空白"……197
信口雌黄 倒打一耙……199
埃及过渡期更需包容力……201
亚洲合作，不能只摘低处的果子……203
美欧关系缘何"不堪一击"……205

中国特色的圆梦之路
　　——"中国梦让世界更美好"系列谈之一 …………… 207
和平发展之梦
　　——"中国梦让世界更美好"系列谈之二 …………… 209
合作共赢的品质
　　——"中国梦让世界更美好"系列谈之三 …………… 211
携手周边共同圆梦
　　——"中国梦让世界更美好"系列谈之四 …………… 213
为中英关系发展积累正能量 …………………………………… 215
依法办事经得起检验 …………………………………………… 217
人权事业需要"接地气" ……………………………………… 219
巴西到底出了什么问题 ………………………………………… 221
人权对话要有建设性 …………………………………………… 223
用好"新关联"这部反面教材 ………………………………… 225
坚持政治解决叙利亚问题 ……………………………………… 227
"例外论"有碍国际关系转型 ………………………………… 229
典型的"人格分裂"
　　——揭开安倍政权"价值观外交"虚伪面纱（上）…… 231
警惕制造"新冷战"图谋
　　——揭开安倍政权"价值观外交"虚伪面纱（下）…… 233
引领中美关系向前迈进 ………………………………………… 235
欧盟，别逞一时之快 …………………………………………… 237
自信中学会借鉴和分享 ………………………………………… 239
伊拉克，血腥冲突当止 ………………………………………… 241
输送武器只会加剧叙利亚危机 ………………………………… 243
欧盟"双反"措施打错了算盘 ………………………………… 245
创新，中国出口的外溢效应 …………………………………… 247
中非从来都是命运共同体 ……………………………………… 249
"数字鸿沟"不能越来越深 …………………………………… 251
中欧贸易需要宏大视角 ………………………………………… 253

从文化权利保护看西藏人权进步 ... 255
中国梦，同样属于世界 ... 257
未来，在中国青年手中 ... 259
"奇迹"创造者的尴尬 ... 261
制衣业惨案折射发展困境 ... 263
欧洲，向好迹象来之不易 ... 265
中国，中东和平推进者 ... 267
"更名"难掩美式偏见 ... 269
抹黑中国难掩"黑客帝国"恶行 ... 271
把握中国—东盟关系新机遇 ... 273
中东和平的正能量 ... 275
美国，少拿"国家安全"当幌子 ... 277
失序社会培育不了民主 ... 279
信息安全人人有责 ... 281
中国可持续发展的世界意义 ... 283
性质相同的两场闹剧 ... 285
为共同发展提供安全保障 ... 287
参拜撕去"暧昧"伪装 ... 289
活力亚太世界引擎 ... 291
"被遗忘"的恐怖袭击 ... 293
"价值观外交"结不出好果子 ... 295
收获扩大开放的红利 ... 297
切实推动半岛局势转圜 ... 299
"分速"发展不能分台对垒 ... 301
打压中国国企，救不了西方经济 ... 303
历史问题，只能"零容忍" ... 305
欧洲需要"进步主义"？ ... 307
别拿岛国心结作茧自缚 ... 309
共谋合作同促发展 ... 311
中非关系与时俱进 ... 313

积极参与北极合作	315
自由放任助长媒体丑闻	317
德班会晤传递积极信息	319
唱响"金砖"声音	321
中国，互利共赢倡导者践行者	323
中国，逐梦的步履更坚实	325
选贤任能是治国理政之要	327
中国周边紧张吗？数据说话！	329
"中国报告"何以引来非洲之思	331
邻居好，无价宝	333
"中国有自己的方式"	335
两会也是世界的故事	337
雷锋精神助推"中国梦"	339
两会彰显中国软实力	341
"期待伟大的事件发生"	343
适应实际，政治才可持续	345
欧洲亟需找回行动力	347
别把网络当战场　切勿损人又害己	349
美化侵略历史，不入流！	351
"经济天使"要展文化形象	353
厉行节约关乎国家品质	355
食品安全呼唤"全球治理"	357
开放才有竞争力	359
落实共识需要制度保障	361
预测中国外交的关键	363
消除"萨赫勒"乱局之道	365
阻遏网络战，美国负首要责任	367
共享春节　加深理解	369
"中国梦"播撒美好祝福	371
新型大国关系不是空洞概念	373

警惕叙利亚危机复杂化……375
实力"撑腰",才能和平发展……377
走和平发展道路是战略抉择……379
不要人为打造"双重亚洲"……381
有"永久责任"才有真正救赎……383
克服困难　向前发展……385
半岛局势呼唤智慧和勇气……387
菲律宾的徒劳之举……389
"极化",国之大害……391
衰落,美国自设的话题……393
美国不要再背新包袱……395
欧盟,自信点儿……397
关注非洲,不能只管"扑火"……399
美国外交当超越"纠错"……401
世界需要中印共同发展……403
金子总会发光……405
世界不是文明拳击场……407
美伊较劲　法案添乱……409
日本不要瞎折腾……411
民族自信心铸就"中国梦"……413
凝聚力也是行动力……415
有一种智慧叫"顺应"……417

安倍在历史问题上"抓狂"

>如果日本蓄意继续挑战中日关系底线,不断加剧两国之间的紧张对立,中国必将奉陪到底

日本首相安倍晋三参拜靖国神社后诡称,希望就其参拜行为当面向中韩领导人作出说明,并构建同中、韩的友好关系。

安倍想当面向中韩领导人说明什么呢?是想说明靖国神社曾是日本军国主义对外发动侵略战争的精神工具和象征,至今仍不顾各国人民反对,执意将犯下滔天罪行的甲级战犯奉为神灵?还是想说明参拜靖国神社是为军国主义招魂,严重伤害亚洲人民感情,挑战历史公理正义,冲击现有国际秩序?

显然,安倍想要说明的不可能是这些。不断加剧同中国之间的紧张对立,又煞有介事地谈论构建同中国的友好关系,这是小人之举,玩的是小聪明。

安倍参拜靖国神社后,遭到国际社会强烈谴责。日本《读卖新闻》、《每日新闻》等媒体纷纷批评安倍将个人政治信念置于国家利益之前,开始走上一条使日本在国际社会陷入孤立、损害自身利益的错误道路。或许让安倍尤其感到害怕的是,美国驻日本大使馆也对他参拜靖国神社表示"失望",认为此举加剧了日本与近邻各国紧张关系。

在历史问题上开倒车,制造事端破坏地区和平稳定,安倍的压力和窘态可想而知。然而,廉价的姿态又能解决什么问题呢?所谓重视发展对华关系,希望与中国领导人对话的表态极度虚伪。事实上,是安倍自

己关闭了同中国领导人对话的大门，中国人民怎么可能欢迎一个毫无诚信的政客？

说安倍虚伪，他或许还真感觉有些委屈。一边干着破坏中日关系的勾当，一边又信誓旦旦要改善对华关系，这样的事安倍干得实在太多了。

早在年初，安倍在给中国领导人的亲笔信中称，日中关系是最重要的双边关系之一，愿从大局出发，推动日中战略互惠关系向前发展。然而没过几天，在接受《华盛顿邮报》专访时，他就蓄意抹黑中国、歪曲历史事实，污蔑中国破坏日中关系。

7月，安倍表示日中两国进行推心置腹的对话十分重要。此后不久，他竟对《华尔街日报》记者妄称抗衡中国是为世界作贡献……

诸如此类的颠三倒四太多了。

"日中两国是不可搬家的邻居"、"日中关系是日本最重要的双边关系之一"、"日中经贸关系密不可分"、"（日中两国）应举行外长级、首脑级会谈"……紧随这些"示好"的，是中国威胁论、中国蓄意制造地区紧张、中国试图改变亚洲安全格局，需要构筑价值观联盟对抗中国等恶言。安倍实在是国际政坛上一朵语无伦次的"奇葩"！

其实，安倍并非逻辑混乱。在对华关系上，安倍有明晰的构想：蓄意恶化中日关系，就是煽动日本国内的右翼情绪，为实现扩张，恢复当年日本军国主义地位而制造舆论。

这种一厢情愿的构想果能实现？鬼都不信！接踵而至的挫败感，会让安倍抓狂。剩下的招数似乎只有一个，那就是铆足劲儿同中国比拼意志。

同日本比拼意志，我们有着值得骄傲的历史，也有着足够的信心和耐心。今日中国没有理由不让日本规矩起来，恢复起码的现实感。

如果日本蓄意继续挑战中日关系底线，不断加剧两国之间的紧张对立，中国必将奉陪到底。

（2013年12月31日）

让国际关系体系转型更自如

> 世界各国利益相互交融，主动顺应也好，被动接受也罢，增强人类命运共同体意识的现实意义不容否认

在全球诸多媒体评出的2013年十大国际新闻中，"叙利亚内战"几乎毫无悬念地名列其中。而这条新闻去年就已出现在诸多"十大"之列。

旷日持久的叙利亚战争，涂炭生灵，造成严重人道主义灾难，这个国家已经到了再打下去就要彻底变成废墟的地步。与此同时，地区安全也受到严重威胁，危机外溢的风险并未减小。

一些国际问题评论员将叙利亚战争同当今整个国际形势联系在一起，甚至提醒人们，2014年是第一次世界大战爆发100周年。

这种"联想"源自某种"相似性"：同一战前一样，当下没有哪个国家能够独自掌控局面，各国力量此消彼长，世界正处于再平衡的动荡期。

毫无疑问，这种貌似深刻的看法经不起推敲。尽管今年夏天叙利亚乱局急剧升温，个别外部大国甚至扬言要进行武力干预。然而，美俄就处理叙利亚化武问题达成的原则性协议让局势峰回路转，落实上述协议的工作正进入实质性实施阶段。

其实，出现转机的不单是叙利亚问题。博弈多年后，美国同伊朗的关系出现历史性的解冻，伊朗和有关六国终于就伊核问题达成第一阶段协议。经过马拉松式的谈判，世界贸易组织成立近19年来终于达成了首个全球性贸易协定。

透过这些现象，人们再次看到了大国在热点问题上的立场协调与务实

合作，感受到了各国解决全球性问题的迫切心理。毕竟，世界同100年前截然不同。经济全球化深入发展，这在很大程度上决定着未来国际秩序构建的方向。英国专栏作家马丁·沃尔夫认为，"政治方面的挑战在于，围绕那些会让几乎所有人长远受益的变革，如何达成共识。在不同的国家，答案不同。但我们必须找出答案。全球化提供了巨大的潜在益处，而各国政策必须确保这种潜力得以实现。"

2013年的风云变幻也让人们隐约捕捉到了一些新的"动向"。美国经济虽然有了起色，但消除国际金融危机带来的重创尚需时日，美国孤立主义倾向似乎有所加剧。

欧盟前外交和安全政策高级代表索拉纳最近明确指出，"欧盟对全球安全的贡献不应只限于保持其成员国之间的和平。欧洲还远没有到可以在功劳簿上睡大觉的程度——特别是在美国抽身两场战争、面临孤立主义思潮时。"

美国仍是当今世界实力最强大的国家，无意于真的从国际事务中抽身，让全球治理体系层面出现"停摆"。道理很简单，这不符合美国利益。有分析认为，下一步美国在对外事务中，会更多地采取"离岸操控"的方式，让盟国按照华盛顿的节拍更多地发挥作用。

是延续旧有的地缘政治思维，还是用更宏大的视野探索实现和平稳定的新路径？这样一个艰难的选择并不仅关乎叙利亚的未来。国际秩序的演进仍处在一个敏感的磨合期。

2013年，有两种趋势值得关注。一是各国通过政治经济政策的调整，在寻求自身的发展和稳定之道的同时，力求使区域与世界经贸合作框架下的相关规则更能符合本国利益。二是一些中小国家寻求建立更为平衡的地区政治安全框架，以便能够在一个看上去前途并不清晰的世界中维持稳定发展。在这两种趋势中，有一种倾向值得警惕，即借用旧的力量组合来维持所谓的平衡或旧有的主导地位，这可能会引发更为严重的失衡。

如何让国际关系体系更加自如地顺应经济全球化发展进程和世界多极化趋势，这是2013年留下的思考，也是2014年以及今后相当长一个时期各国将共同面对的重大课题。

（2013年12月30日）

开历史倒车绝无出路

  一个公然为军国主义侵略历史招魂的政客，有何资格奢谈和平？不能正确认识法西斯战争的邪恶，不能反省战争罪责，一个国家不可能真正复兴。开历史倒车，绝无出路和未来

  26日，无视国际社会特别是亚洲邻国的警告，日本首相安倍晋三悍然参拜靖国神社，为其整一年的执政画下丑陋句号。

  拜鬼，意味着什么？日本政客心知肚明。靖国神社供奉有14名二战甲级战犯牌位，正是这些人，给亚洲乃至世界人民带来了空前浩劫。对这些战犯顶礼膜拜，就是为军国主义招魂，是粗暴践踏中国和其他亚洲国家人民感情，是公然挑战历史正义和人类良知，是对战后国际秩序的公然蔑视。

  安倍公然拜鬼，是其错误历史观的又一次大暴露。在慰安妇问题上，安倍早在第一次担任首相期间就在内阁会议通过政府答辩书，称"没有证据证明强制性"，企图否认慰安妇问题是国家犯罪。2012年竞选自民党总裁时，安倍对担任首相期间未能参拜感到痛悔。今年4月23日，安倍抛出"侵略的定义在学术乃至国际上都没有定论"的谬论，国际舆论哗然。今年9月25日，安倍更是妄言，"如果大家想把我叫作右翼的军国主义者，那就请便吧"。如此大言不惭，清楚地表明，安倍浑然不顾"右翼军国主义"是个为人所不齿的标签。在历史问题上，安倍可谓劣迹斑斑。

  安倍公然拜鬼，是日本社会进一步右倾化的最新例证。由于对侵略历史清算不彻底，日本军国主义思想有着极其顽固的生存力。近年来，在经

济低迷的大背景下，日本一些政客缺乏对国家前进方向的理性设计，却一味迎合、强化右翼势力，导致日本政治生活中的右翼激进势力迅速抬头，政要屡屡发表"参拜靖国神社是日本内政"的错误言论，否定和美化侵略战争历史，为日本二战甲级战犯开脱罪责；安倍内阁加速扩充军备、升级自卫队、组建海军陆战队、推进修宪、通过保密法等一系列威胁亚太地区安全稳定的挑衅行为，引起国际社会和亚洲国家的高度警惕。

安倍公然拜鬼，是要向国际社会发出什么信号？安倍在声明中言之凿凿地称，在执政一周年之际，参拜是为了重温日本将绝不发动战争的承诺，是为了"持久的和平"。这是何等滑天下之大稽。一个公然为军国主义侵略历史招魂的政客，有何资格奢谈和平？日本如果真心希望为促进世界和平作贡献，它首先就该摆脱否定历史和美化侵略的错误历史认知，向受害国人民真诚反省和谢罪。正如韩国政府所指出的，安倍的行径，破坏整个东北亚安定和合作，违背时代潮流，带着这样的错误历史观，日本如何为促进和平作出贡献？

安倍公然拜鬼，表明其政权执意要沿着错误的方向继续走下去。英国《卫报》网站近日发表题为《安倍晋三：这位日本首相是个危险的军国主义者，还是现代化的改革家？》的文章。现在，答案已不言而明。安倍否定历史的言行已经多矣，足够让人们看清，他追求建立的"正常国家"、"强大国家"将是一个什么样的国家？无非是一个公然美化侵略历史、否定世界反法西斯战争胜利成果、挑战战后国际秩序安排的国家。这样一个国家不可能融入国际关系体系。这样一个国家绝对不可能带给世界任何"积极的和平"。

历史告诉人们，不能正确认识法西斯战争的邪恶，不能反省战争罪责，一个国家不可能真正复兴。开历史倒车，绝无出路和未来。

（2013年12月27日）

切实打击网络恐怖主义

网络恐怖主义危害性日益突出引起国际社会广泛关注，已成为国际反恐斗争的重要课题

网络空间被视为继陆、海、空、天之后的"第五空间"。网络技术的迅速发展使信息传播形态发生深刻变革。互联网成为各国抢夺的战略阵地，也成为恐怖势力开展活动的重要工具。联合国安理会近日通过决议，首次明确要求各国就加强打击网络恐怖主义采取具体措施。

保障"第五空间"安全，各国面临共同挑战。一方面，国际恐怖组织利用互联网传播恐怖思想，征募成员、筹措资金，以建立跨国恐怖网络，协调行动。今年发生在肯尼亚首都内罗毕西门购物中心的恐怖袭击事件，就是由来自索马里、英国等多国恐怖分子利用社交网站组织、策划并实施的。另一方面，互联网论坛和社交媒体为极端分子提供了更多的机会和信息。网上学习实施恐怖袭击的手段，三五个人便能发动一场造成大量伤亡的恐怖袭击。今年的波士顿马拉松赛恐怖袭击案，就是察尔纳耶夫兄弟通过脸谱网站接受极端思想，在自家厨房制作简易爆炸装置。《纽约时报》将该案称为"社交媒体时代首例全方位互动式全国悲剧"。

中国也是网络恐怖主义的受害者。近年来，以"东伊运"为首的"东突"恐怖势力大肆发布恐怖音视频，煽动对中国政府发动所谓"圣战"，成为近年来中国境内特别是新疆地区恐怖袭击多发的主要和直接原因之一。"东伊运"等"东突"恐怖势力大搞网络恐怖主义，危害中国安全与稳定，助长国际恐怖极端思潮的泛滥，给国际社会安全与稳定

带来严重隐患。

网络恐怖主义危害性日益突出，已成为国际反恐斗争的重要课题。美国前国防部长帕内塔曾警告说，下一次美国遭遇"珍珠港事件"会是针对政府安全网络系统或者全国电网网络控制系统的"网络恐怖袭击"。美国著名学者约瑟夫·奈两年前指出，网络威胁有网络战、网络间谍、网络犯罪和网络恐怖主义四种表现形式。目前，主要损害来自网络间谍和网络犯罪。但未来10年，网络战和网络恐怖主义的威胁将远大于今天。由非国家网络行动者造成的网络威胁，将迫使各国政府进行更紧密的合作。

加强对话与合作才是维护安全的根本途径。当前，国际社会应对网络恐怖主义还未形成合力。监管尺度标准不一，是网络恐怖主义蔓延的一个重要原因。如美籍也门裔恐怖组织头目奥拉基煽动恐怖主义的演讲视频，曾在主流视频网站上广泛传播，有关网站未被有效遏制。

恐怖主义威胁国际和平与安全，是全人类的共同敌人，加强国际合作打击网络恐怖主义刻不容缓。

（2013年12月25日）

解决安全问题的有益尝试

> 中方一贯支持联合国及禁化武组织框架内的叙利亚化武销毁工作。中方将同国际社会一道向叙化武销毁工作提供必要支持

叙利亚局势牵动国际社会,爱好和平的国家与人民为保护生命、熄灭战火而努力。以俄罗斯提出的化武换和平建议为转折点,叙利亚问题政治解决前景再现曙光。关于消除叙利亚化学武器的框架协议达成后,在最短时间内、以最安全的方式销毁叙利亚化学武器被提上日程。

9月下旬,禁止化学武器组织执行理事会和联合国安理会分别以协商一致方式通过销毁叙化武的决定和决议,要求叙利亚在明年上半年完成全部化武销毁。同时,鉴于当前形势需要,禁化武组织历史上首次允许将化武运往境外销毁,为成员国参与其他国家化武转移和销毁等工作开绿灯,为国际合作在公海销毁叙化武扫清了法律障碍。

上述决定和决议得到国际社会的积极支持和迅速响应。不仅美国、俄罗斯、英国等国家先后表示愿提供资金和物资,为确保海上运输安全,禁化武组织缔约国也纷纷贡献力量。据报道,在此次公海销毁叙化武过程中,俄罗斯提供的武装运输车将首先在叙利亚境内收集化学武器,挪威和丹麦的运输船和海军护卫舰将把化学武器经地中海运至意大利某港口,中国和俄罗斯提供海上护航,最后由美国海军用配有特殊设备的军舰运往国际海域销毁。

作为联合国安理会常任理事国、禁止化学武器组织执行理事会成员,中国政府在第一时间向禁化武组织提交了10名有能力执行监督销毁任务的

专家名单。目前，其中两名军队专家已完成禁化武组织培训，随时准备赴叙，另一名化工专家将随化武运输船执行运输过程中的核查任务。此外，中国国防部的一名专家已被禁化武组织总部借调，专门负责叙化武销毁工作的计划协调。物资方面，中国政府宣布将提供12台监控设备和10辆救护车，用于化武从储存点到叙港口的陆路运输。中国海军战舰不日将赶赴地中海，承担从叙港口到意大利中转港口的安全护卫工作。

谈判过程中，中方代表为维护国际法和安理会决议的权威、推动化武裁军，坚持正义公平、法理公道，进行了不懈努力，发挥了重要的建设性作用。中方一贯支持联合国及禁化武组织框架内的叙利亚化武销毁工作。中方希望叙化武销毁能够安全、顺利完成，这有助于叙问题政治解决，增进地区安全，符合各方利益。中方将一如既往，同国际社会一道向叙化武销毁工作提供必要支持。

可以说，叙利亚化武销毁的意义远不限于传统的化武裁军，已成为推动叙问题通过政治方式得到妥善解决的关键指向标，对维护地区和平与稳定具有重要而积极的意义。各国积极响应，以各种方式向叙化武销毁提供物质和资金方面的支持和援助，是多边框架下通过国际合作处理并解决安全问题的有益尝试。

（2013年12月24日）

趁热打铁推动伊核问题解决

> 伊核问题有关各方应本着相互尊重、分步对等原则，尽快推动伊核问题的解决取得实质性进展

伊朗核谈判刚刚开局又陡生波澜。日前，美国财政部公布了包括19家公司及个人的制裁伊朗"黑名单"。这是自有关六国与伊朗在日内瓦就伊核问题达成第一阶段协议后，美国出台的新制裁措施。伊朗断然宣布退出会谈以示抗议。好在这轮交锋有惊无险，几天后伊朗核问题首席谈判代表阿拉克奇表示，伊朗将继续参加伊核问题技术会谈。

这样的"小插曲"出乎意料，又在情理之中。11月24日达成第一阶段协议时，各国舆论已预料到谈判过程注定迂回曲折、布满险阻。美伊双方需突破国内重重阻力，相关国家在解决伊核问题过程中也有自己的诉求和关切。以色列明确反对第一阶段协议，不断向美国施加压力，沙特等海湾国家也是忧心忡忡。排除万难除干扰，推动谈判不断取得进展，难度着实不小。

六国与伊朗达成的初步协议多有模糊不清之处，留下不少可以各自表述的地方。这些"创造性"的模糊为达成协议创造了条件，但也为后续行动增添了不确定性。针对此次增加制裁对象，美国方面的解释是，这只是落实原有制裁条款，不是什么针对伊朗的新行动。

外交是内政的延续。美伊国内均有一些政治势力对第一阶段协议不满，试图阻止谈判继续下去。美国参议院一直威胁要通过新制裁法案，伊朗国内强硬派反对停止"发展核能"。美国突然宣布新制裁名单，伊朗一

度宣布中断会谈，很大程度上都是做给本国反对派看的。但以往的经验表明，这种象征性的惊险动作，并非每次都能掌控自如，玩不好很容易破坏来之不易的谈判氛围。在当下这样一个敏感时期，情况更是如此。英国《卫报》发表社评称，"若伊朗核问题的成功解决受制于双方短视的故作姿态的言行，那将是个悲剧。"

第一阶段协议是通过外交手段解决伊核问题的重要一步。和平解决伊朗核问题符合美伊双方的利益，符合国际社会的利益。"好的开始，远未结束"（英国《经济学人》语）。要继续推进谈判，美伊均需坚定决心、强化定力，要以高度的责任感、相向而行的诚意化解种种风险。

中国仍将一如既往地坚持劝和促谈，为实现伊核问题的全面、妥善解决发挥建设性作用。伊核问题有关各方应本着相互尊重、分步对等原则，趁热打铁，共同致力于维护政治外交解决的气氛和势头，尽快推动伊核问题的解决取得实质性进展。

（2013年12月20日）

"安保三箭"射穿安倍之"梦"

> 任何一个有正常发展战略的国家,都不会容忍公然否认历史公理正义、挑战战后国际秩序的日本成为军事大国的图谋

12月17日,日本政府召开内阁会议,通过了新《防卫计划大纲》以及《中期防卫力量整备计划》和国家安全保障战略3份有关安保政策的重要文件。这3份文件被日本媒体视为安倍晋三射出的"安保三箭"。

"安保三箭"射向何方?

新大纲删除了"建设有节度的防卫力"的表述,提出增加防卫预算,购买倾转旋翼机和无人侦察机,强调要强化同盟主在情报收集方面的合作……咄咄逼人,火药味十足,突破战后和平宪法、重新武装起来的图谋跃然纸上,莫非这就是安倍渲染的"积极和平主义"?

本月早些时候,日本《东京新闻》发表社论指出,安倍政府在安保政策上的一系列举动或将从根本上改变二战后日本致力于构建和平国家的形态。

几天前,安倍在接受记者采访时表示,对他来说今年的主题字是"梦",尽管安倍将自己的梦同东京申奥成功连结在一起。但是,联系到安倍及其内阁竭力为日本侵略历史翻案正名,一再激化钓鱼岛问题,在国际社会四处煽风点火、挑拨离间,人们清清楚楚地看到,安倍心中还有一个不便言说的"梦"。今天,这个不便言说的"梦",再一次被"安保三箭"射穿。

日本在军事安全领域的政策不仅事关日本国家发展走向,也影响整

个地区的安全环境。对安倍愈益明晰的"梦",世界各国都保持着高度警惕。俄罗斯科学院远东研究所日本研究中心负责人瓦列里·基斯塔诺夫认为,日本国家安全战略的改变反映出,日本的方针是变成真正的军事强国。《纽约时报》指出,日本距离和平主义国家已渐行渐远。安倍欲摆脱战后体制,重拾冷战思维的行为既过时又危险。彭博社一针见血地指出,"安倍有着更大的抱负,要让日本这个岛国重申它是亚洲天生的领导人。"

从安倍身上,人们再次看到了其外祖父、恶贯满盈的甲级战犯岸信介的影子。荷兰学者布鲁玛曾对德国与日本战后不同表现作过比较。这位学者写道:"岸信介是20世纪三四十年代有法西斯倾向的民族主义者……他毕生追求修改美国人在战后起草的日本和平宪法,要再次把日本建成骄傲的军事强国……完成外祖父未竟的事业是安倍最大的愿望:放弃宪法和平主义并掩盖岸信介那代人的战争罪行"。

"过去永远不会死去。过去甚至不曾过去。"安倍晋三急不可耐之举,不由得让人想起美国作家福克纳的话。

"日本是传统上就不善于制定国家战略的国家",中曾根康弘这句话已为大家所熟知。现在看来,日本肆意妄为、激起众怒的一大原因,就是丧失了起码的现实感。

冷战结束已20多年,当今世界,各国利益交融、相互依存,和平、发展、合作、共赢成为时代潮流。安倍却依然深陷于力图主导亚洲的迷梦中不能自拔,变本加厉否认二战结果,在右倾化道路上越走越远。急不可耐地奔向扩军备战之路,安倍之"梦"将引领日本走向怎样的未来?

任何一个有正常发展战略的国家,都不会容忍公然否认历史公理正义、挑战战后国际秩序的日本成为军事大国的图谋。

(2013年12月18日)

大国不应迫使中小国家选边站

没有哪个国家愿意生存在一种紧张的军事对立的环境中。大国的对外战略一旦落入要迫使中小国家划线站队，势必会激起强烈反弹

乌克兰近期连续发生大规模集会游行活动。一部分人期望乌克兰加速向欧盟靠拢，而另一部分人则支持总统本着务实态度采取对外经济行动，而不是在欧盟与俄罗斯之间选边站。

西方舆论在这一事件上的导向是十分鲜明的，有学者指责美国欧盟此次给力不够，甚至抱怨"乌克兰已被美国遗弃"。而俄罗斯总统普京则明确表示，"俄罗斯依旧向乌克兰敞开深化两国经济一体化关系的大门。"

冷战结束已经很多年，但乌克兰"上演"的这一幕表明，在很多西方人的内心深处，仍保留着一种强烈的"家庭意识"，他们认为，像乌克兰这样仍然"介于西方和俄罗斯之间的国家"理应成为西方的"家庭成员"。

俄罗斯在西方人心目中的异类感和俄罗斯一直对西方保有的高度警惕感，并没有因为冷战的结束而自然消退。传统大国关系中的地缘政治角逐，并没有远离我们这个已经全球化了的世界。美国智库外交关系学会的专家库普钱分析称，华盛顿和莫斯科还在继续针对俄罗斯周边国家进行巨大影响力的竞争游戏。一个月前，北约在波兰和拉脱维亚举行的代号为"坚定爵士2013"的演习，持续了一周，创下北约近10年来军演规模之最的纪录。

2008年爆发的国际金融危机之后，大国关系开始发生变化。很多专

家预测，西方大国因实力相对下降，会更看重如何通过全球治理机制的调整，来达到一种新平衡。但乌克兰的这一幕提醒我们，尽管经济遭受重创、复苏十分艰难，以及内部政治社会进入调整期，西方大国在战略上的传统强势仍未从根本上改变，尤其是在其经济不振之时，会更有一种担心地位改变的焦虑感。

大国博弈仍然在主导着国际格局的走势。在今年叙利亚问题、伊朗核问题等一系列重大国际热点背后，都可以看到大国迅速变幻运动着的身影。

传统的大国关系逻辑，在今后一段时间的国际舞台上，仍会有更多的展现，也是从旧的大国关系模式向新模式过渡时期最为突出的国际政治现象。各大国均会着力于在未来世界体系中占据更为有利的地位，这不仅显示在治理方式及其治理权的博弈上，也表现在一些区域政治经济格局的重新整合之中。

传统的大国游戏，对于类似于乌克兰这样处于地缘政治关键地位的中小国家来说，具有一定的挑战性。看上去，这些国家可以通过"等距离外交"从二强之争获利，但其前提只能是二强力量的均衡。现在乌克兰面临的麻烦是，它可能在尚未具有能成为二者间的"桥梁"或"纽带"的力量之前，就不得不先在二者间作出选择。

但是，新变化也开始出现。尽管乌克兰面临挑战，但没有哪个专家会相信它会在不远的将来完全倒向某一方。目前乌克兰国内已经出现了要求对外政策应重视本国利益的呼声，这与中小国家普遍出现的独立自主意识的增强是同步的。

没有哪个国家愿意生存在一种紧张的军事对立的环境中。大国的对外战略一旦落入要迫使中小国家划线站队，势必会激起强烈反弹。换一个角度来看，未来新兴中小国家力量的不断提升，也构成了塑造未来大国关系的重要因素。中小国家的发展会受到大国关系的制约，同样也会影响大国关系的发展。正是这样一种互动的关系，成为决定未来新型大国关系构建的重要因素之一。

（2013年12月16日）

让勤劳和创新携手共进

中国人的精神气质以中国形象为底色，中国形象由千千万万中国人的精神气质来支撑

近日，一家美国公司和一家德国公司联合发布了一份"劳动力竞争精神"国别报告，中国员工被冠以"最勤劳"的称号。引人注目的是，该调查衡量员工勤劳与否的标准不仅包括劳动时间与强度，还包括工作中所展现的创新能力。

全球8000多名受访者将中国劳动者推上"勤劳榜"首位，或许与部分受访者的个性化体验有关，但显然也有中国快速发展的大背景。

人是生产力中最活跃的因素。近年来，越来越多的学者和媒体在探寻中国经济奇迹背后的深层原因时，将视线投向中国人艰苦奋斗的精神气质。中国应对国际金融危机的骄人成绩给世界带来希望，勤劳坚韧的"中国工人"曾被美国《时代》周刊列为年度人物。这一切，不由得让人联想到英国历史学家弗格森的著名论断：工作伦理也是解码文明兴替奥秘的一把钥匙。

在前面提到的这份"勤劳榜"上，德国和美国分列第二、第三名，这样的排名绝非偶然。读一读世界各国的成长史，都有历史文化、民族性格的支撑，包含了几代人奋斗不息的非凡历程。德国人崇尚实干、苦干和勤俭，很少有人相信生活中有"天上掉馅饼"的好事。美国是个年轻的国家，执着与奋斗的基因为其步入成长轨道提供了内生动力。

随着发展水平不断提升，人们的生活日益改善。但是，一旦丢掉了昔

日成功所倚仗的勤劳品质，一个国家的竞争力就将大打折扣。经济转型这一时代课题，让劳动力素质的内涵更加丰富。对任何一个国家、任何一个城市来说，激发劳动者创新意识都十分重要。

哈佛大学教授爱德华·格莱泽曾以美国两座城市的兴衰为例，阐释劳动力素质对于现代经济的重要性。西雅图曾是"波音"的城市，就像底特律被"通用"统治一样。所不同的是，西雅图航空工业从业人员受过良好教育，有能力快速适应经济转型；底特律为数众多的汽车业工人素质相对较低，人才储备不足制约了这座城市的转型，国际金融危机甚至将其推入破产境地。

为提高劳动力素质，世界各国都在绞尽脑汁。韩国政府宣布，要以素质教育为基础发掘每个学生的潜能，培养出社会需要的创新型人才，并着手开发以讨论和项目为主的"合作式学习"模式。奥地利《2025教育报告》则强调，必须加强对中、低端劳动力的培养与再培训。发展中国家要跨越"中等收入陷阱"，尤其需要在激发劳动者创新能力方面下真功夫、苦功夫。美国公司和德国公司的调查将创新能力纳入勤劳指数，也体现了这样一种关照。

当勤劳成为一个民族的生存方式，当创新源泉充分涌流成为一个国家的鲜明特色，这样一个民族必将迎来伟大的复兴，这样一个国家注定拥有光明的未来。

（2013年12月13日）

环保是一项长期而艰苦的工作

> 环保是一个永无止境的"万年工程"。拥有并保持一个良好的环境,需要严格而持久的监督,更需要不停顿的进步。

据《纽约时报》报道,12月9日,8位美国州长计划向美国国家环境保护局请愿,要求对"铁锈地带"和阿巴拉契亚地区的9个州强制采用更为严格的空气污染管理标准。因为这9个州纵容姑息使用煤炭的火力发电厂、工厂排放粉尘和烟雾,严重影响了其他州的空气清洁。

在欧美发达国家的媒体上,类似的环保事件仍然是民众最为关注的新闻,即使这些国家通过多年的治理,已经有了相对较好的环境。欧盟近日出台更严格的汽车碳排放量标准,就是一个新例。这些与环境相关的新闻,从另一个侧面揭示了环保这个"行业"的特征。它是一个永无止境的"万年工程"。拥有并保持一个良好的环境,需要严格而持久的监督,更需要不停顿的进步。

伦敦、洛杉矶这样一些西方大都市战胜雾霾的故事,已经成为世界环保史上的经典篇章。从1952年伦敦烟雾事件导致数千人死亡,到1980年伦敦每年的雾天下降到5天,英国人经过了长达30多年的艰苦奋斗。即使到今天,伦敦人已经可以享受到美好的蓝天,这样的奋斗仍远未停止。最近的消息称,英国将再次修改《清洁空气法案》,提升相关标准,促使相关产业持续进步。

发达国家的环保工程建设,大体上都是在上世纪五六十年代起步的,其间经过了技术的不断提升、标准的不断严苛、公众环保意识的不断增强，以及不同利益集团之间的博弈，最终取得了今天这样的成果。但这个成果也只能是相对的，仍然不是完美的，环保工程可能根本就没有完美。

对于仍然处于工业化进程中的发展中国家来说，采取必要措施尽快提升环保水平的关键在于，在环境问题已经成为世人广泛关注的舆论大氛围下，环保必须实现与经济发展、生活水平改善同步进行，而且还要尽力做到跨越式提升。

偏远山区的民众可以因为手机的运用而缩短与信息时代的差距，环保的差距却没有那么容易拉近。环保需要一个整体的目标，同时也要使其真正融入政治、经济、社会、教育等各个层面的发展动力之中，使环境标准演化成为每一个人、每一个工厂、学校和机构在这个大社会中生活和运行的"基本准则"。

另一个考验是，环保工作的持久性需要长期艰苦细致和耐心的工作，需要各个部门对任何一个有可能的污染之源保持高度的警惕，需要整个社会有对每一棵树木、每一条河流、每一座大山和每一片蓝天的关爱之情。

环保不可能一步到位，这是因为环保工作的"位"是动态的，是在不断提升的。环保只能是不懈的追求，今天的到位并不意味着明天的达标。

环保的进步，需要培育一种一代一代人能够坚守下去的精神。环保只有融入发展的基本理念之中，与大自然的和谐相处只有渗透在一个民族的血液之中，人们的生活环境才能够持续不断地改善。

环保只有更好，没有最好。

（2013年12月12日）

中国方案　中国智慧

联合国根据中国提倡设立"世界城市日",是国际社会对中国感召力、影响力的认同,是中国负责任大国作用的体现

近日,联合国大会第二委员会一致通过决议,将每年10月31日设为"世界城市日"。这是中国首次在联合国推动设立的国际日。

2010年的上海世博会第一次以城市为主题,唱响"城市,让生活更美好"。其间发布的《上海宣言》向世界呼吁,建设和谐城市是城市可持续发展的解决之道,倡议将10月31日定为世界城市日,以激励人类为城市创新与和谐发展不懈奋斗。

人类发展的文明史也是城市发展史。城市化是人类社会发展的普遍规律,是世界各国推进现代化必经的历程。联合国数据表明,当前全球一半以上的人口生活在城市,2011年到2050年全球将新增人口23.32亿,城市人口增长26.2亿,人类社会已经进入了以城市为主的新阶段。

从国际经验来看,一个国家或地区的居民收入水平,往往与城镇化率成正比。居民收入水平较高的发达国家,城镇化率一般达到80%。麦肯锡公司数据显示,在2025年左右,全球600个城市创造的GDP将占全球GDP总额的2/3,城市和大都会成为全球经济发展的发动机。

目前风起云涌的城市化浪潮正由发展中国家推进。预计2007年至2050年期间,世界将新增31亿城市人口,其中29亿来自发展中国家。美国布鲁金斯学会发布《全球城市发展报告》显示,2012年全球经济增长最快的城市中,3/4来自亚洲、中东、拉丁美洲和非洲。

发达国家的城市化经验表明，当城市化率达到40%—60%左右，经济社会发展将面临一系列挑战。资源危机、环境恶化、社会矛盾凸显，各种"城市病"困扰城市发展。如今发展中国家城市化进程更为复杂，资金不足、竞争激烈、人口多，经济对外依赖严重……

本轮城市化浪潮的种种潜在危机，引起广泛关注。联合国副秘书长霍安·克洛斯呼吁，"各国在城市化发展过程中，应制定相应的可持续发展战略，使城市成为经济、社会、文化和政治进步的载体。"在当今相互依存的世界，能否处理好城市化进程中的问题，不仅决定着发展中国家的命运，也关乎人类社会的未来。

然而，治好"城市病"没有万能药。根据不同环境、处境与传统因素对症下药才能让城市化健康推进，相互交流借鉴也是走好城市化道路中可贵的照明灯。

中国开启了人类历史上规模最大、速度最快城镇化进程，城镇化率从1978年的17.9%迅速提升到目前的50%以上，仅用30多年时间就达到英国用200年、美国用100年才实现的城镇化水平。中国怎样破除城乡壁垒，走出一条以人为核心、注重质量的新型城镇化之路？中国大胆探索与实践，也愿意同世界分享交流。

"世界城市日"的设立，将为各国加强在城市化领域合作提供契机。每年的10月31日，人们不妨在匆忙行进中驻足思考、共同探讨，如何实现城市化的健康可持续发展、如何在开发建设中守护城市的灵魂、如何让城市承载起人们对美好生活的梦想？

中国在自信前行。人类发展进程中，将会有更多的中国方案、更多的中国智慧。

（2013年12月11日）

为阿富汗平稳过渡提供支持

尽快稳定下来，是阿富汗恢复发展的前提，相关各方的政治考虑须与这个大目标同步

美国从阿富汗的撤军进程是否会出现"卡壳"？由于美阿双方就《双边安全协议》签署问题再度发生分歧，人们对于这个问题的关注度在提高。尽管近日访阿的美国国防部长哈格尔表示，阿富汗国防部长比斯米拉汗已经向他保证，阿富汗会及时和美国签署安全协议，但相关信息表明，他并没有得到阿富汗方面将放弃"新要求"的确认。

根据国内相关程序，美国希望今年年底前签署这项安全协议。美国甚至威胁说，如果达不成协议，美军将于2014年之后全部撤离阿富汗。而阿富汗总统卡尔扎伊表示，阿美安全协议在明年阿总统大选前不应生效。他承认美阿两国之间缺乏互信，这为安全协议的前景蒙上阴影。北约已经发出警告，如果继续拖延签署协议，"国际社会对于阿富汗的军事和经济援助将面临风险"，甚至有人提出要绕过立场强硬的阿富汗总统卡尔扎伊来签署该协议。

2014年是阿富汗实现过渡的关键年份。围绕北约撤军后的安排，美国、北约、阿富汗政府、伊朗等各方展开激烈博弈。值得关注的是，这样的利益博弈有可能会使地区稳定的重心出现偏离，资源控制、地缘政治中的优势地位，以及如何弱化竞争对手这样一些私心杂念，可能会取代对阿富汗前途和命运的考虑。这不利于阿富汗的长远稳定。

事实反复表明，一旦遭受几十年战争创伤的阿富汗过不上正常日子，地区和平无望，世界也无法安宁。满目疮痍、民生凋敝、武器流散……贫困和暴力没有国界。难民潮、毒品走私、恐怖活动已经让世界实实在在地感受到阿富汗问题的冲击波。拿不出切实有效的方案，拖延问题的解决，阿富汗问题有可能掀起更大波澜。

尽快稳定下来，是阿富汗恢复发展的前提，相关各方的政治考虑须与这个大目标同步。国际社会各方应切实兑现对阿富汗的援助承诺，重点支持阿富汗加强军警能力建设，切实承担安全责任，保持阿富汗局面整体可控，确保重建平稳起步。处理阿富汗相关问题时，应当具有这样一种现实感。

推进阿富汗和平重建进程，阿富汗人民应当说了算，这个大的原则须得到坚守。阿富汗政府自身能力建设难以一步完成，全面推进阿富汗和平重建进程，离不开国际社会的支持。相关各方应支持阿富汗高级和平委员会为促进民族和解发挥重要作用，重视听取阿富汗的意见和要求，向2014年总统选举和省级选举提供技术和资金等援助，协助阿方顺利举行此次大选，为阿富汗进入转型阶段奠定基础。

中国和阿富汗是传统友好邻邦。中方真诚希望阿富汗实现和平、稳定与发展，一直积极参与阿富汗和平重建进程，在基础设施建设、资源能源开发、人力资源培训、医疗卫生、文化教育等领域向阿富汗政府和人民提供力所能及的帮助。中国支持阿富汗维护国家独立、主权和领土完整，尊重阿富汗人民根据本国国情选择的发展道路。中国将于2014年举办"伊斯坦布尔进程"第四次外长会，为促进阿富汗和平稳定发挥积极作用。

（2013年12月10日）

值得期待的现实进程

以某个强国为主导的国际体系已落后于时代，经济一体化深入发展呼唤更加均衡的治理结构。种种迹象表明，建立新治理模式是一个值得期待的进程

世界贸易组织（WTO）第九届部长级会议在延迟闭幕20个小时之后，终于就"巴厘一揽子协定"达成一致。这是一次历史性的突破。协定为探索新治理模式竖立了一个里程碑，为构建更为公平、合理的国际经济秩序注入正能量。

世贸组织在关贸总协定基础上努力构建新的贸易体系，这一努力得到国际社会的广泛认同。在诸多全球性机制中，世贸组织相对来说运转得较为顺利，维护了全球贸易秩序，还帮助新兴市场国家融入全球市场。多哈回合谈判的意义在于，全球贸易体系能否在不断变化的形势下焕发出新的生命力。

"巴厘一揽子协定"的达成，让人们看到，建立和完善诸多领域的全球治理虽有极大难度，但并非遥不可及。世界没有因全球化步入一个没有规则的混乱时期。相反，全球化将整个世界日益连结为命运共同体的同时，也为妥协与合作提供了比以往更为现实的背景和更加强大的动力。世贸组织成员深知，没有全球贸易体系的完善，本国经济发展将深受影响。世界需要更加公平合理的规则，制定规则的程序也需要与时俱进。

全球秩序的构建充满利益博弈和理念冲撞，其难度可想而知。"巴厘一揽子协定"的达成历时12年，历经死而复生的不寻常转机，激烈的讨价

还价从未减弱。但是，世界毕竟已经进入这样一个时代，很多问题只能靠各国一道谈判解决，也必须得到解决。无论是反恐、应对气候变暖和控制金融风险等全球性问题，都无法靠一两个国家来解决。要生存和发展，就得进行更多的全球合作，规则升级版不能遥遥无期。

实力至上的时代已经过去，多极化趋势不可逆转。由各国普遍参与的谈判像马拉松一样漫长而熬人，有时甚至是一团混战，一些原本有望达到的目标往往在最后一刻落空。但这终归是一种历史性进步。国家无论大小均是平等的参与者，小国联合在一起也具有相当的谈判实力。多哈回合的谈判进程表明，多边框架可以更好地照顾到贫穷和弱小国家的利益，有助于让它们获得更加公平的机会。多边框架下的谈判，也给大国充分发挥协调作用的空间。大国通过利益的权衡和灵活的穿梭可以更有效地促进全球规则的建立，并在这一过程中最大限度地维护和促进自身利益。

2008年国际金融危机爆发后，人们更加清晰地看到，以某个强国为主导的国际体系已落后于时代，经济一体化深入发展呼唤更加均衡的治理结构。"巴厘一揽子协定"，与应对气候变化、控制金融风险等诸多领域的全球治理同步。种种迹象表明，新治理模式是一个值得期待的现实进程。

（2013年12月9日）

多哈回合应力争"零突破"

> 世贸组织各成员达成"早期收获"协议已走到"临门一脚"的关键地步。各方应坚定信心,一鼓作气,达成协议,努力实现世贸组织成立以来多边谈判的"零突破"

正在巴厘岛进行的世贸组织第九届部长级会议能否取得实质性进展,成为国际舆论关注的焦点。英国路透社近日的报道描绘了截然相反的两幅图景:第一幅是,首份全球性贸易协议达成,全球贸易受益;另一幅则是多哈回合谈判再度搁浅,世贸体制受挫。

可以说,当前多边贸易体制走到了不进则退的关口。自2001年启动以来,多哈回合谈判历经艰难,一直未能取得实质性进展。此次会议若再次失败,世贸组织的健康发展,尤其是其谈判功能势必受损。

造成当前困难局面的原因是多方面的。首先,谈判范围扩大到了世贸组织各成员内部政治经济政策、文化偏好,甚至伦理问题等国内规则,极其敏感复杂。其次,参与者不断增多,利益诉求千差万别。再次,美国等谈判参与者改变策略,一方面积极推动并主导TPP等区域贸易谈判,另一方面在多边谈判中又单方面提高要价,打破了成员间脆弱的平衡关系。

这些问题的存在表明,各方亟须通过谈判来找到更合理公平的秩序安排,世贸组织对此负有重任。在反对贸易保护主义、维护和发展开放型世界经济方面,多边贸易谈判所发挥的作用不可替代。正如世贸组织总干事阿泽维多所指出:"多边贸易体系仍是抵御保护主义的最佳屏障,也是促进增长、复苏和发展的最强大力量。"

目前，全球区域及双边自由贸易谈判呈现出交叉重叠和多头推进的趋势。到2012年初，向世贸组织通报的区域贸易安排已达到511个，其中319个已生效。但是，以世贸组织为核心的多边贸易体制是贸易自由化便利化的基础，是任何区域贸易安排都无法替代的。各国在开展自贸区建设时，应秉持开放、包容、透明的原则。各自贸协定谈判不能相互封闭、各自为战，而应相互开放、相互促进，并实现最终融合。

与此同时，一些在全球贸易领域长期占主导地位的发达国家，不应只考虑自己的战略利益，把自己的规则强加于其他国家。只有更加重视新兴经济体在国际贸易中权重增加的现实，更多关照发展中国家的利益，世界贸易秩序才会更趋公平。

中国在世贸组织中作为一个负责任的大国，是多边贸易体制的坚定支持者和重要贡献者。中国积极参加多哈回合及"早期收获"、《信息技术协定》扩围等谈判，对于其他多边、诸边谈判，也持开放态度。中国提出"信心、承诺、变革"是共克时艰的关键，并始终坚持贸易与发展目标，向最不发达国家提供零关税待遇，已连续5年成为最不发达国家的最大出口市场。

当前，经过各方艰苦执着的努力，世贸组织各成员达成"早期收获"协议已走到"临门一脚"的关键地步。如何走好这最后一步，不仅将决定多年来进进退退的多边贸易谈判困局能否突破，也考验着各方推进全球贸易的政治意愿和灵活性。迄今取得的成果来之不易，不能半途而废。各方应坚定信心，一鼓作气，达成协议，努力实现世贸组织成立以来多边谈判的"零突破"。

（2013年12月6日）

社会共识也是竞争力

一种政治体制有没有效率，要看它能否最大限度凝聚社会共识，能否激发迎难而上的勇气与魄力

连日来，泰国首都曼谷街头反政府示威愈演愈烈。表面上，此轮示威源于执政的为泰党推动的一项特赦法案，以使流亡海外的前总理他信合法返泰，反对党及反政府团体为此连续发起大规模示威。实质上，这轮政治对抗依旧是不同利益集团尖锐对立的爆发。

从"红衫军"和"黄衫军"两大派别的社会阶层划分看，泰国社会底层与社会中层之间的激烈对抗成为政坛的主要矛盾。为什么社会底层和社会中层会陷入分裂？这一问题涉及选票政治。政治家为赢得选举，给底层民众这个最大"票仓"开出更多的支票。政治家上台后也多采取提升底层民众收入的"济贫法"。结果是减少了贫穷人口，提高了国民收入。但是，济贫没有换来劳动力水平的提高，国家发展遇到瓶颈。要做大"蛋糕"，没有新增加的资源，结果就只能去动中产阶层的既得利益。中产阶层是国家税收的主要贡献者，自然也不愿意将已经到手的"蛋糕"切下一块分给社会底层。

泰国陷入的困境并非个案。近年来，无论是西亚北非国家蔓延的动荡，还是欧美诸国不断上演的党派对立，各国政治危机有相似之处。社会共识缺失加剧裂痕，动荡的局面削弱了主动变革克服自身问题的能力。

变革是这个时代最突出的特征之一，也是全球化大背景下国家竞争力的关键所在。然而，没有哪个国家的变革是轻而易举的事情，原因就在于

变革一定会触及社会中部分人的利益。要将涉及利益再分配、再调整的变革向前推进，执政党和政府的动员力十分重要。推动社会达成共识，意味着给具体改革措施顺利实施创造条件。一旦无力推动形成共识，不仅变革会在社会对立中搁浅，甚至有可能引发剧烈的社会对抗。

近年来，不少国家的政党纷争加剧，这进一步销蚀了凝聚共识、推进变革的行动空间，让政府行动力受到极大束缚。政府的不作为不仅让局面日益恶化，同时也严重打击了人们走出困境的信心。这一切叠加起来就成了街头政治甚至是军事政变的背景。

历史上，一些国家能够成功，往往就是在国家成长的关键时期，整个民族以面向未来的勇气达成广泛共识。与此同时，政府充分利用这种有利局面快速稳妥地推进变革、引领国家进步。要在未来国际竞争中走在前面，社会共识必须倍加珍惜，凝聚共识的主导力量不能削弱。

（2013年12月4日）

诚意总会得到理解

怀抱"玉兔","嫦娥"出发。中国再次牵引世界的目光。世人如何看待中国的"太空梦",这本身就是一个耐人寻味的话题

1969年,即将登月的美国宇航员"被告知":在月球要留意一只中国大兔子,这只兔子很容易找,它总是站在月桂树下。

今天,即将登上月球的中国"玉兔"再次受到关注。中国传统文化中,祥瑞的"玉兔"是温和、善意的化身。令人感到欣慰的是,各国舆论的基调同这一文化底蕴是吻合的。

有人赞叹中国发展速度。英国《自然》杂志官网载文指出,中国太空计划实施得有条不紊、近乎完美。有人期盼人类文明新成果。德国航空航天中心的一位专家感叹,中国对月球的新探索是丰富人类知识的贡献。有人借此事进行反思。西班牙《国家报》报道称,中国探月计划十分有效,而一些国家太空计划因缺少资金支持飘忽不定。更有人看到扩大合作的机遇,欧洲航天局载人飞行部负责人表示,欧洲希望加强同中国合作,欧洲航天员培训中心的3名工作人员正在苦学中文。

从神舟五号到神舟十号,从嫦娥一号到嫦娥三号,一个发展中大国的"太空梦"多姿多彩。世界的惊愕和慨叹渐渐淡去,一个个重大突破似乎都在预料之中。

这种"平和"的背后是什么?

"世界已经不得不与强大的中国相处了2000年之久,现在还得再次习惯这一点。"美国前国务卿基辛格的这句话或许道出了许多人日渐明晰的

心态。

展示综合国力的航天工程高度敏感，猜疑乃至不安也很难一时间销声匿迹。不过，"中国在太空摆开战阵"的炒作毕竟不再是主调。

来之不易的变化耐人寻味。

中国愿意为全世界致力于和平利用外空的国家和地区提供开展空间科学实验与技术试验的机会，共同推动世界航天技术的进步和发展。这不只是政策宣示，更是实实在在的分享与合作。越来越多人开始明白，中国"太空梦"是机遇而不是威胁。在好莱坞大片《地心引力》中，"天宫一号"被当作返回地球的唯一希望。支撑这一幕场景的，显然不只是赢得中国观众欢心的营销谋略。

路遥知马力，日久见人心。"嫦娥"、"玉兔"引来的国际舆论，不由得让我们再一次想到这句老话。中国和世界携手并进的诚意终将会被理解，对此我们有足够的信心与耐心。

中华民族向来有志于屹立于世界民族之林，向来有志于为人类文明做出更大的贡献。13亿多中国人民致力于实现中华民族伟大复兴的中国梦，还将同国际社会一道推动实现持久和平、共同繁荣的世界梦。

（2013年12月3日）

双重标准自毁形象

> 恐怖主义是世界人民的公敌。用双重标准对待恐怖主义,不仅有失道义水准,也是在引火烧身

10月28日汽车冲撞北京天安门金水桥附近无辜人员和游客事件,是一起严密策划、有组织、有预谋的暴力恐怖袭击。美国搜索国际恐怖组织研究所近日发布的视频文件,再次证明了这一点。东伊运恐怖组织公然宣称其成员制造"10·28"事件,并扬言要继续对中国境内目标实施恐怖袭击。

东伊运是联合国安理会认定的恐怖组织。长期以来,该组织为了达到将新疆从中国分裂出去的目的,在境内外大肆从事恐怖活动,造成平民伤亡和财产损失。

然而,就是这样一个恶名昭著的恐怖组织,却被一些西方媒体塑造成了值得同情的对象。"10·28"事件发生后,一些西方媒体连基本事实都没有搞清楚,就认定这是"绝望的呐喊",是"反抗报复"。CNN网站刊载评论,莫名其妙地就《天安门冲撞案:恐怖主义还是绝望的呐喊?》发问;《华尔街日报》发表题为《中国绝望的"恐怖主义者"》的社评。

不着边际,借暴力恐怖袭击恶毒攻击中国民族宗教政策;真相大白,或者装聋作哑,或者外强中干再次质疑事实真相。一些西方媒体类似颠倒黑白的报道实在是太多了,不思悔改的丑态可谓"一以贯之"。

在此仅再举一例。2008年3月,西藏拉萨发生打砸抢烧严重暴力事件,CNN等西方媒体炮制了大量失实报道。4月,当北京奥运会火炬在旧

金山传递时，CNN主持人卡弗蒂竟妄称"中国产品是垃圾"，攻击"在过去50年里中国人基本上一直是一帮暴民和匪徒"。

这些拙劣表演目的极为明确，就是想方设法搞乱中国。民族宗教政策是世界上一些地区的薄弱环节。某些人自以为是地认为，挑拨中国宗教矛盾和民族对立，就能掀起一股风浪。蚍蜉撼树谈何易！中国各民族大团结的良好局面岂是几声鼓噪所能破坏的。于是乎，一些人又无赖地盘算：就算是无力搞乱中国，也要给中国形象抹上几笔黑灰。

一家媒体，接二连三不讲原则地做报道，还有什么形象可言！恐怖主义是世界人民的公敌。为恐怖主义撑腰打气，无异于挑战人类文明的基本原则。

安全问题早已超越了一国一域的界限。柏林市长克劳斯·沃韦赖特说过，今天这些事件发生在别的城市，明天就可能在柏林或伦敦发生，没有谁能够豁免。当地球成为一个村落，邻居家室的安全就是你自己家室的安全。

用双重标准对待恐怖主义，不仅有失道义水准，也是在引火烧身。

（2013年11月29日）

将不光彩的"标签"还给美国

当今世界,各国利益交融、相互依存。"你输我赢、你兴我衰"的零和思维必须摒弃,对话合作才是维护安全的根本途径

联合国大会第三委员会11月26日在纽约一致通过"数字时代的隐私权"决议。该决议由巴西和德国联手提出,强调"非法监控和截取通信以及非法收集个人数据是侵犯隐私权和言论自由的高度入侵行为",并要求"采取措施制止"。决议虽未直接点名,但惊扰世界的美国"监听门"背景以及具体指向明确无疑。

无论是决议草案由德国这个北约成员国同新兴市场国家巴西一道提出,还是最终获得一致通过,都足以让人们感受到美国霸道之举所激起的众怒有多强烈,同时也再次展示了在国际社会强大压力下美国不得不服软的窘态。

长期以来,美国政府以世界"人权卫士"自居,常常给其他国家贴上"网络黑客"、"网络窃贼"的标签,指责别国威胁美国安全。现在,世界各国坚定地将这些不光彩的标签还给了美国。

美国利用其无与伦比的技术优势把事情"做绝了",监控和截取信息的对象上至国家元首,下至普通民众,就连盟国也不放过。更"令人叫绝"的是,"黑幕"曝光后,华盛顿破罐子破摔,没有丝毫真诚悔意。

大数据时代,将全球网络数据一概通吃,有可能威胁的不仅是个人隐私,还有各国的生计和安危。据报道,美国为搜集情报投巨资在犹他州建成的服务器,容量大得足以储存全人类未来100年的电子信息。美国如此

下血本是有理念支撑的，那就是"只许州官放火，不许百姓点灯"的绝对安全观。

互联网产生于美国，美国目前在互联网领域依旧掌握着绝对主导权。然而，互联网是全球公共产品，信息是重要战略资源，网络安全是各国共同诉求，网络空间的有效治理是全球公共事务。

推动建立公平、民主、透明的互联网治理模式，这是世界各国的共同愿望。美国逆潮流而动，千方百计维系自己在互联网空间的霸主地位，将种种特权视为谁都不能碰的"蛋糕"。2012年，有关加强国际电信联盟在互联网管理方面作用的提议出台后，美国众议院竟像裁决国内事务一样，公然予以反对。与此同时，美国对各国网络主权横加干涉，对各国合理合法的互联网治理措施横加指责。

不论是现实世界，还是网络空间，美国搞双重标准的霸道做法最终只会损人害己。唯有各国充分尊重彼此的网络主权，在多边框架下不断推动建立公平、民主、透明的互联网治理模式，严格遵循国际法以保护各国公民隐私，以平等互利合作方式谋求共同安全，才能真正有助于建立一个和平、安全、开放、合作的网络空间。

当今世界，各国利益交融、相互依存。"你输我赢、你兴我衰"的零和思维必须摒弃，对话合作才是维护安全的根本途径。联合国大会第三委员会"数字时代的隐私权"决议体现了这一理念，在有效治理网络空间方面向前迈出了一步。

（2013年11月28日）

坚定的意志　有力的行动

迅速崛起不是中国的道义负累，也不是中国正当行动的羁绊。中国坚持走和平发展道路，对自己的道义感召力和国际形象有足够的自信

中国政府划设东海防空识别区，符合国际法和国际惯例，有助于东海上空飞行秩序。

原本是一件再正常不过的事情，却招来个别国家说三道四，甚至无端指责中国"试图单方面改变东海局势现状"、"加剧地区紧张局势"。

这也不足为奇。毕竟中国是一个崛起中的大国，在东亚安全格局演进过程中拥有不可忽视的影响力。中国的一举一动总是会招来某些人的"过敏反应"，引发中国要利用不断壮大的实力干点儿什么的种种揣测。

中国政府划设防空识别区，真的是"试图单方面改变东海局势现状"、"加剧地区紧张局势"之举？理越辩越明。为了有助于搞清事实真相，我们愿意再一次耐心梳理一下防空识别区制度。

"防空识别区"是指一国为保障本国领空不受侵犯，自主在领海上空毗连的国际空域划定的区域，作为本国领空的缓冲地带，对进出该区域的外国航空器进行快速识别、定位、监控和管制。国际法没有禁止设立防空识别区的规定。只要不违反《联合国宪章》和《联合国海洋法公约》有关公海空域飞行自由的规定，各国均可出于正当国防需要自行划设。

美国和加拿大是最早设立防空识别区的国家，分别于1950年和1951年设立。日本、冰岛、韩国、意大利、马来西亚、菲律宾、印度等20多个国

家也已建立此类制度。从各国防空识别区制度看，其具体内容和范围不尽相同，通常由设立国自行确定，并没有统一国际标准。中国划设识别区纯系主权国家的正当自主行为，也宣布了不针对任何特定国家和目标。

中国划设防空识别区完全符合国际法和国际通行做法，目的是维护国家安全，保障东海上空飞行秩序，遵循公开透明原则，表明中国愿通过制度化、法律化行动维护主权，这有助于促进安全互信，促进与周边国家良性互动。借划设防空识别区指责中国"试图单方面改变东海局势现状"、"加剧地区紧张局势"，明显是无端臆测，缺少事实支撑。

围绕中国划设防空识别区出现的噪音，再一次暴露了某些人的思维定势：同样一件事，其他国家做了实属正常，中国做了就不行。一旦中国做了，肯定有什么不可告人的目的。支撑这种思维定势的，自然是中国不断上升的国际地位和日渐强大的综合国力。

迅速崛起不是中国的道义负累，也不是中国正当行动的羁绊。我们自然希望得到更多理解，也愿意为此多做解释和疏导工作，但该做的不会不做。西方人不是也常讲：走自己的路，让别人说去吧。

中国坚持走和平发展道路，对自己的道义感召力和国际形象有足够的自信。

时间足以说明一切，一时不理解的总有一天会理解，恶意中伤终究会不攻自破。10月28日发生的汽车冲撞北京天安门金水桥附近无辜人员和游客的暴力恐怖袭击案件，不是也引来一些人对中国民族宗教政策的恶意攻击吗？然而不到一个月，东伊运恐怖组织公然宣称其成员制造了"10·28"事件。西方媒体倒是对此有不少报道，但我们看不到抹黑中国形象的那些人的忏悔。造了谣又不承担责任，变本加厉地制造新的谣言，某些人的"坦然"和偏执着实了得。

至于日本对中国划设防空识别区的无理交涉和无端指责，中国已据理驳回。在此，我们要再次强调，钓鱼岛及其附属岛屿自古以来就是中国固有领土，中国东海防空识别区覆盖这一区域理所当然。中国捍卫国家核心利益的意志是坚定的，中国采取的行动也将是有力的。

（2013年11月27日）

有挑战，更有作为空间

> 在参与处理国际难点问题的过程中，中国将通过自身的不懈努力，推动和平、发展、合作、共赢理念在塑造国际关系体系新秩序过程中扮演更重要的角色

从叙利亚化武问题的推进到伊核问题达成初步协议，国际关系显露出一些值得注意的动向，从中可以观察到未来秩序变化的端倪和中国外交的亮点。

叙利亚与伊核这样一些老大难问题出现缓解势头，预示着国际政治正向一个"新协调时期"过渡。武力解决、强制制裁会否成为"过去时"尚待观察，但通过各方协调，以政治手段解决棘手难题的空间不断显现。

冷战结束后，霸权稳定理论日渐式微。所谓单一霸权有助于建立稳定国际秩序的理论，开始受到"霸权后时代"合作的挑战。美国国际关系学者基欧汉认为，在一国霸权不复存在的条件下，国际关系将主要采取三种形式，和谐、合作和博弈，而合作将成为主要形式。但合作并不意味着不存在利益冲突，而是要通过各国政策调整与协调合作来积极处理冲突。这一理论获得越来越多的认同。

基欧汉提出的两个条件是，第一美国要有这样的意愿，第二调整仍要符合美国的基本利益。无论是基欧汉的前提，还是伊核问题的突破，都从另一方面提出这样一个不能忽视的问题：如果美国缺少意愿或者调整与协调同美国的基本利益不那么合拍，这个当今世界实力最强的国家又将会注入何种能量？《纽约时报》专栏作家罗杰·科恩在最近的一篇文章中谈

到，美国与伊朗达成的协议，以及德黑兰和华盛顿之间关于一系列问题的对话，远远超出了核问题的范畴。

伊核问题初步协议的达成，既是美伊相互需求变化的结果，也是中国等国努力协调的成果。中国一直强调，对话谈判本身就是建立信任的过程，各方应在目前对话基础上继续通过对话协商来增进互信、扩大共识、弥合分歧。

10年来，中国一直坚持不懈地努力促使各方回到谈判桌前，为协调各方立场做了大量细致工作。中国能够发挥重要协调作用，得益于自身实力和国际地位的提升，同时也是因为中国坚持和平发展的政策，长期以来奉行互不干涉内政的外交政策，积累了国际信任的资本。

协调绝不是"稀泥抹光墙"，而是在新旧两种秩序对接过程中，寻找一种能够适应新时代要求的路径。这不是轻松的"无缝对接"，需要实力、技巧，同样需要坚持国际社会普遍认同的一些基本准则。

秉持客观公正立场，积极劝和促谈是中国的一贯立场。中国这样做，既是在推动和平谈判，同时也是在倡导一种新型国际关系理念。中国的努力对未来建立维护世界持久和平的国际秩序具有重要建设性意义。

伊核问题错综复杂，六国与伊朗整整谈判了十年，历经艰辛。此次虽然达成初步协议，但认真贯彻、严格执行，难度不小，尤其是美国和伊朗国内均有相当强烈的反对声音。下一步，协调的难度会加大，更需要耐心与毅力。

在参与处理类似国际难点问题的过程中，通过更积极的协调，使各方利益找到平衡点，既是未来中国外交面对的一个挑战，更为中国外交提供了更大作为的空间。可以肯定的是，中国将在这一过程中，通过自身的不懈努力，推动和平、发展、合作、共赢理念在塑造国际关系体系新秩序过程中扮演更重要的角色。

（2013年11月26日）

历史观决定日本生存方式

一旦日本的教科书让年轻一代在历史问题上迷失，那么被视为教育目标的"爱国心"注定会充斥挑战战后国际秩序安排的负能量，日本也将难以拥有同国际社会和谐相处的光明未来。

本月早些时候，日本文部科学省发布了"教科书改革实行计划"，要求修改教科书审定标准。国际社会密切关注日本事关历史观的最新动向，日本有识之士和一些媒体也表示担忧。

《朝日新闻》发表题为《所谓"重大缺陷"的缺陷》的社论，表明自己立场。社论指出，文部科学省修改教科书审定标准的思路是，如果一部教科书与"培养爱国心、爱乡情结、国际协调"等整体教育目标有所不符，即可判定该书有"重大缺陷"，而无需过多考虑"单个的记述是否恰当"。

公然拿"爱国心"统领历史事实，这是日本右倾化思潮泛滥的又一表现。试问，对历史事件真实准确的"记述"何以会挑战国民的"爱国心"？对日本国民来说，承认昔日不光彩的侵略历史究竟是"自虐"，还是对自己的国家前途负责？

"热爱祖国，这是一种最纯洁、最敏锐、最高尚、最强烈、最温柔、最有情、最温存、最严酷的感情。"苏联著名教育家苏霍姆林斯基这句话，道出了爱国情感的分量。将"爱国心"列入教育目标，可谓天经地义。

不过，具体到日本，尤其需要指出的是，"爱国心"的培育不能以否认历史事实、挑战公理正义为前提，否则这种"爱国心"是不牢靠的。道理很简单，一个道义上失分的国家，始终无法获得正常国家才能享有的尊严。当日本不断因历史问题遭到国际社会谴责和唾弃，日本有良知的国民不可能不提出这样一个问题：自己的国家究竟怎么了？

要洗刷历史罪责，成为一个为国际社会所接纳的正常国家，道路只有一条，那就是全面承认、深刻反省不光彩历史并承担起应有的责任。

人们不会忘记，1970年12月7日，前联邦德国总理勃兰特在华沙犹太殉难者纪念碑前惊世一跪。40年后，再次来到华沙的时任德国总统武尔夫感叹道：勃兰特承担了过去、现在和未来意义上的责任；由此产生了一个不同的德国人形象、一个不同的德国、一个自由民主和平的德国形象。

沿着全面承认、深刻反省不光彩历史并承担起应有的责任这样一条道路，德国完成了自我救赎，也实现了同邻国的和解。2006年，第一本德国和法国共同编写的历史教科书面世。这也是德国唯一一本得到所有16个联邦州批准使用的中学历史教材。

一个国家的历史教科书怎么写，这个国家的国民就怎样认识历史。一旦日本的教科书让年轻一代在历史问题上迷失，那么被视为教育目标的"爱国心"注定会充斥挑战战后国际秩序安排的负能量，日本也将难以拥有同国际社会和谐相处的光明未来。

"历史不单是过去的事情，乃是光芒四射的路标，照亮人的现在和未来，教导我们生存的方式。"日本思想家池田大作的这句名言不应被遗忘。

（2013年11月25日）

创新开辟发展空间

> 破除垄断、走出膜拜，方有创新空间，方能建立自信。这样一个道理，显然并不局限于经济学领域

受国际金融危机拖累，全球经济仍在复苏进程中。这场危机爆发前，西方主流经济学界的"迟钝"和误判，催生强化了关于经济学方法论的反思。

日前，总部位于纽约的新经济思维研究所启动为经济学专业学生设计新课程安排的项目，希望增加过去30年经济学前沿发展、经济史、国家间经济比较研究等内容。这一设计明显有改变一段时间以来过于依赖通过数量模型设计来探索经济变量间关系的考虑。

很多人还记得，5年前，英国女王伊丽莎白二世在伦敦政治经济学院提出这样一个问题：为什么经济学家事前都没有预见到国际金融危机的到来？

其实，经济学家的尴尬又何止未能及时预警。2008年雷曼兄弟银行申请破产之后不久，国际货币基金组织公布了一份报告，预测下一年美国、欧元区的经济增长速度分别是0.1%和2.6%。实际情况是，美国和欧元区经济分别出现了3.5%和4.2%的负增长。

美国经济学家加尔布雷思曾不无戏谑地说，所谓的经济学研究就是将研究者的"希望"和"信念"与自视为科学的"预设"掺和到一起。加尔布雷思的话道出了经济学难以摆脱的一个方法论难题：为了探寻纷繁复杂的经济行为背后的规律，人们构建经济学理论时，总是要将研究对象简单

化、抽象化。

这或许是搞研究绕不开的一条路，但其局限性也是显而易见的。比如，经济学家难以将人的心理、对未来的预期等重要因素纳入理论模型。一个简单的例子说明了问题。设想以下两种情境：第一种情况，物价保持不变，员工降薪5%；第二种情况，物价上升5%，员工工资保持不变。理性计算显示，两种情况下员工的福利指数并无变化，但在现实生活中，第一种情况下员工的不满情绪显然会更强烈。

主观色彩乃至社会文化背景，让经济学家的理论基础并不那么牢靠，更难拥有普遍适用性。

在历史的长河中，经济学家的"失误"似乎是一种常态。古典经济学家将市场的自我平衡视为圭臬：当经济不景气时，工资水平会降低，劳动力市场自动实现调整，失业问题不会出现。上世纪30年代的大萧条改变了这种信念。凯恩斯主义通过节俭悖论解释了前人理论的缺陷：收入减少时，人们出于对未来的担忧，会减少支出，这进一步导致经济收缩，失业由此增加。凯恩斯开出的药方是，政府需要加大对经济的干预，在失业与通胀之间进行平衡。然而，到了70年代，美国失业率与通胀率同时高涨。一度风光无限的凯恩斯主义摔了个大跟头。

经济学的历史就像是一部不断自我纠正的历史。当前，经济学研究更多引入心理学、社会学、历史学、国情学视角，体现了反思意识，寄托了让研究结果更加靠谱的期盼。

实践没有止境，理论需要与时俱进。破除垄断、走出膜拜，方有创新空间，方能建立自信。这样一个道理，显然并不局限于经济学领域。

（2013年11月22日）

为奥林匹克运动增添光彩

习近平主席11月19日会见国际奥委会主席巴赫并接受奥林匹克金质勋章。世界聆听中国走向体育强国的足音，探寻顽强拼搏、为国争光精神的现实意义

体育是展示中国风采的一个窗口，也是中国走向世界、融入世界的一个缩影。2008年的北京，古老的中国携手世界，奉献了奥林匹克精神与中华文明的完美融合。2012年的伦敦，中国健儿摘金夺银，给奥林匹克运动注入新的力量。

体育竞技场上的精彩表现让世界感受到了当代中国的蓬勃生机。新加坡《联合早报》在去年夏天有过这样一段描述：善意的美国人在公园里看到户外锻炼的华人，情不自禁地举起双手，好像在为中国奥运成绩喝彩。

探寻中国体育事业快速发展的奥秘，需要有更广阔的视角。早在改革开放初期，中国领导人邓小平就曾说过："体育运动搞得好不好，影响太大了，是一个国家经济、文明的表现。"随着时代发展，中国人民对体育价值内涵和发展规律的认识也在不断拓展。中国从全面建成小康社会、实现中华民族伟大复兴的战略高度重视发展体育事业，重视奥林匹克运动在社会发展中的重要作用。

发展体育事业不仅可以提高人民健康水平，更能提振国家的精神、凝聚民族的力量。顽强拼搏、为国争光的女排精神激起了中国人民在现代化建设道路上阔步前行的豪迈气概。牙买加运动员奥蒂被称为"永远的伴娘"，参加过七届奥运会，却从未获得过金牌，她永不气馁的精神为世界

带来了无限感动。

世界范围内，体育运动历来是人文交流的内容之一，成为沟通心意的纽带。它打破国与国交往的语言隔阂、地域界限，拉近了民众的心灵距离，有助于增进人民之间的相互了解和认知，在心灵共鸣中厚植友好事业的社会基础。40多年前的"乒乓外交"，载入中美关系史册。2012年的美职篮赛场上，名不见经传的林书豪以优异的表现在全美掀起了一阵旋风。美国体育题材作家珍妮·赫斯如此解释人们对林书豪的喜爱：他鼓舞了我们，给我们带来了体育精神；他向我们展示了，任何人都需要寻找属于自己的更伟大目标。

"我们不是一时的朋友，我们是永远的朋友。我们的友谊天长地久，我们的爱没有尽头。"1992年巴塞罗那奥运会主题曲《永远的朋友》唱出了奥林匹克精神的深刻内涵。韩国名教金昶伯历经9年将中国女子曲棍球队带上了奥运奖台；法国剑道大师鲍埃尔为中国佩剑队带来了"快乐击剑"的全新理念；中国"铁榔头"郎平将亚洲女排"快、变"打法带到了大洋彼岸的美国……体育以其超越文化、种族、信仰的气度助推超越自我、奋力拼搏的共同精神追求。

从急于摘掉落后帽子、证明自己，到越来越享受运动过程。由体育大国向体育强国迈进的征程中，中国体育的心态在变，世界看中国体育的视角也在变。习近平主席在接受外媒采访时曾谈起自己爱好足球运动的原因之一：足球是一项讲究配合的集体运动，个人能力固然重要，但团队合作才是决定比赛结果的关键。在国际社会大家庭，同样需要团队合作，需要命运共同体意识。"团结、友谊、和平"，"和平、发展、合作、共赢"，奥林匹克精神同中国外交理念交相辉映。

（2013年11月21日）

叙利亚化武销毁进入攻坚阶段

中国政府将进一步在人力和物力上支持禁化武组织销毁叙化武的工作，为叙利亚早日实现和平贡献自己的力量

荷兰海牙时间2013年11月15日晚，禁止化学武器组织第三十四次特别执理会通过"叙利亚化武及化武生产设施销毁具体要求"的决定。决定计划将叙化武战剂等关键化学品运往第三国销毁，并制定了详细销毁时间表，最终要求在2014年6月底前销毁全部化武和生产设施。随着最新销毁计划的出台，叙化武销毁进入关键节点。

迄今为止，叙化武销毁工作总体上进展平稳、顺利，取得了阶段性成果，这一切，离不开叙政府的努力、禁化武组织的监督与国际社会的支持。中国政府本着负责任的态度，向禁化武组织推荐了一批专家，可根据禁化武组织需要，参与对叙化武销毁的核查，部分专家已应邀赴海牙受训。

已经取得的成果来之不易。更应清醒看到，叙化武销毁进程将进入攻坚阶段，上述销毁计划能否顺利完成面临诸多不确定因素。

在哪里销毁？虽然"具体要求"中同意叙将所拥有的化学武器运往第三国进行销毁，但迄今为止，没有任何一个国家愿意接受。继挪威拒绝在其国内销毁叙化武之后，阿尔巴尼亚也表示拒绝在国内销毁叙化武。阿一度几乎同意接收叙运出的化武，但受到国内民众一致反对。另一个热门候选国比利时的国防大臣也于近日表示，不赞成在本国销毁叙化武。目前，各方仍在苦苦寻找一个愿意接受这些化学武器的国家。

如何安全运出叙化武？叙利亚化武战剂散布在数十个设施内，仅将这些化学品运送到叙港口这一项工作就面临复杂的安全挑战。目前叙国内形势依然紧张复杂，反对派林立，整体局势无缓和迹象。禁化武组织不无担忧地表示，在国内冲突环境下运输化武，历史上从未发生过。下一步，如何在确保安全的前提下将化武集中到港口将是叙政府面临的主要难题。

谁来为销毁埋单？专家根据叙利亚申报的化武数量估算，彻底销毁这些化武需要10多亿美元的巨额资金，这对经历了两年多内战的叙政府来说无异于是一笔天文数字。禁化武组织呼吁国际社会为化武销毁提供援助，但目前看来缺口依然巨大。此外，叙政府还需要国际社会援助各类物资，包括运输机械、材料、安保设备等。相关物资能否及时到位，关系到整个销毁计划的成败。

要推进叙利亚化武销毁工作，叙政府的配合、国际组织的监督、国际社会的援助缺一不可。中国政府将进一步在人力和物力上支持禁化武组织销毁叙化武的工作，为叙利亚早日实现和平贡献自己的力量。

（2013年11月20日）

割裂战略无力结束"亚洲世纪"

> 围绕亚洲安全议程做文章,刻意加强军事部署、强化军事同盟,这种路数实在是不合时宜,也不可能受到欢迎

如何在将成为"全球力量重心"的亚洲保持存在感并继续发挥主导作用,是美国一个持久的热门话题。

值得注意的是,美国一些人士的讨论中,存在渲染亚洲军事安全问题的倾向。一些美国学者将亚洲称为"危险的地方",认为亚洲"民族主义情绪高涨"、"领土争端加剧"、"军备竞争升温"……美国卡内基道德准则和国际事务委员会高级项目主管德温·斯图尔特甚至断言,亚洲在重回对峙状态,"亚洲世纪"宣告崩溃。

美国外交学会会长理查德·哈斯忧心忡忡地指出,如果"听任亚洲自行发展",世界上几乎无人受益。他开出的药方是,美国需要实质地、持续性地向亚洲"转移"战略重心。

这种亚洲需要美国领导的观点,在美国颇有代表性。年初,美国外交学界几轮关于中国主导的"经济亚洲"和美国把持的"安全亚洲"将何去何从的讨论,预设前提也是亚洲安全须由美国主导。上个月,美国总统奥巴马因为国内问题取消了对东南亚的访问,进一步加大了一些人对奥巴马政府推进"亚太再平衡"战略能力的质疑,要求美国在亚洲"提高领导力"的呼声走高。更令人担心的是,提高美国领导力的设想大都回归冷战时期老路,强调依靠盟友来加强双边、多边的安全同盟。

美国是一个太平洋国家,同亚洲有着千丝万缕的联系。美国关注亚洲

发展以及自身在亚洲的地位，没有什么不正常的。然而，如果美国在制定亚洲政策时，一味在安全方面动心思、做手脚，非但无助于解决当前存在的一些敏感问题，反而有可能制造出更多的新问题。

冷战后，美国借盟国关系和兵力前沿部署，维持了在亚洲的军事存在。对于美国这样一个全球军事大国来说，从安全领域着手调整亚太政策，操作起来的确更容易一些，成本也更低一些。奥巴马第一任期内推出"重返亚太"战略后就显示出了军事先行的特征。

围绕亚洲安全议程做文章，刻意加强军事部署、强化军事同盟，这种路数实在是不合时宜，也不可能受到欢迎。当前，亚洲区域合作蓬勃发展，经济动力不断增强，这同大多数亚洲国家处理安全问题时的理性、务实、建设性立场相关。可以说，亚洲国家人心思安定、思发展，最关心的是保持经济繁荣、维护经济增长和区域合作势头，最不需要的是重新受制于冷战时期的割裂战略。

亚洲不排斥美国参与本地区事务，但这并不意味着期待美国"提高领导力"。如果不肯放下身段、不愿扮演平等的合作者角色、甚至将搞分裂当成自己所提供的"公共产品"，美国在亚洲的存在感还真有可能遇到大问题，主导作用更是无从谈起。

（2013年11月15日）

"丝绸之路经济带"立意高远

> 建设"丝绸之路经济带",可以把不同的地缘板块连接起来、把不同的地缘利益缝合起来,有助于维护地区和平稳定、促进各国共同发展

早在两千多年前,始于中国的丝绸之路就将中国同中亚、南亚、西亚以及更远的非洲、欧洲等地区国家联系起来,成为沿线国家文化交流、贸易往来的重要通道。中国提出建设"丝绸之路经济带"的倡议,植根于中国同丝绸之路沿途国家悠久的历史联系,也顺应了各国共谋发展的现实需求,为实现丝绸之路沿线地区国家共同繁荣提供了新机遇。

20多年来,中国同丝绸之路沿途国家关系发展日益深入,建立了多层次、宽领域的合作和对话机制,有许多大型合作项目,为各国人民带来实实在在的利益。当前,丝绸之路沿途国家大都面临着加快经济发展、提高人民生活水平的重任,迫切希望通过加强合作,最大限度地发挥各自优势。建设"丝绸之路经济带"倡议一经提出,就得到热烈响应。

建设"丝绸之路经济带"是沿途各国维护和平、化解分歧的最佳选择。丝绸之路自其诞生之日起就是沟通东西方文明的纽带,沿途各国互通有无、互学互鉴,共同推动了人类文明进步。新形势下,建设"丝绸之路经济带",可以把不同的地缘板块连接起来,把不同的地缘利益缝合起来,有助于维护地区和平稳定,促进共同发展。

建设"丝绸之路经济带"是一项宏大的事业,需要有序推进。沿途各国率先在政策沟通、道路联通、贸易畅通、货币流通和民心相通等方面展

开合作，就能以点带面，从线到片，逐步成就区域大合作。

政策沟通是指沿途各国通过友好对话和磋商，使各自经济发展战略有机对接，消除各国合作的政策壁垒，找到利益契合点，协商制定推进区域合作的规划和措施。道路联通是指沿途各国在公路、铁路、航空、电信、油气管道等基础设施建设方面实现互联互通，为各国经济发展和人员往来提供便利。贸易畅通就是有关各方要就贸易和投资便利化问题进行探讨并作出适当安排，在更广阔的范围内消除贸易壁垒，提高区域经济循环速度和质量，把合作的蛋糕做大。货币流通就是要着眼长远，积极在沿途国家之间探讨推广本币结算，增强各国在国际金融货币舞台上捍卫自身金融安全和经济利益的能力。民心相通就是沿途各国人民要弘扬丝绸之路精神，传承和发展世代友好，加强相互理解，为开展区域合作奠定坚实民意基础和社会基础。

建设"丝绸之路经济带"是有助于增进中国同丝绸之路沿途国家人民福祉的共同事业。只要各国团结一心，合力向前推进，丝绸之路这条世界最长、最具发展潜力的经贸走廊，必将迎来复兴。

（2013年11月14日）

中国周边外交步入新一轮活跃期

　　深秋时节召开的周边外交工作座谈会，让人们看到了中国周边外交正在勃发的生机与活力，感受到中国以诚待邻、以利惠邻的真诚与暖意，中国周边外交正步入新一轮活跃期

　　中国不久前召开了周边外交工作座谈会，这是党中央为做好新形势下周边外交工作召开的一次重要会议，反映出新一届中央领导集体对周边外交的高度重视和巨大投入，引起国内外广泛关注。

　　近年来，中国与周边国家联系空前紧密，合作硕果累累。新世纪以来，中国同周边国家贸易额由1000多亿美元增至1.3万亿美元，占中国对外贸易总额的三成左右。中国与绝大多数东亚和南亚国家建立了战略伙伴关系，亲上加亲、好上加好，成为双边关系的主流。中华文化越来越受到东亚和南亚国家民众的青睐，中国与这些国家的人文交流日益活跃。2012年入境中国内地的东亚和南亚国家公民1553万人次，占外国人入境总数的57%。中国积极参与区域合作和互联互通建设，在力所能及的范围内提供更多公共产品，努力使自身发展更多惠及周边。

　　中国和周边国家的命运紧密相连，不断推进同周边国家的互利合作是中国的必然选择。"邻居好，赛金宝"、"远亲不如近邻"，此类民俗谚语足见中华文化对邻里关系的重视。家如此，国亦然。与周边国家建立长期稳定的睦邻友好关系，既是中华民族兼爱非攻、亲仁善邻和平基因的传承，也是"与邻为善、以邻为伴"和"睦邻、安邻、富邻"方针政策的具体体现。实现"两个一百年"的奋斗目标，实现中华民族伟大复兴的中国

梦，离不开周边国家的理解和支持。营造一个稳定安宁的地区环境，不仅是中国自身的发展需要，也是所有热爱和平的周边国家的共同期许。

党的十八大以来，新一届中央领导集体高度重视周边外交。习近平、李克强等党和国家领导人出访俄罗斯、中亚、东南亚、南亚等国，提出丝绸之路经济带、中国—东盟命运共同体、21世纪海上丝绸之路、中国东盟"2+7合作框架"等重大合作倡议。中国喜迎四方高朋，广纳八方来客，接待俄罗斯、蒙古国、韩国、越南、巴基斯坦、印度等周边国家领导人访华。在多边场合，中国领导人与周边国家领导人密切接触。睦邻友好、互利合作已成为周边国家对华关系的主流。随着全球经济重心加速东移，中国与周边国家互利合作正孕育新的机遇。

习近平总书记指出，应当把中国梦同周边各国人民过上美好生活的愿望、同地区发展前景对接起来，让命运共同体意识在周边国家落地生根，并提出"亲、诚、惠、容"的周边外交理念。亲就是要传承山水相连、血脉相通的传统友谊；诚就是要坚持重义守信、言出必行；惠就是要让中国的发展惠及周边，实现互利共赢；容就是要实现和而不同、多元共生的包容开放发展。中国致力于促进地区的稳定、发展与繁荣，积极探讨签署中国—东盟国家睦邻友好合作条约，坚持共同管控好矛盾与分歧，通过对话协商和平解决问题。中国正积极打造基础设施联通、制度相通、人文互通三位一体的互联互通网络，倡议成立亚洲基础设施投资银行，促进本地区人流、物流、信息流的便利畅通。未来5年，中国对外投资将达5000亿美元，进口价值10万亿美元左右商品，出境旅游人数有可能超过4亿人次，这无疑将为周边国家带来巨大机遇。

（2013年11月13日）

改革开放增添中国软实力

中国要前进，就要全面深化改革开放。在国际社会眼中，改革开放凝聚中国胸怀大局、把握大势、着眼大事的气度和睿智；改革开放彰显中国逢山开路、遇河架桥，不断破解前进道路上各种难题的胆识和坚韧

"启动重要经济改革的跳板"，"改革开放升级到2.0版"，"为未来二三十年规划最深刻的经济社会变革"，"掀起下一个飞跃式大发展"，"推动中国迈向高科技富裕国家之列"，"传递正面、积极、持久和新颖的改革之风"……

透过中国共产党第十八届三中全会激起的国际舆论热浪，我们再次感受到世界对中国全面深化改革开放的期待。

"改革开放是中国鲜明的色彩。"西班牙《起义报》对中共十八大的报道中的这句话，浓缩了世界对中国30多年沧桑巨变的感悟。

波澜壮阔的改革开放进程改变了中国的面貌，也赢得世界的认同和赞许。在英国《金融时报》看来，"中国取得的巨大成就创造了人类历史的奇迹"。美国《华尔街日报》感叹，"中国让许多民众摆脱了贫困，人数之众是近代以来任何国家所无法比拟的"。许多国际机构近年来的调查都显示，中国老百姓对国家发展道路和政府领导力的满意度是所有国家中最高的……

解读中国成功秘籍时，一些外国媒体还将思考延伸到当下某些西方国家出现的种种体制问题。英国《卫报》网站载文指出，"随着全球金融危机的发展，没有什么比中国与美国和欧洲之间的对比更鲜明的了。"英

国《经济学家》写道,"当西方最具代表的民主政体瘫痪时,中国已经做好决定,昂首前进"。《华盛顿邮报》发表评论称,亚洲国家普遍认为美国失去了推进公共政策的能力,但中国能够谨慎而系统性地规划一系列改革,这可能使中国在未来十年得到更快速发展。

人类命运共同体意识需要在每一个细微之处加以培育。面对他国遇到的问题,我们没有丝毫旁观者笑意,由衷希望也完全相信每个国家都可以找到变革的勇气和智慧,早日踏上发展坦途。

值得一提的是,越来越多的外国人士认为,改革开放是中国面向未来的生存方式和自觉行动,这种独具魅力的气质成为中国"软实力"的一个重要组成部分。

美国《纽约时报》指出,从1978年十一届三中全会召开以来,中国领导层就一直致力于试验、创新、调整。英国《金融时报》日前援引一位曾70多次访华的跨国公司首席执行官的话说,"低估中国新领导层在经济和金融改革领域的热情和能力将是一个错误"。

美国《福布斯》杂志网站《领会来自中国的启示》一文写道,"或许我们可从中国人那里学习集体努力的力量:不同的个人和组织携手为一个共同目标努力,齐心协力致力于经济发展";美国《时代周刊》说,中国在一些重要事情上都做对了。美国应该向中国学习"雄心壮志、重视教育、照顾老人、大量储蓄、放长眼光"等。

改革开放在不断加深人们对中国软实力的认识。

新的历史时期,中国面对着世所罕见的挑战,外部世界的中肯评价有助于我们认清来路,把握好当下和未来。毕竟鸦片战争后的百年屈辱历史并不遥远,彻底摆脱"被殖民心态"、完成民族自信心的重建,是一项长期而又艰巨的任务。实现中华民族伟大复兴的中国梦需要道路自信、理论自信、制度自信支撑。

"21世纪始于中国的1978年。"英国学者马丁·雅克多年前对十一届三中全会的评价至今让人印象深刻。十八届三中全会对中国和世界又将意味着什么?历史将作出回答。

(2013年11月11日)

中国发展道路和中国梦
——如何更好"读懂中国"之一

为实现中华民族伟大复兴的中国梦，中国人民将继续沿着中国特色社会主义道路阔步前行。这是读懂中国的基础，也是把握今日中国和未来中国的关键

国际著名智库21世纪理事会会议本月初在北京举行，会议主题是"读懂中国"。简洁的主题，有助于增进中外相互了解。中国人民正在努力实现"两个一百年"的奋斗目标和中华民族伟大复兴的中国梦。中国梦与中国人民追求美好生活的梦想是相连的，也是与各国人民追求和平与发展的美好梦想相通的。

改革开放以来，中国一直在努力读懂世界，在读懂世界的过程中，不断加深对时代潮流和中国特色的理解，坚定对中国发展道路的自信。今天，读懂世界的话题依然新鲜。但显而易见的是，随着中国发展的加速，中国和世界相互读懂的需求在加大。中国人怎么看世界与世界怎么看中国，交织在一起，相互影响，相互推动。中国在与世界相互读懂的过程中，不断扩大方方面面的联系，不断增强命运共同体意识。

读懂中国，是21世纪的一个历史性命题。13亿人民满怀信心地追逐梦想，为人类文明发展进步注入巨大能量。读懂中国，也是21世纪的一道难题。仅凭现有教科书中提供的理论已不足以把握"中国奇迹"，揭开宏大的谜底需要更加开阔的视野、更加深邃的历史眼光。

要实现中国梦，必须坚持走中国特色社会主义道路。这是中国人民经过长期艰苦探索后找到的正确道路，也是读懂中国的关键。没有对中国人民坚持走这条道路的信心和决心的准确把握，对中国的解读、对中国梦的理解就有可能失去方向感。改革开放30多年来，外部世界之所以对中国会有一些误判和误读，一个重要原因就是没有把握住中国道路的由来、没有近距离观察和立体认识中国的现在，习惯于用旧的理论为指导展望中国的未来。

读懂中国，既是经济命题，也是政治命题。一个大国的经济发展指数，从对世界无足轻重，到成为影响全球主要股市的晴雨表，成为全球跨国公司总裁每天密切关注的新闻，这个国家发展的效应肯定会超越经济层面。越来越多的外界观察者看到，中国特色社会主义道路是一个拥有13亿人口的发展中大国自信的源泉，中国的成功正在不断丰富世界政治理论体系。

《中国的觉醒》一书作者、西班牙青年经济学家路易斯·托拉斯指出，他对中国未来充满信心，一个重要原因就是中国当前的政治体制有着独特的优越性，符合中国国情，中国人民和领导人对于这一体制有足够的自信。埃及前驻华大使穆罕默德·努曼·贾拉尔表示，中国政治体制提高了生产力，带来了奇迹般的经济大发展，提高了中国人民的生活水平，是一种开创性范例。

将中国故事放到更宏大背景下解读，人们就会发现，中国坚持走自己的路，丰富和拓展了人类社会的发展模式，用实践证明各国都能够找到适合本国的发展道路。

为实现中华民族伟大复兴的中国梦，中国人民将继续沿着中国特色社会主义道路阔步前行。这是读懂中国的基础，也是把握今日中国和未来中国的关键。

（2013年11月4日）

改革开放永无止境
——如何更好"读懂中国"之二

关注中国的变化,也是关注世界的变化。中国共产党第十八届三中全会为世界更好"读懂中国"提供新契机,为世界同中国在共同发展的道路上结成更加紧密的命运共同体创造新机遇

中国坚持改革开放不动摇。中国越发展,就越开放,中国开放的大门不可能关闭。改革开放永无止境,只有进行时没有完成时。中国领导人再次对世界做出郑重宣示。

改革开放是时代强音,改革开放掀开中国发展进步的一个个华彩篇章。

"中国作为一个国家和一个民族的竞争优势,就在于它愿意适应任何必要的以及能够给自己带来利益的变革","没有其它任何一个国家像中国一样进行如此大规模的调整和适应,也很少有民族有它这样的事业心和雄心壮志"。

上世纪80年代初,美国学者约翰·奈斯比特写了一本风靡全球的《大趋势》。20多年后,他笔下的《中国大趋势》再次吸引了世人目光。约翰·奈斯比特对中国故事影响力的理解得到普遍认同。

在世界眼中,推进改革开放的勇气信心和把握改革开放的能力是中国走向成功的关键,改革开放甚至成为中国这个东方文明古国新的特质。

把握中国的未来,有两种方式。

一种是以西方设定的"终极目标"为框架和理论基础,来分析中国面临的难题。20年前,有美国学者提出了一个哗众取宠的问题,"谁来养活中国?"10年前,有外国学者耸人听闻地断言,"中国现行的政治和经济制度最多只能维持5年"。两年前,又有西方学者称,"中国经济这架飞机的增长引擎已经耗尽燃料,将会一头撞在地上"。

所有这些分析和预测有一个共同点,那就是将放大镜对准中国面临的种种难题,忽视了中国解决这些难题的能力,没有看到改革开放的巨大能量。

国策决定国运,战略决定成败。读懂中国的另一种方式,是从中国如何解决了那些看来似乎根本无法解决的难题入手,理解中国人的决心和智慧。

改革开放是中国共产党历史上的一次伟大觉醒,正是这个伟大觉醒孕育了新时期的伟大创举。改革开放让中国具有了突破重围、攻坚克难的能力。中国坚持改革开放不动摇。"改则进,不改则退"早已深入人心。这既是一种执政理念,也是中国面向未来的生存方式。

当中国的改革进入深水区,当中国的开放踏上新征程,当世界经济复苏进程亟须"中国引擎"驱动,世界再次将目光聚焦中国,对即将提出综合改革方案、就全面深化改革进行总体部署的中国共产党第十八届三中全会充满期待。

在英国前首相戈登·布朗等观察家看来,中国共产党第十八届三中全会让人联想到1978年开启改革开放伟大进程的中国共产党第十一届三中全会……

中国共产党第十八届三中全会,为世界更好"读懂中国"提供新契机,为世界同中国在共同发展的道路上结成更加紧密的命运共同体创造新机遇。

关注中国的变化,也是关注世界的变化。

(2013年11月5日)

对中国经济抱有信心
——如何更好"读懂中国"之三

> 如何才能准确把握中国经济形势?"读懂中国",需要近距离的观察、实事求是的态度、宏观把握的能力,同样也需要足够的善意和推己及人的公允

中国的发展道路、改革开放、经济形势和对外政策,是"读懂中国"的四个重要方面。相对于其它三个方面来说,对经济形势误读的空间似乎更小一些。毕竟,经济形势有精准的数据支撑,发展动力和市场活力实实在在。

当前,中国经济稳中有进。上半年国内生产总值增长了7.6%,第三季度达到7.8%。中国正在转变发展方式、调整经济结构、加快推进新兴工业化、信息化、城镇化和农业现代化。支撑中国经济发展的内生因素很充分。

应该说,外部世界研判中国经济形势时,乐观情绪是"基本面"。英国路透社日前发表评论说,中国第三季度经济增速的反弹得益于政府精准的稳增长政策支持,第四季度依旧向好,全年实现7.5%的增长目标"几乎是板上钉钉的事"。

受这种乐观情绪感染,跨国公司加大同中国合作力度热情高涨。德国汉高集团首席执行官罗思德日前发表题为《中国经济"崩溃论"言过其实》的文章,详细罗列了汉高中国公司的营业数据,强调中国在过去6个月依然保持增长驱动力,未来中国仍将向全球性的德国企业提供巨大发展机遇。

或许是因为世界经济复苏进程尚不稳定,或许是出于长期搭乘"中国经济快车"形成的依赖心理,艳阳天里,一些人竭力用挑剔的目光捕捉

"阴影"，在子虚乌有中制造幻象。

"新兴市场面临的最大风险仍是中国"，"中国经济增速即将显著放缓，中国经济放缓是亚太众多专家的最大担忧"，"中国经济再平衡是全球经济秩序面临的三大系统风险之一"……诸如此类武断的判断和预测，让我们再次真切感受到"读懂中国"四个字沉甸甸的分量。

国际货币基金组织统计数据显示，尽管国际金融危机和欧债危机冷风劲吹，2008年至2012年，中国经济年均增长9.3%，中国经济净增量占全球经济净增量的29.8%。2012年，中国经济增长7.8%，占当年全球净增量的60.9%。根据世界贸易组织数据，2008年至2012年，中国进口占全球进口总额的比例由6.9%升至9.5%。2008年至2010年，全球进口总体萎缩8.4%，中国逆势增长23.3%。

中国经济持续30多年高速增长，即便是7.5%左右的增速依旧处于中高速增长区间；未来中国经济增长必须以提高质量和效益为前提，必须以资源节约和生态环保为支撑，必须以科技创新和技术进步为动力，必须是有就业保障和居民收入相应增加的增长；中国率先进行经济结构调整，非但不是威胁或拖累，反而能够拉动新兴市场国家集体转型，最终将有利于世界经济可持续发展……

事实是明摆着的，道理是显而易见的。是什么妨碍一些人"读懂中国"？是对今日中国缺少精准的把握，是对迅猛崛起的中国有过多的苛求，是将"自身利益最大化"当成评估中国发展成效的标尺，是"恨人有、笑人无"不健康心态的流露，还是阻遏中国发展、妖魔化中国形象阴暗心理的发作？

"读懂中国"需要近距离的观察、实事求是的态度、宏观把握的能力，同样也需要足够的善意和推己及人的公允。

《中国好，世界就好》，这是英国牛津大学教授卡尔·格斯撰写的一本畅销书。书中写道："中国消费市场对全世界的影响，犹如墨水滴入水面，随着涟漪的扩大，影响将愈来愈广……"

"读懂中国"，又何尝不会荡起充满正能量的涟漪，带来让世界更加美好的影响。

（2013年11月6日）

促进和平发展的建设性力量
——如何更好"读懂中国"之四

中国在构建国际政治和经济秩序中发挥着越来越重要的作用,世界加强与中国的相互了解已经不是一项选择,而是一种需要。21世纪理事会北京会议声明再次强调了"读懂中国"的重要性

中国坚持和平发展,绝不走国强必霸的道路。中国向世界展示着坚守战略抉择的清醒与定力。

作为一个从国际舞台的边缘走到国际舞台中心的大国,中国走什么样的发展道路,不仅决定着中国的命运,也将对世界格局演进产生重要影响。坚持走和平发展道路,是中国根据时代发展潮流和自身根本利益做出的战略抉择。

长期以来,中国坚持奉行独立自主的和平外交政策,宗旨就是维护世界和平、促进共同发展。早在1974年中国重返联合国的时候,邓小平就向全世界宣布,中国永远不称霸。改革开放以来,中国坚持和平与发展是时代主题这一重大战略判断,多次公开阐明:中国过去不称霸,现在不称霸,将来强大了也不称霸。今年以来,中国领导人足迹遍及世界各大洲,谈得最多的是共谋和平、同促发展的政策主张,带给世界最多的是互利共赢的合作机遇。

"亲、诚、惠、容"的周边外交理念、"丝绸之路经济带"、中国—东盟命运共同体、"真、实、亲、诚"的对非洲政策、正确的国际义利

观……彰显了为促进人类和平与发展事业做出更大贡献的大国担当。

中国在处理一些敏感地区问题时所展现出的建设性立场,让世界进一步了解中国践行和平发展理念的决心和意志。今年9月份,中国和东盟国家围绕加强海上务实合作继续进行探讨,并在落实《宣言》框架下就"南海行为准则"坦诚交换意见,务实推进"南海行为准则"。新加坡《联合早报》就此评论道,通过"南海行为准则"的磋商,中国展示了和平处理纠纷的决心。

中国坚定不移走和平发展道路,但决不能放弃自己的正当利益,决不能牺牲国家核心利益。在钓鱼岛问题上,中国始终主张通过对话解决问题,与此同时,针对日本种种挑衅行径采取了有力反制措施。这既是对中国主权和领土完整的坚定维护,同时也是对地区安全稳定负责。

时间是最好的老师。世界对中国和平发展道路的认识和理解正不断达到新的水平。南非大学学者帕鲁克如此指出,中国是世界和平的主要力量,中国的发展就是世界和平力量的壮大,中国走和平发展道路,让全世界都享受到了和平带来的利益。法国前总理让—皮埃尔·拉法兰表示,在当今世界充满"不确定因素"的情况下,期待中国为世界的和平与经济增长"确定一条强有力的政治路线"。21世纪理事会北京会议日前发表声明指出,中国在构建国际政治和经济秩序中发挥着越来越重要的作用,世界加强与中国的相互了解已经不是一项选择,而是一种需要。

"读懂中国"的重要性在加大,"读懂中国"是一个不断深化的过程。

当前,中国人民正在努力实现"两个一百年"的奋斗目标和中华民族伟大复兴的中国梦。中国梦是与各国人民追求和平与发展的美好梦想相通的。随着中国的发展,中国将承担更多的国际责任,更积极参与国际事务及国际体系改革。中国将始终是促进世界和平与发展的建设性力量。

(2013年11月7日)

美国也要守"村规民约"

面对和平、发展、合作、共赢这一时代潮流，引领潮头意味着风光无限，本本分分同样能找到几分惬意。但愿"棱镜门"风波能让美国真正悟出点什么

"棱镜门"风波不亚于一场相当规模的"政治海啸"。来自国内外的道德批判、欧洲盟国的强烈反弹，着实让华盛顿有些不自在。反恐战争和国家安全需求等说辞苍白无力，洗心革面的意愿和勇气又无从谈起，美国政府也只好见到葫芦先按下，瓢浮起来再说瓢的事。

正是上述场景下，美国出现这样一种声音："这个星球上没有一个国家不被美国情报界或多或少地关注，我们不得不这么做，因为我们是为数不多的全球超级大国"；"每一个国家都有间谍武器，但多数相当于一枚榴弹炮，就监听而言，美国拥有的是核武器"……

意思明白得很，实力超强的美国做些出格之事，真的不必大惊小怪，因为美国是个例外！

"例外论"在美国政治中的烙印从未消退过。2009年，面对英国《金融时报》记者有关是否相信美国例外主义的提问，奥巴马回答说，他对美国例外主义的态度就如同英国人对待英国例外主义、希腊人对待希腊例外主义的态度一样，言外之意是美国没那么特殊。此话一出，压力随之而来。《纽约书评》评论道，奥巴马交出学费之后才明白了"例外论"在美国政治中的影响力。

当今世界正处在相当敏感的转型期，美国扮演什么样的角色，这既是

美国自身的问题，同样也是世界的问题。道理很简单，美国仍是实力最强大的国家，在国际关系体系的诸多方面依旧发挥着主导作用。转型过程是否平稳，能否保持足够的速度，在相当程度上取决于美国的修为。非同寻常的实力和地位，并不意味着美国可以像被惯坏的孩子那样随性。毕竟美国的利益遍及全球，为了有效维护这些利益，许多时候美国比他国更需要保持国际关系体系稳定。

在分析未来全球稳定和繁荣走势时，新加坡国立大学学者马凯硕将目光聚焦在美国是否能重新找回道德感召力。很显然，"棱镜门"背后找不到任何道德感召力，所暴露的是美国的骄狂自大和信义缺失。美国乔治城大学教授罗莎·布鲁克斯曾这样描述美国放纵自己的危害：美国就像是"受了伤的巨人"，虽然在"稳步衰弱"，但它仍很强大，在甩动手臂时足以伤害许多人。其实，罗莎·布鲁克斯这个形象的描述还可续写下去：被伤害的许多人愤怒了，"受了伤的巨人"在这种愤怒的情绪中变得更加痛苦。

无论是国家气质的重塑，还是国际游戏规则的演进，都有复杂的利益牵动和痛苦的心理调适。但是，世界毕竟已经进入新的时代，想变不想变，最终都得变。正如哈佛大学教授斯蒂芬·沃尔特所指出的，"和世界上所有国家一样，美国有其特殊的品质，但它仍是一个竞争性全球体系中的一员。"在日益紧密的地球村，"例外论"早该成为博物馆的展品，靠蛮力抢夺村长位置、靠蛮横管束村民的"传奇"亦成明日黄花，美国也要守"村规民约"。

一个社会的转型尚有诸多磕磕碰碰，偌大的世界更不可能在风平浪静中脱胎换骨。"棱镜门"风波自然不是什么光彩之事，但既然事情已经出了，就得勇于面对。将坏事变好事是一种智慧。但愿"棱镜门"风波能让美国真正悟出点什么。

（2013年11月1日）

抗衡中国是安倍对世界的贡献？

安倍主政的日本，公然歪曲历史公理正义、肆意挑战战后国际秩序安排、蓄意恶化同邻国关系，这样的国家一旦真的在亚洲安全领域扮演更为重要的角色，究竟是福是祸

尽管日本首相安倍晋三喋喋不休地表示要改善对华关系，但这位言而无信的政客在破坏中日关系的道路上正越走越远。日前，安倍晋三在接受《华尔街日报》采访时，竟抛出日本抗衡中国是让世界变得更好、为世界做更大贡献这样一个怪论。

安倍自有一套说辞：对于中国依靠武力改变钓鱼岛问题而不是依法行动这一点，现在存在着许多担忧。日本不仅被希望成为亚太地区经济领袖，也被希望在安全领域扮演领导角色。日本希望多做贡献，从而使这个世界变得更好。日本做出自身贡献的一个重要手段，就是在亚洲抗衡中国。

抗衡中国是安倍对世界的贡献？

搞清真相、辨别是非，恐怕还要从安倍晋三论述的原点说起。钓鱼岛问题是如何被激化的？2012年9月10日，是一个涂抹不掉的日子。日本政府不顾中方一再严正交涉，宣布对中国固有领土钓鱼岛及其附属的南小岛和北小岛实施所谓"国有化"。严重侵犯中国领土主权，还幻想着中国不会采取强有力的反制措施，天底下哪有这等美事。

钓鱼岛及其附属岛屿，包括其领海和领空的主权属于中国。中国海警舰船飞机正常巡航系行使守疆护土之责，合理合法维护自己的国家领土主

权权益，对此任何人无权指责干预。中国军队飞机包括无人机在东海有关海域的正常训练和飞越活动，符合国际法和国际实践。中国飞机从未侵犯他国领空，也决不允许别国飞机侵犯中国领空。安倍晋三所说的中国武力改变现状，纯属无稽之谈。

有关"经济领袖"问题，没必要同安倍晋三交火。我们早就多次讲过，亚洲之大，容得下各国共同发展。作为世界第二大经济体的中国，真诚希望日本经济能有真正的起色，为世界经济稳定复苏多做实实在在的贡献，而不是拖后腿。

至于日本要在安全领域扮演领导角色，则需谨慎对待、保持高度警惕。日本是否有能力扮演这样一个角色，另当别论。关键的问题是，安倍主政的日本，公然歪曲历史公理正义、肆意挑战战后国际秩序安排、蓄意恶化同邻国关系，这样的国家一旦真的在亚洲安全领域扮演更为重要的角色，究竟是福是祸？

安倍晋三不妨把希望日本在安全领域扮演领导角色的国家罗列出来，讲清楚是如何打消这些国家对日本突破和平宪法的戒心的，讲清楚为何马来西亚《新海峡时报》称安倍晋三拉近同东盟距离的希望缺乏具体明确的因素支撑、难以获得东盟的支持和信任，讲清楚英国《金融时报》为什么会发表题为《日本出格言行威胁亚洲和平》的文章嘲笑日本外交徘徊在可笑与危险之间……

联盟和对抗的旧理论已经过时，合作的好处远大于对抗（印度总理辛格语），这早已成为亚洲国家的共识。一个总是想借抗衡来分裂亚洲的国家何以得到外部世界的信任？何以成为亚洲安全领域的领导者？

美国斯坦福大学肖伦斯坦亚太研究中心副主任丹尼尔·斯奈德一针见血地指出，日本同德国一样，只有放弃对其战时罪行的辩护并明确表示忏悔来解决有关昔日战争的各种关切，才能真正承担起领导者的角色。

安倍晋三在诋毁中国国际形象、恶化亚洲安全氛围的道路上走得实在是太远了，以至于失去了起码的现实感。

（2013年10月31日）

社会责任、职业良心千金难换

社会发展进程中,媒体所扮演的角色不可替代。崇高的使命、巨大的影响力,意味着非同寻常的自省、自重、自觉

英国《世界新闻报》曾因令世人惊愕的"窃听门"被迫关门。28日,"窃听门"丑闻几名主角开始在伦敦法庭受审。舆论的普遍关注,再次凸显了英国社会各界对媒体恪守职业道德的高度重视和强烈期待。

有学者统计了84个国家或地区记者职业道德准则的73个关键词,排在最前面的就是"信息的真实、公正、准确"。这些关键词中,还有多个与杜绝有偿新闻相关,比如"禁止受贿和接受礼物"、"以公正手段获取信息"等等。

现代社会,名利的诱惑无处不在。媒体不仅拥有巨大的社会影响力,也拥有通过不正当手段谋取私利的种种便利。尽管真实、客观是公认的职业操守,但非法获取信息、乱搞有偿新闻、进行敲诈勒索在世界各国屡见不鲜。而一家媒体一旦跨越了道德底线,最终付出的代价也是惨重的,长期积累的公信力完全有可能因为某一丑闻丧失殆尽。

十年前,美国《纽约时报》记者杰森·布莱尔造假丑闻震惊新闻界。短短半年,他撰写的73篇稿件中,有明显问题的多达36篇,充斥着剽窃、杜撰以及与事实不符的内容。《纽约时报》不得不公开承认,杰森·布莱尔异常活跃的半年是"这份拥有152年历史的报纸最糟糕的时期"。

美国记者赫兹加德分析某些媒体制造假新闻现象时指出,由于假新闻容易触动人们情感上的敏感区,所以能够吸引更多的受众。同时,由于假

新闻几乎不需要采集信息，不需要深入研究，生产成本相对较低。

在市场竞争高度激烈的今天，仅靠自律显然还不足以规范媒体的行为，制度性约束、法律的威慑必不可少。在世界各国，有偿新闻普遍被视为违法违规行为，一些国家将其与贪污受贿同等论处。

然而，仅有完善的法律法规还不足以打消某些媒体及其从业人员的冒险冲动。严格的监管不可或缺。新加坡2003年成立了隶属于通讯及新闻部的媒体发展管理局，专门负责对媒体、互联网和电子游戏的审批和监管。今年3月18日，英国保守党、工党、自民党等三大政党达成协议，同意成立一个新的独立媒体监管机构，以拯救丑闻迭出的英国媒体业。英国首相卡梅伦称，这将是英国历史上"最严厉"的媒体监管方案。

社会发展进程中，媒体所扮演的角色不可替代。客观、真实、公正的报道，针砭时弊、捍卫正义、推动进步。崇高的使命、巨大的影响力，意味着非同寻常的自省、自重、自觉。社会责任、职业良心千金难换，这不仅是媒体的核心竞争力，也是媒体人的守身立命之本。

（2013年10月30日）

增强中欧经贸合作抗风险能力

中欧双方每天成交贸易额15亿美元。用欧盟理事会主席范龙佩的话说,中欧经济相互需要、无法分割。相互尊重、互利共赢的合作精神必不可少

第四次中欧经贸高层对话日前在布鲁塞尔欧盟总部举行。这是中国新一届政府与欧盟首次高级别对话,双方按照战略性、全局性的定位,深入探讨彼此关心的经贸议题,共同规划中欧经贸关系的未来。这次对话达成了重要共识,释放了中欧双方推动经贸合作向更高层次和更宽领域发展的积极信号。

当前,中欧双方每天成交贸易额达15亿美元。如此巨大的贸易规模,由于双方国情民情、文化传统、政治制度不同,分歧和摩擦在所难免,关键是如何以合作精神妥善处理。本次对话中,中欧双方承诺将坚持市场开放,慎用贸易救济措施,管控好贸易摩擦,并将在世贸组织等多边场合加强沟通协调。只有将这个共识转化为实实在在的行动,中欧经贸合作的抗风险能力才能稳步提高。

2012年以来,欧盟对华动用贸易救济措施势头快速上升。今年上半年,光伏产品贸易风波一度使中欧贸易往来变得敏感复杂,所幸中欧双方最终达成价格承诺协议。只要中欧双方相向而行,加强合作,就没有迈不过去的坎。针对可能出现的重大摩擦,中欧双方有必要在早期阶段就开展沟通交流,加强立场协调和行动协作,寻求兼顾双方利益的解决方案。

中欧投资协定谈判是外界关注此次中欧经贸高层对话的一个聚焦点。

近年来，中国企业"走出去"步伐加大，一些大型企业在欧洲成功并购。这也再次表明，中欧经济互补性强、合作潜力大、内生动力足。然而，中欧相互投资的潜力尚未完全释放出来。据欧盟方面统计，2012年，欧盟企业在中国的投资只占欧盟对外投资总量的2%，中国在欧盟的投资只占流入欧盟的外国直接投资总额的2.2%。

对于促进和便利相互投资，进一步提升中欧经贸合作水平，一个内容丰富的中欧投资协定将发挥积极作用。欧洲理事会已经正式授权欧盟委员会代表欧盟国家启动与中国的投资协定谈判。当前，中欧双方需要抓紧开展有关工作，争取让投资协定谈判早日启动。

当前，全球经济缓慢复苏，仍面临不少挑战。中欧作为世界上两个重要的经济体，进一步加强对话合作，无论对于双方还是全球，都至关重要。中国将继续重视发展同欧盟的关系，坚定支持欧洲一体化进程，推动中欧全面战略伙伴关系不断向前发展。

中欧关系是世界上最重要的双边关系之一。中欧经贸合作的发展，也是构建发达国家同新兴市场国家和发展中国家合作共赢新模式的一个重要组成部分。无论经历怎样的波折，合作都应是中欧关系的主旋律和大方向。在这一大的框架下，通过磋商减少合作阻力、加速合作进度，符合中欧共同利益。为此，我们更应该倡导相互尊重、互利共赢的合作精神，通过对话和磋商妥善解决分歧和摩擦。

（2013年10月29日）

让地方交往的大门越开越大

国之交在于民相亲。地方交往最贴近普通民众，在接地气、惠民生方面有着独特优势

"2004年别斯兰人质事件后，四川人民率先作出反应，在那些艰难的日子里同我们在一起。今天是我们帮助中国、尽我们人道义务的时候了。"2008年汶川大地震发生后，俄罗斯北奥塞梯共和国青年和体育运动事务部向当地居民发出这样的捐助呼吁。

山东省日照市先后与韩国的唐津市、始兴市、平泽市、浦项市、铜雀区缔结为友好城市或友好合作关系，为双方加强经贸合作奠定了良好基础。据统计，今年1—8月份，日照市对韩贸易额17.1亿美元，同比增长35.7%，高于日照全市进出口增幅5.7个百分点。

中国同世界各国地方交往画卷中的两幅图景，浓缩跨越千山万水的温暖情谊与合作活力。

据中国国际友好城市联合会统计，迄今中国有30个省、自治区、直辖市（不包括台湾省及港、澳特别行政区）和418个城市与五大洲131个国家的452个省（州、县、大区、道等）和1390个城市建立了2030对友好城市（省州）关系。

外交是个系统工程，需要充分利用各种资源。积极开展地方交往，加深民众间的理解和友谊，夯实国家间关系的基础，结成更为坚实的合作网络，具有深远意义。国之交在于民相亲。地方交往最贴近普通民众，在接地气、惠民生方面有着独特的优势。

在经济全球化和社会信息化时代，中国越来越开放，与外部世界关系越来越密切，需要多层次、全方位外交布局。面对新形势，只有通过不断的体制改革和机制创新，积极调动各方面的积极性和创造力，才能不断释放潜力，形成合力。

一位曾经长期从事对外交流工作的中国官员这样说道：如果国家形象是一个相册，各地方形象就是该相册中的照片。

不同地区在开展对外交流合作时都拥有属于自己的优势，或是地缘优势，或是人文资源，或是华侨华人纽带。积极挖掘优势，推动同各国地方交往不断向前发展，既有利于增进中国和外部世界的相互了解，也有利于为各国的共同发展创造更多机遇。

地方交往是国家关系的稳定器，是人民友谊的播种机，是文化沟通的大舞台。地方交流合作的大门一经打开，就没有任何力量可以再把它关上了，相反，这扇门只会越开越大。

（2013年10月25日）

自信方能正确定义国家利益

转型期给各国带来的感受全然不同,不仅取决于其实力处于上升态势还是下降态势,还有一个关键因素,那就是能否把握住国际关系体系变迁的大趋势

提出"软实力"概念的约瑟夫·奈认为,美国仍有可能在21世纪保持世界政治中主导大国的地位。但是,美国为此必须做几件事,其中有两件同摆脱"孤立主义"影响相关。

众所周知,孤立主义是美国政治文化与外交传统的一部分,强调集中力量处理国内事务,与国际事务保持一定的距离,避免卷入不必要的纷争。回顾美国两百多年历史,孤立主义盛行往往同艰难的国际处境和尖锐的国内问题相连,心理层面的突出表现则是不自信。且不谈美国的孤立主义倾向已经达到何种程度,不自信的确是够严重的了,这种不自信甚至蔓延到科技领域。

今年3月,美国国会通过一项法案,限制美国国家航空航天局同中国政府和中国国有企业合作。获美国国家航空航天局资助的一些科学家因此被迫中断有关合作项目。一些人为了免遭麻烦,甚至不敢聘用中国籍雇员。

前不久,美国国家航空航天局一度禁止中国科学家参加开普勒太空望远镜项目国际学术会议。虽说参会禁令日前已经解除,但"误读美国国家安全法"的说辞难以让人信服。杯弓蛇影、草木皆兵的背后,依然是极度不自信。

面对"参会风波",英国牛津大学天文学家克里斯·林陶特感觉"似乎又回到冷战时期";德国《明镜》周刊网站评论说,美国国家航空航天局

的做法破坏了美国的价值体系,是政治把戏;英国《经济学人》杂志嘲讽美国"国际空间站"一点儿也不"国际",担心科研进展将受到影响。耐人寻味的是,这家杂志的相关报道用了"中国人?你不受欢迎"这样一个标题。

美国斯坦福大学胡佛研究所研究员蒂莫西·加顿·阿什在《洛杉矶时报》发表文章说,美国有着定期缩回到固守美洲大陆的冷漠状态的历史,一战后的形势就是如此。不过,这一次不同。尽管当前的逃避态度有其历史渊源,但这个国家在国际舞台上不是急剧崛起,而是相对衰败。20世纪20年代,美国人还不必担心"崛起的中国"会击败他们,现在已经担心了。

一个更加富有、更加有实力的中国,是否意味着一个相对变穷、变弱的美国?这是美国人面对的一个"时代命题",用英国《金融时报》外交事务首席评论员吉迪恩·拉赫曼的话说,美国甚至因此步入一个"焦虑时代"。巨大的焦虑还未衍生出一个压倒性的结论。时至今日,"欢迎中国作为一个繁荣昌盛的大国登场"仍是美国的官方表态。

不过,这一表态的成色是清楚的。美国去年底发布的一份"全球趋势"报告不无忧虑地指出,到2030年美国将不再有能力"领导世界",中国有可能成为第一大经济体,亚洲将成为世界的"权力中心"。值得注意的是,报告的编撰者是美国国家情报委员会。

世界各国都处在一个复杂的"转型期"。转型期给各国带来的感受全然不同,不仅取决于其实力处于上升态势还是下降态势,还有一个关键因素,那就是能否把握住国际关系体系变迁的大趋势。

为什么经济总量跃居前列就将成为世界的"权力中心"呢?为什么美国就一定要扮演"领导世界"的角色呢?新的时代正赋予"权力中心"、"领导世界"这些概念全新内涵。思想观念不与时俱进,行为方式就会与时代脱节。先不说这样的思想观念和行为方式是否有助于保住国家实力全球第一的地位,即使一时保住了,恐怕也找不到自信的感觉。

"美国人应以广泛而有远见的方式定义他们的国家利益,将全球利益融入其中。"某种意义上,约瑟夫·奈已经给美国人摆脱焦虑症开出了药方。

(2013年10月23日)

空口袋立不起来

即便有美国宪法第一修正案这个"护身符",即便被奉为美国软实力的"金字招牌",美国政府所宣扬的"神圣不可剥夺"的"新闻自由"终究是虚伪的

保护记者委员会日前发布报告指出,美国政府对泄露消息者的严厉追究与对记者调查资料的监控,正对新闻自由构成威胁。无独有偶。针对美国政府秘密窃取100多名美联社记者的电话通信记录,美联社总裁普鲁伊特发出愤怒的抗议。

"9·11"事件发生后,美国政府以国家利益和反恐战争需要为名,加大了对媒体的新闻管制。从美国国家安全局前雇员斯诺登披露出的美国政府监听的范围和规模来看,美国政府眼中的国家利益和反恐战争是两只无所不容的筐。即便是日常新闻报道,美国媒体的喉咙也经常被政府"看不见的手"扼住。

据《纽约时报》一位编辑透露,当美国总统不希望某件事见报时,白宫新闻秘书会给媒体打招呼。如果某家媒体"不听话",其负责人将无缘"总统早餐会",采访总统的申请也将石沉大海。在媒体竞争异常激烈的美国,一家媒体如果失去了政府信息源,无异于被判了死刑。

美国政府与媒体的关系从来就没有清爽过。有的时候"软干预"会更多一些,比如编造一些隐蔽新闻提供给媒体;有的时候会公开施加"硬监控",比如打压一些媒体和记者;而软硬两手一并使用,更是常见的路数。这样的干预和监控从来没有停止过,未来也不会减少。斯诺登披露的

一份报告显示,大约1/3的国际长途电话要在美国转接,而且几乎所有的网络通信都要途经美国。这为美国政府实施监控提供了种种便利手段。

美国一方面着力强化对媒体的控制,一方面又高举新闻自由大旗招摇撞骗,甚至将所谓的新闻自由标榜为其软实力的重要组成部分。对那些崇尚"美式新闻自由"的人来说,美国保护记者委员会的报告和美联社总裁的抗议,无疑是一剂清醒剂。

为什么华盛顿热衷于向其他国家输出新闻自由理念,甚至亲自动手推动新闻自由?除了给美国增添"制度光环"的考量,一个重要目的就是打造美国方方面面的"政治正确"。一旦所谓的政治正确和强大的经济、军事实力结合在一起,翻手为云、覆手为雨,恃强耍横、巧取豪夺,也就不足为奇了。

即便有美国宪法第一修正案这个"护身符",即便被奉为美国软实力的"金字招牌",美国政府所宣扬的"神圣不可剥夺"的新闻自由终究是虚伪的。

空口袋立不起来。

(2013年10月22日)

中缅管道项目的多重意蕴

中缅石油天然气管道干线20日全线建成投产,这是中国与东盟加强互联互通、确保能源安全的重大成果。中国与东盟在建立更为紧密的命运共同体道路上迈出新的步伐

中缅石油天然气管道工程的建设,经历了缅甸从封闭走向开放的过程。中国企业在项目实施过程中,通过扎扎实实地为缅甸当地百姓造福,让他们切实分享管道建设带来的红利,赢得了民意的广泛支持。这为未来管道的安全运行,为中缅和中国与东盟国家在基建大项目上的进一步合作提供了宝贵经验。

近年来,在某些西方人士的炒作下,管道工程似乎是一个只有中国一方获利的项目。而今天人们看到的事实表明,这是一个多赢的成果。

中缅油气管道作为一个"四国六方"合资项目,其受益者不只是中国和缅甸,还给参与投资的韩国、印度企业带来巨大收益。缅甸不仅将收取"过路费",同时还可在其境内下载一定数量的天然气,以缓解能源短缺的压力。工程的开发,使皎漂这个海滨小城成了很多外企关注的新兴经济开发区,显示出勃勃生机。缅甸副总统吴年吞表示:"中缅油气管道不仅是参与投资的四国互惠共赢的项目,而且将使缅甸的经济、工业化和电气化得到提高,对缅甸的长期发展具有重要意义。"

中国对缅投资项目近年来出现了一些波折,但中缅政治经贸关系总体上仍在不断深化,双方的了解在加深,互信在增强,加强合作的意愿在提升。中缅山水相连,"胞波"情谊深厚,是好邻居、好朋友、好伙伴。当

前，国际形势和国际格局深刻、复杂变化，不断巩固和深化中缅全面战略合作伙伴关系，符合两国人民根本利益，也有利于促进国际和地区和平与稳定。

进一步加强中国与缅甸的合作，符合东盟国家利益。1997年，东盟顶住西方压力，接纳缅甸为成员国。这些年来，东盟始终保持了与缅甸的建设性接触，坚持了不抛弃缅甸，不孤立缅甸，促进缅甸改革的基本政策。在缅甸改革的新形势下，中国和东盟各国加强与缅甸的全面合作，不仅有助于推动缅甸扩大改革成果，提升经济发展水平，也将有利于深化中国—东盟自贸区建设，带动以东盟为主导的东亚区域合作，并将这一正面效应推向印度、孟加拉国等南亚国家，加速中孟印缅经济走廊的打造。

加强合作、互利共赢是中国与缅甸等东盟国家发展关系的基石。中国与东盟合作之所以获得丰硕成果，关键在于互信、务实、包容，归根结底是符合大家的共同利益，顺应求和平、谋发展、促合作的时代潮流。东盟前任秘书长素林曾强调，如果中国与东盟可以为经贸、投资、旅游、通信、教育、交通等各领域未来的合作奠定更为坚实的基础，就能够有效控制、避免或管理其他容易引起争议的问题。

缅甸明年将成为东盟轮值主席国，明年还是中国、缅甸、印度共同倡导和平共处五项原则60周年，这给进一步加强中缅关系，特别是通过与缅甸的合作来扩大和提升中国与东盟的关系，提供了良好机会。中方将配合缅方办好有关活动，共同推动中国—东盟关系发展。中国愿通过扩大同东盟国家各领域务实合作，互通有无、优势互补，同东盟国家共享机遇、共迎挑战，实现共同发展、共同繁荣。

（2013年10月21日）

拜鬼之举必须迎头喊打

对日本在历史问题上开倒车保持强大压力,是对公理正义的捍卫,是对亚洲和世界和平负责

17日,安倍晋三以"内阁总理大臣"之名向靖国神社献上供品。这已经是安倍晋三今年第三次曲线拜鬼。

安倍晋三扬言"为国家战斗而牺牲的英灵表示崇敬"理所当然,同时又煞有介事地表示,因为参拜靖国神社已成为外交问题,他"不会说"是否将亲身前往。

这番心虚的狡辩有什么意义呢?不管采取何种形式,对昔日战犯顶礼膜拜就是为军国主义招魂,就是对亚洲各国人民感情的严重伤害,就是对现有国际秩序的公然挑战。献供品和亲身前往参拜,性质是完全一样的,没有任何区别。

安倍晋三热衷的"平衡"不过是廉价的把戏,十分猥琐。道理很简单,在大是大非问题上,根本就没有什么平衡的空间可言。

在日本,军国主义思想有着极其顽固的生存力,滋养这种思想的社会土壤始终没有彻底清除。这一点,在日本媒体相关报道中也得到体现。共同社密切关注中国一些媒体对安倍晋三此次曲线拜鬼的报道方式,莫名其妙地得出中国"反应冷静"这样一个结论。

怎么可能反应冷静呢?忘记惨遭日本侵略的那段历史意味着背叛,纵容日本政客挑战历史公理正义同样也是背叛。

为了让共同社有一个更加清醒的判断,为了让安倍晋三早日从不加剧

外交问题的痴梦中醒来，我们在这里仅列出这两年来针对日本错误历史观和拜鬼之举发表的"钟声"标题：

《"八一五"不是日本政客耍小聪明的日子》、《日本不端正历史观就难以自律》、《邪恶的参拜》、《参拜撕去"暧昧"伪装》、《性质相同的两场闹剧》、《日本"拜鬼"闹剧当休矣》、《邪恶的"历史坐标系"》、《日本的"反弹"不啻警钟》、《危险的安倍式"请便吧"》……

这里面有所谓的"反应冷静"吗？还想提醒一句，在国际舆论场上，"钟声"就是"中国的声音"、"中央的声音"、"大众的声音"。

事实再一次表明，对日本形形色色拜鬼之举迎头喊打，是完全必要的，不能有丝毫含糊，不能给日本留下任何干了坏事还得到宽容的幻想空间。

历史经验告诉我们，和平需要坚定维护。联合国前任秘书长安南曾这样警示人们："今天我们的首要任务是确保人类不会忘记大屠杀的死难者，以及那些被毁掉的城市和文化，并保证类似的恐怖和悲剧将不会在任何时候、任何地方重演。"欧洲始终高度警惕纳粹思想回潮，直到今天仍不放弃对纳粹战犯的追捕，甚至让纳粹战犯难以找到葬身之地，为的就是确保正义与和平能够长久。

今日亚洲的和平基础并不稳固。日本错误的历史观以及军国主义思潮蠢蠢欲动对亚洲和平是一大威胁。面对日本推动修改和平宪法以重新武装的冲动，曾经遭受过日本军国主义戕害的亚洲国家不可能没有担忧。对日本在历史问题上开倒车保持强大压力，是对公理正义的捍卫，是对亚洲和世界和平负责。

牢记历史，为的是不让历史悲剧重演，为的是让对和平的追求永驻人们心间。

（2013年10月18日）

只靠商机当不了"驾驶员"

中国奉行互利共赢开放战略，但是决不拿国家核心利益做交易，决不容忍他国随意损害中国的正当权益

中英关系在探索健康稳定发展方面迈出新的步伐。15日，第五次中英经济财金对话在北京举行。对话展示的合作氛围以及取得的59项互利共赢成果，令人印象深刻。

这一积极进展，是以英方承认其在涉藏问题上的错误做法、明确做出尊重中国主权和领土完整的郑重承诺为前提的。否则，陷入长达一年低谷的中英关系不可能转寰，也无法展开务实合作。

对这一点，英国《每日电讯报》看得比较准确：谁才是英中关系"真正的驾驶员"，答案非常清楚，实力天平明显"往北京倾斜"。

国家之间的关系有经济帐，也有政治帐，这两笔帐是分不开的。换句话说，做生意得有正常的环境，需要良好的政治氛围来保障。由着性子损害中国利益、伤害中国人民的感情后，还幻想着中国被动接受"政冷经热"局面，是一种荒唐的幼稚病。同外部世界交往时，中国有不可撼动的原则，对英关系如此，同其他国家的关系也不会有例外。

值得注意的是，聚焦解析中英关系最新进展时，一些西方媒体不约而同地将"商机"当成关键词。英国《卫报》相关报道以"英国准备在对华关系中迈一大步"为题，指出英政府主动伸出"橄榄枝"，背后有务实的经济考量。美国《纽约时报》也发表评论称，"英国不希望错过来自中国的商机"。

商机，的确是国家实力的有机组成部分，是不可或缺的外交手段。对奉行实用主义的交往对象而言，关乎现实利益的商机往往比国际关系准则和道义感更有分量。商机不会凭空出现。保持不住必要的发展速度，缺少足够发展活力，一个国家提供不了像模像样的商机。

交互性是商机的一个基本特征。换句话说，商机的丧失对往来双方都是一种损失。承受力的强弱，同经济体量大小和运行状况直接相关。经济体量大、发展势头好，切断某些商机远不至于有断腕之痛；经济体量小、日子过得捉襟见肘，感受就会全然不同。从这个意义上讲，要把握主动权，就得保持住发展活力，作经济大国强国。

针对一些西方媒体的"商机论"，需要指出的是，只靠商机当不了"驾驶员"。捍卫国家尊严、掌控外交局面，至少还有一个要素是必须的，那就是坚定的意志。

中国奉行互利共赢开放战略，但是决不拿国家核心利益做交易，决不容忍他国随意损害中国的正当权益。在这方面，中国过去不曾含糊，今后同样也不会含糊。

在著名历史学家保罗·肯尼迪看来，"中国崛起是一个长期的战略态势"。在这一进程中，西方如何同中国相处，如何更多地分享中国发展红利，取决于对中国国家意志的适应和理解。但愿那些制造中英关系这段不平坦历程、关注中英关系这段不平坦历程的人，能从中获取某些启示。

据《华尔街日报》报道，有英国外交官员宣称，英国将来还有可能在涉藏问题上挑衅中国，"未来的首相"还将有可能会见达赖喇嘛。不管是否真有这样一个信息源，也不去评论这个大胆预测背后的无奈与狂妄，有一句话写在这里是恰当的：树欲静而风不止。还需提醒的是，中国人还常说一句话：蚍蜉撼树谈何易。

既然意志坚定地把住了方向盘，驾驶员就不会打盹儿，也不会缺少定力。

（2013年10月17日）

"依赖症"有碍世界经济复苏

准确把握中国经济未来走向，不仅要分析一些具体数据，更需把握中国改革开放大棋局

"中国经济增速即将显著放缓"，新兴市场面临的"最大风险仍是中国"，英国《金融时报》如此指出。美国有线电视新闻网称，中国经济放缓是亚太众多专家的"最大担忧"。在标准普尔公司首席全球经济学家保罗·希尔德看来，"中国经济再平衡是全球经济秩序面临的三大系统性风险之一。"

上述判断尚不代表世人的主流看法。不过，流露出的对中国经济继续高速增长殷殷期待乃至依赖心理具有普遍性。种种负面评价有可能产生的舆论影响力不容小觑。

国际金融危机让发达国家遇上大麻烦，中国经济在抵御危机过程中表现突出，为推动世界经济复苏做出重要贡献。这种贡献有目共睹，好评如潮。现在，仅仅因为中国经济增速有所放缓，就发出悲观论调，甚至将中国视为最大风险源，显然过于轻率，也不够公允。轻率和不公背后，是对中国经济运行情况缺乏精准把握，还是有意唱衰？恐怕还要做些具体分析。

不过，有一点是不容置疑的。虽然当前世界经济形势不像国际金融危机爆发之初那般岌岌可危，但信心和勇气同样非常重要。

国际货币基金组织新近公布的《世界经济展望报告》指出，在新兴经济体总体增速放缓、外部风险和挑战增加的情况下，中国经济增速仍将处于合理区间和预期目标内。如果对稳中向好的中国经济都持有如此消极的

看法，克服风险的信心和采取行动的勇气又从何而来？

　　长期以来，中国经济之所以能够保持强劲增长势头，关键在于中国能够坚持深化改革，不断扩大对外开放。坚持改革开放是中国经济增长的最大动力源。准确把握中国经济未来走向，不仅要分析一些具体数据，更需把握中国改革开放大棋局。只要对中国经济基本面、中国推进发展方式战略转型的努力有所把握，就很容易理解中国经济增速有所放缓是主动调控的结果，目的是为了不断释放内需潜力、创新动力和改革红利，着力打造中国经济升级版。

　　世界经济运行主要风险来自哪里，这个问题的确需要搞清楚。

　　当前，国际金融危机深层次影响仍未消除，跨境金融风险不可忽视；主要发达经济体结构性问题远未解决，加强宏观经济政策协调必要性突出；一些亚太新兴市场经济体面临的外部风险和压力增大，金融市场波动，经济增速放缓；世界贸易组织多哈回合谈判进展缓慢，贸易和投资保护主义有新的发展。

　　上述严峻挑战需下大气力妥善应对。一旦问题解决不好，中国经济倒真有可能如一些人所说的那样碰上难题。尽管中国努力扩大国内消费对经济发展的拉动作用，但不可能全然不受外部风险影响。

　　要让世界经济列车跑得更稳、更快，各国都要通过积极的结构改革激发市场活力，增强经济竞争力。如同世界经济面临调整一样，中国经济也走到需要更扎实转型的关键阶段。今天的放缓意味着明天更为坚实的可持续发展。中国率先进行经济结构调整，非但不是威胁或拖累，反而能够拉动新兴市场国家集体转型，最终将有利于世界经济可持续发展。

　　经济全球化极大地增强了联动性，世界经济的强劲增长以各国共同增长为基础。过于依赖某个国家的快速经济增长，对世界经济的健康发展没什么好处。早在2010年，英国《经济学人》杂志就向（对中国经济的）"依赖症"发出警告：中国经济虽然影响巨大，但不能将其任意夸大。

　　与其毫无根据地大谈中国经济减速消极影响，还不如清醒头脑，为世界经济复苏多出实招，多做实事。

（2013年10月16日）

推动伊核谈判取得实质性进展

> 美伊双方需摆脱受自身中东战略利益的牵制,多从中东问题对世界和平影响的高度考虑,才有可能找到符合各方利益的路线图

15日至16日,伊朗与美英法俄中德六国将就伊朗核问题在日内瓦举行新一轮会谈。这是自伊朗总统鲁哈尼今年8月就任以来举行的首次谈判。最近一段时间,美伊关系出现松动,双方展开了一系列积极接触,伊朗核问题出现转机,人们对此轮会谈抱有一定期待。

如何将美伊"破冰"之举转化为和平解决伊核问题的良好开端,是此轮对话会面对的重要任务。对话前夕,美国国务卿克里表示,对伊朗的外交窗口正在打开;伊朗议会议长拉里贾尼则表示,德黑兰积极看待此轮谈判。

从伊核问题的历史看,对话要想取得积极成效,各方一方面需要抓住机遇,乘势而上,取得扎实成果,扩大正面效应;另一方面需要切实尊重彼此关切,照顾到对方国内运作的政治氛围,避免得陇望蜀,要价过高。

和平解决伊核问题仍面临巨大困难,消除伊朗与西方的敌对情绪,逐步建立互信需要时间。1979年伊朗爆发伊斯兰革命以来,美伊两国一直处在事实上的"冷战"状态。正如一位中东学者所指出,华盛顿与德黑兰政治体系中存在广泛的敌对关系,因此双方政治人物都无需为朝对方说狠话负责,而如果谁一旦说了对方的好话,却很有可能要为之付出代价。

无论西方如何渲染,甚至"鼓励"鲁哈尼政府的温和保守派色彩,但要让伊朗很快就按照西方的要求达标,是不切实际的。在维护伊朗核权

利的问题上，鲁哈尼不会轻易让步。加之伊朗新政府正式运作才刚过两个月，尚处于国内政治的磨合期，各方对谈判保持耐心实属必要。

伊朗核问题是美伊双方冲突的焦点，但背后却隐藏着更深层次的结构性矛盾，双方如何看待对方在中东地区的存在，双方如何处理与以色列的关系，以及整个中东地区的安全架构如何建设等等。

与此同时，伊朗核问题又不只是一个美伊之间的问题。伊朗核问题与叙利亚问题有一定联动性，也与中东地区的很多问题相关，可以说是事关中东和平的大事。

随着中东两大热点——伊朗核问题与叙利亚问题都现缓和势头，多渠道推动中东和平呈现新机会。美伊双方需摆脱受自身中东战略利益的牵制，多从中东问题对世界和平影响的高度考虑，才有可能找到符合各方利益的路线图。在事关地区安全稳定和世界和平的重大问题上，为一己之私而较劲是不负责任的。事实早已表明，美国寄希望于依靠单边制裁"压垮"伊朗，非但无助于推进谈判，反而会激起火花，让局势变得更难控制。

美国卡内基基金会专家卡里姆·萨贾德普尔指出，美伊之间过去35年有很多实现突破的希望，但是它们都没有修成正果。奥巴马上台之初，曾经寻求与伊朗展开接触，但是这种意愿很快就消失殆尽。像这样错失和平解决伊核问题有利时机的经验教训必须记取。

在伊核问题上，中国一贯采取客观、公正和负责任的立场，积极劝和促谈。未来，中国将继续与各方加强沟通协调，为伊核问题的和平解决发挥建设性作用。

（2013年10月15日）

"否决政体"的"停滞本质"

> 既然问题已经出现，就必须正视。华盛顿的政治精英们需要明白，聪明人与时俱进，自负者被历史推着走

美国民主党和共和党在预算和债务上限问题上死掐，反映出的是美国政治极化，而政治极化背后是社会极化。

随着经济全球化、人口结构变化、网络和新媒体兴起，美国社会分裂程度逐渐加深，民意越来越呈现多元分散状态。两党迎合不同选民群体，政策诉求差异巨大，形成共识的空间不断缩小，甚至出现了"最自由的共和党人也比最保守的民主党人大大右倾"状况。

各国政治制度都与其特有的历史传统、文化积淀、基本国情密切相关，有其自身的特点。相互制衡是美国政治体制的一个突出特征。为阻止某一方采取强有力的政治行动，美国宪法设置了非同寻常的障碍，两党都不难找到制约对方的手段。如今，制衡与极化相互叠加，导致"我办不成事也不能让你办成"，难怪美国学者福山以"否决政体"来描述当下的美国政治生态。

崇尚美国政治制度的人认为，相互制衡蕴涵纠偏能力，有助于防止巨大的政治错误出现。可是，当这种制度安排加剧社会裂痕、党派对立甚至扰乱国家正常生活，理性的反思是必要的。如果非要坚持一俊遮百丑的观点，恐怕只能预设任何一个通过妥协出台的政策都比无所作为更坏了。但是，这样的预设经不起现实的敲打。任何一个国家都承受不了无政府状态。即便美国这样实力强大的国家，也不可能忍受某些政府部门长期关

门,更没有权利拿"经济原子弹"惊扰世界。

美国政治制度出了问题,这是显而易见的客观事实。原因的确很复杂,恐怕最大症结还是没有跟上时代变革的步伐,昔日的优势不经意间成为国家前行的障碍。一个国家政治生活的活力关键在于与时俱进。美国学者格伦·哈伯德和蒂姆·凯恩发现,历史上许多强国最终没落,很重要的一条原因就是政体"否认内在的停滞本质",一旦"制度无法适应不断发展的现实",就势必"带来衰退"。

当下,华盛顿政坛最大的关注仍是如何保住党派利益,国家发展宏图伟略早已退居次席。如何找到政治变革的勇气,这是美国人自己的事。但是,有些道理对美国也是适用的。在地球村内相互联系日益紧密的时代背景下,也的确有必要对美国讲一讲这些道理。

变革是当今世界发展的一大特征。既然问题已经出现,就必须正视,躲是躲不过去的。打破原有格局,触动既得利益,动静不会小,感受也未必舒服。但是,拖的结果只能是变革的成本越来越高。华盛顿的政治精英们需要明白,聪明人与时俱进,自负者被历史推着走。

(2013年10月14日)

把握解决叙利亚问题大方向

顺利完成去化武工作，将有利于缓解叙利亚紧张局势，为政治解决叙利亚问题赢得空间

叙利亚去化武工作近日取得积极进展。消息人士称，由叙方公布化武相关地点的第一阶段已近尾声，清除化武工作已进入核查、拆解和销毁化武及相关设施阶段。专家小组中一位官员用"非常好的开始"表达了对工作进展的感受。美国国务卿克里称，在短时间内，"一些化学武器已被销毁"，这"具有极其重要的意义"。

下一阶段，有关各方需要继续为推进去化武工作创造有利条件，国际禁化武组织也需按照联合国安理会有关决议，在销毁叙利亚化武方面继续发挥积极作用。顺利完成去化武工作，将有利于缓解叙利亚紧张局势，为政治解决叙利亚问题赢得空间。

中国积极支持叙利亚去化武工作，愿派专家参与有关工作，并提供资金支持。目前，中国已向禁化武组织提交了10人备选专家名单。这些专家可以按禁化武组织有关要求，参与叙利亚的化武销毁核查工作。

叙利亚问题走到今天，以政治手段解决危机、实现和平的机会并非没有出现过。但这些机会没有被抓住，政府军和反对派武装杀红了眼。没有强有力的外力介入，很难实现停火止暴。目前，影响叙局势的内外部因素出现积极变化。叙利亚境内外主要反对派分别表示愿意参与和谈。俄罗斯和美国一致认为，有必要推动叙利亚政府和反对派参加第二次日内瓦会议，表示将创造条件来促使会议尽快召开。据路透社报道，美国已有条件

同意伊朗参加日内瓦会议。

从各方的反应来看，筹备中的第二次日内瓦会议尚面临不少挑战：叙利亚冲突双方就是否为会议设置前提条件存在分歧，谁代表反对派出席会议悬而未决。但是，政治解决叙利亚问题这个大方向已经变得更明朗，对话的可能性在增加。

立即停火止暴，尽早开启对话，恢复和平稳定，这是身陷战火硝烟中的叙利亚人民的迫切愿望，也是恢复地区局势稳定的重要因素。国际社会需要为早日实现这一目标继续努力。

（2013年10月10日）

走正道方有远大前程

> 一个国家不管实力有多强,都经不起傲慢的折腾。世界上没有哪个强国靠傲慢起家立身,倒是有不少强国因傲慢走向衰落

美国联邦政府部分关闭已逾一周,债务上限问题一步步走向临界点。债务上限问题的根子,同样是民主党和共和党围绕医改法案较劲。

2011年8月,国际评级机构标准普尔因债务上限问题调低美国主权信用评级,引发金融市场震荡。在《华尔街日报》看来,三年后的今天,对美国政治僵局久拖不决的担忧再次波及金融市场。

国际货币基金组织总裁拉加德警告称,美国如果不能上调债务上限,将会严重损害美国和全球经济。美国世界大型企业研究会经济学家肯·戈尔茨坦指出,债务上限问题不解决,意味着真正掉下悬崖,后果的严重性难以预料。

道理是明摆着的。毕竟,美国经济的体量和影响力都非同寻常。一个庞然大物瞎折腾,只会增添新的不稳定不确定因素,让世界经济全面复苏和健康成长面临更加严峻的挑战。

也有人乐观认为,悬崖边飕飕寒风和砰砰掉落的碎石,会让民主共和两党恢复理智,收起殊死搏斗的架势,妥协最终一定会达成。"许多人认为美国的政治体制就要瓦解,但每一次美国都成功反弹"。言外之意,表演终归是表演,无伤大体。

问题真的这样简单吗?

英国《金融时报》尖锐地指出,美国的财富和权力能够让其政治家们

一次次逃脱"漫不经心"所带来的严重后果，这反过来"加强了华盛顿骄傲自满的内顾倾向"。

这种不良心态和处事风格在美国讨论退出量化宽松政策时表现得淋漓尽致。世界各国要求华盛顿实施负责任的宏观经济政策。一些美联储官员不以为然，甚至公开抛出这样的言论："如果美联储政策对其他国家造成重大影响，它们只能把这种政策当作事实，并适应我们。"

世界对于美国的傲慢并不陌生。正是傲慢，让美国甩开联合国，发动了伊拉克战争；也正是傲慢，让美国屡屡用国内政策绑架全球经济。

论实力，美国仍远远走在其他国家前面。但是，一个国家不管实力有多强，都经不起傲慢的折腾。世界上没有哪个强国靠傲慢起家立身，倒是有不少强国因傲慢走向衰落。美国能否保持住当下的优势，很重要一点就是要超越"年轻国家"的任性，从漫长的大国兴衰历史中获得警示和滋养。

回顾历史，傲慢是个着实可怕的东西。傲慢不仅让强国失去道义感召力，甚至以其顽固的惯性排斥现实感，阻碍适应时代变迁的政策调整。著名历史学家保罗·肯尼迪曾忧心忡忡地强调傲慢的百般危害，提醒美国切勿让傲慢冲昏头脑。

当今世界，各国利益交融，命运与共，一荣俱荣，一损俱损。在这个动态平衡的链条中，每个经济体的发展都会对其他经济体产生连锁反应。勤于沟通和协调，顾及外溢影响，以自身发展带动他人发展，以协调联动最大限度发挥各自优势，传导正能量，形成各经济体良性互动、协调发展的格局才是负责任大国应该走的正道。

走正道方有远大前程。这样一个道理，亘古不变。

（2013年10月9日）

对亚太发展前景保持信心

中国经济持续健康发展,将为全球经济复苏注入新的动力,为亚太地区共同发展繁荣作出更大贡献

亚太是世界上最具发展活力和潜力的地区,在推动全球经济复苏中发挥着引领作用。中国国家主席习近平在亚太经合组织(APEC)第二十一次领导人非正式会议上强调,亚太经合组织承载着推动本地区和全球发展的重要使命,应该展示勇气和决心,发挥引领和协调作用,维护和发展开放型世界经济,推动亚太地区继续在世界经济复苏方面发挥引擎作用。

当前,世界经济进入深度调整期,各地区发展均面临机遇和挑战,世界经济能否全面复苏和健康成长,将取决于加强合作、防范金融风险和加速经济结构转型三个方面的推进。亚太地区的作用至关重要。

据统计,APEC成员2012年的GDP增长达到了预期的4.1%。依据APEC政策支持小组的预测,APEC成员2013年的GDP增长率将达到4.3%,超过其他地区将近3个百分点。国际舆论之所以对此次亚太经合组织领导人非正式会议寄予厚望,就是期待能够通过进一步合作保持亚太地区的稳定发展,并向全球传递复苏信心。

亚太地区对全球发展的贡献来自于合作,继续发挥引领作用的关键也在于进一步深化合作。APEC自成立以来,依靠不断推动贸易投资自由化和便利化,通过不断加强APEC成员间的经济技术合作,缩小了成员间经济发展差距,保障了经济发展的持续性、安全性、包容性和公平性。亚太地区共同发展,要秉持开放包容、合作共赢精神,推动形成亚太地区政策

协调、增长联动、利益融合的开放发展格局。

当前，世界经济变动对亚太金融市场、资金流动、汇率稳定带来挑战。亚太地区，尤其是这一地区的新兴经济体需要加强合作，客观判断形势，沉着应对挑战，全力维护亚太经济金融稳定。需要致力于深化区域金融合作，加强风险预警体系建设，保障区域金融稳定，共同维护区域利益，防范风险叠加造成亚太经济金融大动荡，以社会政策托底经济政策，防止经济金融风险演化为政治社会问题。

经济结构的调整直接关系到合作的质量，关系到整个地区为全球增长提供的正能量的多少。长远发展的关键，在于改革创新。亚太经济体应谋划长远，转变经济发展方式，调整经济结构，推进改革创新，释放内需潜力、创新动力、市场活力，加深产业链和价值链融合，推动亚太地区在全球率先形成新的增长产业群，继续担负起世界经济引擎的重要责任。

中国对实现经济持续健康发展充满信心，将继续为推动亚太区域合作提供动力。今年上半年，中国经济同比增长7.6%，较以往增速有所放缓，在亚太地区乃至全球仍名列前茅。中国政府主动调控，下定决心稳增长、调结构、促改革，不再简单以国内生产总值论英雄，而以经济增长质量和效益为立足点。

惟其艰难，才更显勇毅；惟其笃行，才弥足珍贵。今天的调整转型，是为了明天更健康、更高质量、更可持续的增长。中国经济持续健康发展，将为全球经济复苏注入新的动力，为亚太地区共同发展繁荣作出更大贡献。

亚太地区谋和平、求稳定、促发展的共同愿望没有改变，亚太地区在世界政治经济版图中的地位和作用上升的历史趋势没有改变，亚太地区经济持续快速增长的动力和潜力没有改变。我们有理由对亚太发展前景保持信心。

（2013年10月8日）

开创美好未来

>坚持讲信修睦，坚持合作共赢，坚持守望相助，坚持心心相印，坚持开放包容。这符合求和平、谋发展、促合作、图共赢的时代潮流，符合亚洲和世界各国人民共同利益

中国和东盟国家就像一个大家庭。

这个大家庭，山水相连、血脉相亲；这个大家庭，相互尊重、平等相待、睦邻友好、互利共赢；这个大家庭，具有重要的地区乃至全球意义，成为东亚繁荣稳定的基石。

中国国家主席习近平东南亚之行，是传承友好之旅，是规划合作之旅。10月3日，习主席在访问第一站印度尼西亚国会发表重要演讲，表达了中国人民对印尼和东盟其他国家人民的美好情谊，阐述了中国政府对发展同东盟国家关系的政策，为携手建设更为紧密的中国—东盟命运共同体指明方向。

携手建设更紧密的命运共同体，为中国、东盟国家和本地区人民带来更多福祉。中国和东盟关系正站在新的历史起点上。

中国同东盟国家关系走过很不平凡的历程，收获了丰硕合作果实。

1991年，中国与东盟正式开启对话进程。在东盟11个对话伙伴中，中国第一个加入《东南亚友好合作条约》，第一个与东盟启动自贸区谈判，第一个与东盟建立战略伙伴关系。迄今为止，中国和东盟已创建了40多个合作机制和平台，在20多个领域开展广泛交流与合作，签署或发表了20多个重要文件。中国与东盟建立了世界上人口最多的自贸区。中国已经连续

4年成为东盟第一大贸易伙伴。东盟则是中国的第三大贸易伙伴,第四大出口市场和第二大进口来源地。2012年双方贸易额已达到4000亿美元,中国对东盟投资接近1000亿美元,与10年前相比,分别增长了7倍和3倍。正是在中国—东盟关系快速前行的带动下,各国纷纷加大与东盟的合作,从而逐步形成了东亚合作蓬勃发展的局面。

交往多了,感情深了,心与心才能贴得更近。合作广了,潜力大了,更需要规划好发展蓝图。

坚持讲信修睦,坚持合作共赢,坚持守望相助,坚持心心相印,坚持开放包容。这符合求和平、谋发展、促合作、图共赢的时代潮流,符合亚洲和世界各国人民共同利益。中国同印尼和其他东盟国家携手共进,具有广阔发展空间和巨大发展潜力。

(2013年10月4日)

合力推动区域经济一体化

唯有亚太各成员齐心协力，求同存异，才能实现亚太自贸区建设目标，顺利走上通往亚太区域经济一体化的发展快车道

亚太经合组织第二十一次领导人非正式会议即将在印尼巴厘岛举行。亚太经合组织能否继续在促进贸易投资自由化便利化、推动区域经济一体化方面扮演先行者角色，值得期待。

近年来，每次亚太经合组织领导人非正式会议都会引发人们对区域经济一体化进程的关注。当前，"区域全面经济伙伴关系"（RCEP）与"跨太平洋伙伴关系协议"（TPP）都在蓄势推进。一些人由此认为亚太区域经济一体化形成了双头并进局面，并对其前景抱有疑虑。

亚太地区既有经济总量在世界上排前三位的经济体，也有为数众多的中小规模经济体。这一基本特质决定了亚太地区区域经济一体化进程不应该也不可能只有一条路可走。无论走哪条路，其目的都是为了促进区域经济融合，强化成员经济联系，营造开放、合作、包容、透明的发展环境。

不可否认，TPP、RCEP的谈判原则、方式、范围和水平，将不可避免地对亚太区域经济一体化进程和方向、对亚太地区各成员各自经济发展产生直接影响。如何协调两者间的关系，是影响各自谈判能否顺利推进，亚太自贸区能否早日建成的重要因素。

为了给最终实现亚太自贸区创造有利条件，各方在开展自贸区建设时，需要秉持以下原则：一是应符合世界贸易组织制定的各项规则，有利于推进以多哈回合谈判为核心的多边贸易体制。二是要秉承开放、包容、

透明的原则推进谈判，唯有开放才有利于团结一切可以团结的力量，唯有包容才有利于照顾不同经济体的差异性需求，唯有透明才有利于增信释疑。三是应努力形成互为借鉴、相互促进、彼此融合的局面，将不同自贸安排间的适度张力转化为实现亚太区域经济一体化的动力。

中国对于各种区域合作机制和各谈判组合均持开放立场。在今年4月的亚太经合组织贸易部长会议上，中国提出了在亚太经合组织框架下建立自贸区信息交流机制的倡议，引起积极反响。这体现了各方共识，也为亚太经合组织在区域经济一体化进程中发挥更大作用提供了抓手。

亚太经合组织总人口达27亿，拥有全球一半以上的经济总量，接近一半的贸易额，各成员却又处在不同的发展阶段，拥有不同的社会制度和文化背景。唯有亚太各成员齐心协力，求同存异，才能实现亚太自贸区建设目标，顺利走上通往亚太区域经济一体化的发展快车道。

（2013年10月2日）

深化传统睦邻友好

> 建立更加密切的友好合作关系，实现互利共赢、共同发展，是中国、印尼、马来西亚三国政府的一致目标，也是三国人民的共同期许

国家主席习近平即将对印度尼西亚和马来西亚进行国事访问。印尼和马来西亚两国与中国隔海相望，是中国的友好邻邦。在国际形势深刻演变、世界经济进入深度调整期的背景下，习近平主席就任以来首次访问东南亚，同两国领导人共商合作发展大计，与其社会各界畅叙睦邻友好情谊，对全面推进同两国的交流合作具有重要意义，受到国际社会广泛关注。

悠久历史孕育深情厚谊。中国与两国的友好交往可以上溯到两千多年前，在中国汉朝的典籍里就有同两国贸易往来的官方记载。15世纪初，中国著名航海家郑和七下西洋，足迹遍及马六甲、爪哇、苏门答腊、加里曼丹等地，留下了同两国人民友好交往的历史佳话。在近代，中国和两国经历了相似的历史遭遇，在亚洲人民争取民族解放、国家独立的斗争中，彼此同情、相互支持。

政治互信开创历史纪元。中国与印尼、马来西亚建交后，友好合作始终是双边关系的主旋律。中国与印尼于2005年建立战略伙伴关系，两国关系不断实现跨越式发展，进入成熟、稳定、全面发展的快车道。中国与马来西亚于2004年建立了战略性合作关系，双边关系步入全面发展新时期。中国与两国政治互信不断深化，高层交往更加密切，合作机制日益完备。

务实合作迸发强劲活力。中国与印尼、马来西亚的各领域务实合作走

在东盟国家前列,呈现高水平、宽领域、深层次的发展态势。中国是印尼第二大贸易伙伴,印尼连续3年成为中国在东南亚第一大工程承包市场,是中国能源资源重要来源地。中印尼合作"包罗万象、上天入海",涉及国计民生的诸多重要领域,并在航天测控、卫星应用、海洋科研与环保、航行安全、渔业等领域取得了积极成效,在本地区发挥了示范作用。中国连续4年是马来西亚最大贸易伙伴,马连续5年成为中国在东盟国家中的最大贸易伙伴。中马合作兴建的钦州产业园区和关丹产业园,成为本地区投资合作的样板。双方共同建设的槟城二桥全长22.5公里,有望年内建成通车。两国本币互换规模已高达1800亿元人民币,这在中国同周边国家的金融合作中是不多见的。

真心实意化作不竭动力。历史一再证明,中国与印尼、马来西亚是患难与共的好朋友、好伙伴、好邻居。从亚洲金融危机到国际金融危机,中国与两国共克时艰、守望相助,共同维护了本地区的金融稳定。2004年印度洋海啸发生后,中国第一时间派出救援队赶赴印尼灾区。2008年四川汶川地震发生后,马来西亚人民感同身受,纷纷捐款捐物。印尼援华医疗队冒着余震危险,在一名队员受伤的情况下坚持工作,一幕幕场景感人至深。

多边合作凝聚发展共识。印尼和马来西亚既是东盟创始国,也是东盟重要成员,对推动中国—东盟关系发展发挥了不可替代的重要作用。中国与两国同为发展中国家和新兴经济体,在国际和地区事务中有着广泛的共同利益,致力于共同维护发展中国家权益,推动建立公正合理的国际政治经济新秩序。中国同两国的友好合作超越宗教与种族,是不同文明多元共生、和谐相处的生动范例。

古老的海上丝绸之路曾是连接中国与印尼、马来西亚及其他东南亚国家的友好纽带,如今将彼此更加紧密地联系在一起。建立更加密切的友好合作关系,实现互利共赢、共同发展,是三国政府的一致目标,也是三国人民的共同期许。

(2013年10月1日)

全面准确执行销毁叙化武决定

中国积极支持叙利亚化武销毁工作,愿派专家参与有关工作,并为此提供资助

27日晚,联合国安理会一致通过关于叙利亚化武问题的第2118号决议,将叙利亚局势从战争边缘拉回到和平轨道,为推动叙利亚问题政治解决提供了新的机遇。

当天,国际禁止化学武器组织(下称禁化武组织)通过了销毁叙利亚化学武器的相关决定,要求叙利亚在2014年上半年完成对所有化学武器及相关设备的销毁。据此,叙利亚将在《禁止化学武器公约》(下称《公约》)的框架内和国际监督下销毁其化学武器,驱散笼罩在叙无辜民众头上的重重化武阴云有了新的希望。

中国作为联合国安理会常任理事国和《公约》缔约国,一贯坚决反对任何国家、任何人使用化武。中国欢迎禁化武组织通过相关决定,这是叙利亚化武销毁进程的第一步,有利于将叙利亚化武问题维持在政治解决的轨道上。中国期待上述决定得到全面、准确执行。中国积极支持叙利亚化武销毁工作,愿派专家参与有关工作,并为此提供资助。

禁化武组织是负责化学武器核查、监督化学武器销毁的国际组织,其目标是彻底消除世界上全部化学武器。自1997年《公约》生效以来,在禁化武组织的核查和监督之下,已安全彻底销毁了全球80%以上的化学武器,包括5.7万多件武器和7.1万多吨化学毒剂。因此,将叙利亚化学武器置于禁化武组织手中,是目前最好的选择。

和平解决叙利亚化武问题已迈出了艰难的第一步,但是,叙利亚化武销毁面临的挑战也是巨大的,快速销毁的难度不小。

首先,叙利亚正处在内战之中,在硝烟弥漫的不安定局势下,待销毁武器、销毁设施以及核查人员的安全保证,敏感复杂。

再者,化学武器种类繁多,同时含有爆炸物和毒剂,大多数装填在化武中的毒剂都是高毒化学品,有的具有速杀性,几滴就足以导致受害者死亡,有的可引起机体或精神失能,导致皮肤、眼睛等器官损伤,长期不愈。相对于化学武器制造,对其进行销毁更为复杂,技术要求更高。《公约》规定的化学武器销毁终点,是在任何情况下,毒剂和弹壳都不能再次使用,销毁过程应该不可逆。因此,化学武器销毁涉及化学弹拆卸、爆炸物和毒剂分离、毒剂和弹壳分别销毁等步骤,需要专业技术和设备。

与此同时,《公约》又强调化学武器销毁的方式要充分考虑人员和环境安全,对销毁方法以及产生的废气和废物的处置,提出了很高标准,这就要求有充足的资金支持。一般而言,销毁化学武器的费用是制造同样武器的10倍。

叙利亚化学武器的最终销毁时间将受制于其储备种类和数量、技术和设备到位情况、经费来源、外援力度、内战局势等多重因素,任何干扰或不利因素都会导致销毁进程的滞后或停顿。

消除化学武器、停火止暴,是叙利亚人民的愿望,也是世界上所有希望彻底消除化学武器威胁、热爱和平人士的共同心愿。历史一再昭示,用战争和武力对抗不可能解决问题。只有叙利亚各方提供全面支持与配合,国际社会共同支持,才有可能尽快安全地消除叙利亚现存的全部化学武器。

(2013年9月30日)

危险的安倍式"请便吧"

安倍的蛮横与无畏有一个"成长"过程。有谁能保证,哪天条件成熟了,或是头脑热得过头了,今日的恣意妄言不会变成现实中的冒险?

25日,日本首相安倍晋三在美国纽约一家智库发表演讲。信誓旦旦表白要带领日本成为"积极和平主义国家"的同时,安倍竟然声称"如果大家想把我叫作右翼的军国主义者,那就请便吧"。

安倍哪来的底气给自己插上如此恶劣的政治标签?一个公然为军国主义侵略历史招魂、到处招惹事端的政客,何以能够将日本引向真正意义上的积极和平主义?

仔细研读安倍演讲全文,不难看出,安倍在纽约所贩卖的,不过是拼凑价值观联盟的狂想、修改日本和平宪法的冲动、诋毁中国国际形象的险恶用心。如果说演讲传递出什么新的信息,那就是破罐子破摔的蛮横和挑战正义公理的无畏在升级。

安倍在演讲中放言要打造价值观联盟,同"盟主"一道领导即将到来的"印度洋—太平洋世纪"。安倍的自信缘自其"日本是最成熟的民主制国家之一"这样一个判断。如果颠覆历史事实、挑战战后国际秩序安排也能同"最成熟的民主制"兼容,这种"民主"究竟是什么货色?想高举价值观招牌引领未来,总得先成为一个为国际社会所接纳的"正常国家"吧。

修改和平宪法以解除束缚、改变日本在区域和全球安全框架下"薄弱一环"的角色。安倍再一次抒发了改变战后体制的强烈冲动。这种冲动究竟是要为"世界福利和安全"多作贡献，还是要干扰破坏"世界福利和安全"？

不妨听一听英国《金融时报》的评论：安倍政府"激怒邻国的挑衅言行和歪曲侵略历史的态度"，将"对亚太地区和平与安全造成威胁"。

日本有识之士也清醒看到这种威胁。东京大学教授高桥哲哉指出，安倍对"战后历史的评价根据需要随时变化"，将这样的历史观和修宪、建立国防军、在海外开展军事行动等计划放在一起，"邻国显然会认为这是非常危险的动向"。

演讲中，安倍企图用日本防卫费仅是中国军费一半、防卫费增长率低于中国来渲染"中国威胁论"。何等荒诞的逻辑！如果仅仅根据军费多少来断定对世界的威胁程度，头把交椅岂非美国莫属？

中国坚持走和平发展道路，奉行防御性国防政策，战略意图是透明的，中国发展正常和正当的国防能力，不对任何国家构成威胁，日本无权对此说三道四。

"如果大家想把我叫作右翼的军国主义者，那就请便吧"，是安倍演讲中一句愤恨不平的反话。问题是，这句反话清清楚楚地表明，安倍浑然不觉"右翼的军国主义者"对自己来说是个敏感词汇。在他看来，抛出侵略定义未定论、放言修改"村山谈话"、靖国神社曲线拜鬼、不承认慰安妇问题是国家犯罪，乃天经地义之举，丝毫没有给他带来冲击"政治正确"的心虚与愧意。

需要看到，安倍的蛮横与无畏有一个"成长"过程。这种成长，有沿着错误方向滑落的加速度作用，有日本社会右倾化日益加剧的环境烘托，也同外部压力尚未达到令其立即收敛的程度有关。

言为心声，理念是行动的指南。有谁能保证，哪天条件成熟了，或是头脑热得过头了，安倍今日的恣意妄言不会变成现实中的冒险？

安倍式"请便吧"，再一次敲响警钟！

（2013年9月27日）

"政治极化"传递的信息

一旦政治家被党派纷争束缚住手脚,无力通过凝聚共识来提升行动力,政治体制的优越性又将如何令人信服?

如果德国人和美国人同时接受采访,想必他们对各自国家政治生活的感受截然不同。刚结束的德国联邦议院选举相当务实,受关注的多为"烦琐事情"。当下,美国两党激辩的却是医改方案等关乎国计民生的重大议题,党派纷争甚至让联邦政府一些机构面对关门之忧。

当然,即便新财年临时拨款议案未能如期获得批准,美国也不会一下子陷入瘫痪。法律规定,公共安全、边防等核心岗位上的公务人员拿不到薪水也必须照常工作。但是,这种短暂乃至象征性的"停摆"终究不是什么好事。1995年12月至1996年1月初,联邦政府关门给美国造成超过14亿美元的经济损失,约28.4万非核心政府部门职员停工,部分公共服务被迫延期或取消。

美国不仅有无可比拟的强大综合国力,还有巨大的国际回旋空间,关键时刻总是能找到一些挽救危机所需要的资源。现在的问题是,"两党斗狠"这种政治运作方式是否与时代合拍?

世界多极化趋势深入发展,新兴大国群体性崛起。如果将国际舞台比作竞技场,美国依旧遥遥领先,但赛道上的追赶者正在加速。

"希望国会议员能够聚到一起,表现得像成年人一样,而不仅仅是政治舞台上的演员。"威斯康星州议员里布尔的期望,折射出相当一部分美国人的无奈与焦虑。

现实压力是明摆着的。如果美国国会下月中旬无法就调高公共债务上限达成一致，美国将面临债务违约风险。美国穆迪分析公司首席经济学家马克·赞迪警告说，一旦发生债务违约，可能会造成房屋抵押贷款利率上升和股市承压，美国企业招聘新雇员的积极性将受到打击，银行发放新贷款的意愿将下滑，美国民众的日常消费将趋向谨慎。

只有重大危机的出现才能暂时缓解党派争斗，一旦危机露出缓解迹象，政客们就一头扎进党派利益的漩涡，互相推诿责任，拼出全力给对手下绊子。"政治瘫痪"周期性爆发，早已成为美国政治生活的一个显著特征。

近年来华盛顿政坛风云表明，"政治瘫痪"发病周期在缩短，症状也在不断加剧。据说，美国探讨政治极化的专著不下几十部，看法也是千差万别：

随着经济全球化的扩展，美国的国内问题与全球问题已纠缠在一起，经济、社会等诸多方面的问题变得更加错综复杂；

随着"60后"一代崛起、二战后"婴儿潮"一代逐渐退出、新媒体对舆论影响加重，民意越来越呈现多元分散状态，形成比较统一的民意诉求的难度加大……

相对而言，更具影响力的判断是，社会极化、价值观和基本信念极化构成了政治极化的大背景，二者之间互动的力度在加大。

曾几何时，在一些人头脑中，美国政治体制是最优越政治体制的代名词，这甚至是碰不得的"政治正确"。然而，一旦政治家被党派纷争束缚住手脚，无力通过凝聚共识来提升行动力，政治体制的优越性又将如何令人信服？

在英国《金融时报》看来，美国国会实际上成了"埋葬构想和倡议的地方"，奥巴马有可能在第二个总统任期"过早成为跛脚鸭"。

这只是本届美国国会的恶名和奥巴马个人的处境，还是美国政治成本不断加大、决策效率进一步降低的趋势性征兆？历史将给出答案。

（2013年9月26日）

警惕"棱镜门"催生"割裂"

美国具有超强网络技术能力，对维护网络空间和平与安全负有首要责任。美国应该多些协商、少些独断，多照顾他国关切和感受

美国凭借技术优势和对域名分配等核心资源的控制，在互联网空间扮演着"自由人"角色。

美国不愿自我约束，当下也没有哪个国家有实力以强大的技术手段约束美国的狂躁与跋扈。然而，种种迹象表明，美国"棱镜门"事件所引发的连锁反应，正在加速一些具有长远意义的改变。

巴西审议中的一项法案，要求所有在巴西境内运作的企业将关乎巴西人的信息都储存在当地。为绕过美国的网上监控，欧盟也在考虑加速发展云计算行业。

巴西和欧盟的举措，在现实层面是一种自我保护，在精神层面则可以称得上对网络霸权的抗争。获得更多的现实安全感，让抗争取得实实在在的成果，意味着长期的巨额投入。浅尝辄止，无异于山谷中的一声惊雷，留不下长久的回音，更无力驱赶阻拦在山口的猛兽。全球互联网治理体系的构建，在理念的碰撞中演进，也受制于各国实力的对比。

任何一个国家都不希望自己的信息主权掌握在他国手中。无论现实有多么严峻，用更具历史意义的眼光来审视，没有哪一个国家可以主宰互联网的命运，网络空间治理归根到底要由世界各国共同参与。

正如目前全球经济治理出现的变革一样，多元驱动不是四分五裂，也不是山头林立，而是走向合作共赢。公平合理的治理体系，只能在一个代

表各国共同利益的基本框架下实现。互联网空间治理和现实世界的治理，在这一点上是相通的。世界各国要加强协调，制定切实可行的全球规范和标准。这一规范或标准不应以某个国家的意志为主导，须尊重和保护那些在互联网技术领域处于弱势的国家的利益和主权。互联网治理要充分发挥联合国等多边机构的作用，广纳各方意见和诉求，力争达成各方所接受的网络空间行为规则。

美国的网络霸权行为是世界进一步互联互通的障碍。"棱镜门"事件让各国争相采取各种反制措施。长此以往，有可能催生令人担忧的割裂。这种割裂不仅有碍效率最优，也有悖网络空间自由开放属性，甚至会造成网络空间陷入七零八落的困境。美国具有超强网络技术能力，对维护网络空间和平与安全负有首要责任。美国应该多些协商、少些独断，多照顾他国关切和感受。

中国坚决反对互联网领域霸权，强调世界各国无论大小，均应在构建新秩序的进程中发挥自身的作用。中国将继续努力发展自己的互联网技术，并将更积极地参与和推动网络空间全球规范的制定。

（2013年9月25日）

空头支票打造不出执政力

政治家的领导力和政府的执政力,不可能靠漂亮的言辞和不着边际的许诺来换取。只有沉下心扎扎实实做事,才能真正赢得民众的信任

德国联邦议院选举投票初步结果显示,默克尔领导的联盟党获得约41.5%的选票,成为此次选举的最大赢家。这样的结果没有让太多人感到意外,包括德国媒体在内的大多数欧洲媒体选前预测都认为,默克尔胜出几率最大。

与近年来不少西方国家的大选相比,德国此次选举更关注自己家里的"烦琐事情",引起一些辩论的话题也大多是内部事务,像叙利亚问题这样容易吸引眼球的外部话题并没有过多提及。再加上默克尔本人表现出的冷静沉稳,很多喜欢炒作的看客感到乏味。《纽约时报》的一篇评论文章甚至用了这样一个标题:"谨慎的默克尔是不是太无趣了?"

大选不是表演,但在某些西方国家确实演变成了政治剧。大选临近,两党或多党为争夺选票,激烈对抗,不顾实际地竞相靠抬高承诺来取悦选民。大选过后,执政党受过高承诺牵制,不敢或不能有所作为,成为"选票的羔羊",致使执政力大幅下降。与类似的闹剧相比,德国大选因缺少"噱头"令看客失望,不啻是德国民众的幸事。英国《金融时报》如此评论:德国选战十足的琐碎性可以佐证该国的成功,只有安全而繁荣的国家才有心思就生活中如此琐碎的事情展开政治辩论。

德国人也许缺乏竞选时的表演激情,但德国人不缺少实干精神。德国

选民的务实与内向表明，他们知道自己需要什么样的政治家。

欧债危机爆发以来，作为欧洲最大的经济体，德国经济形势稳定，财政状况稳固，失业率处于历史低位。与此同时，德国还保持了走和平道路国家的良好形象。这些都是此次大选结果的重要支撑。《华盛顿邮报》分析认为，在凝聚社会共识方面，德国走到了一些欧洲国家的前面。

德国一幅竞选海报令人印象深刻，海报上除了默克尔的双手之外什么都没有。这幅海报传递的信息很简单：德国民众期待着政府的强大执政力，渴望沿着正确的方向稳步前行。

德国选举的大幕已经落下，但舆论界的分析仍在继续。柏林自由大学政治社会学教授奥斯卡·尼德迈尔强调务实执政风格的重要性，认可将政治看作是如何解决实际问题。美国有线电视新闻网评述道：一个领导人的治理能力比打动听众的能力更重要。

类似的思考有其现实针对性。国际金融危机爆发以来，西方国家数次大选表明，如何避免使政治成为空头支票的游戏、通过真抓实干提升政府的行动力，是不少麻烦缠身的西方国家亟待解决的现实问题。政治家的领导力和政府的执政力，不可能靠漂亮的言辞和不着边际的许诺来换取。只有沉下心扎扎实实做事，才能真正赢得民众的信任。

（2013年9月24日）

乌云掩不住和平的光芒

> 只有当宽容与关爱在孩子们的心中扎下根来，成为他们坚不可摧的信念和准则，和平大厦的基石才会更加牢固，人类的未来才会更有希望

9月21日是国际和平日。

这一天，恐怖分子袭击了肯尼亚首都内罗毕的一家购物中心，造成至少59人死亡、175人受伤；这一天，伊拉克首都巴格达附近再次发生汽车炸弹袭击，200余人伤亡；这一天，叙利亚内战犹酣，新的伤亡消息从哈马传出；这一天，阿富汗仇杀和暴力活动仍在继续……

千百年来，人类对和平怀着真诚的梦想；千百年来，和平的梦想又总是被战争打破。当今世界，传统安全与非传统安全因素相互交织，国际社会面临着更加复杂多样的安全挑战。地区热点问题此起彼伏，恐怖主义猖獗，防扩散形势依然严峻，国际金融危机深层次影响不断显现，维护世界和平、促进共同安全依然任重而道远。

和平之光远未照耀到世界的每一个角落，战乱、暴力、伤亡依旧是充斥于各国媒体的常态新闻。当前，近90%战争伤亡人员是平民，其中大多数又是妇女和儿童。和平的丧失不仅摧残生灵、破坏文明，甚至剥夺了许许多多人过上有尊严生活的希望。

"和平=未来，道理显而易见。"一幅纪念国际和平日的招贴画，形象而又真切地道出和平二字的分量。和平犹如空气和阳光，受益而不觉，失之则难存。和平是人类发展繁荣的前提，没有和平稳定的国际环境，任

何国家的发展都无从谈起。

和平不会从天而降，需要一代又一代人的培育、呵护和坚守。维持国际和平及安全，是《联合国宪章》所确立的联合国宗旨的重要内容。每年9月21日，联合国都会呼吁各个国家和各个民族停止敌对行动，并通过教育和提高公众意识来纪念国际和平日。

今年国际和平日的主题是"教育促进和平"。维护和平的确要从教育抓起。教育不仅让孩子们学会读写，也将帮助孩子们学会在一个丰富多彩的世界中，与不同民族、不同肤色、不同宗教信仰的人相互尊重、和谐相处。只有当宽容与关爱在孩子们的心中扎下根来，成为他们坚不可摧的信念和准则，和平大厦的基石才会更加牢固，人类的未来才会更有希望。

在各国利益融合、安危与共的新形势下思考和平、追求和平，

各国必须坚持以合作的胸怀、创新的精神、负责任的态度，同舟共济、合作共赢，共同应对各种问题和挑战，携手营造和谐稳定的国际和地区安全环境。

中国人民对战争带来的苦难有着刻骨铭心的记忆，对和平有着孜孜不倦的追求，十分珍惜和平安定的生活。中国人民怕的就是动荡，求的就是稳定，盼的就是天下太平。早在1985年，中国领导人邓小平就说过："中国现在是维护世界和平和稳定的力量，不是破坏力量。中国发展得越强大，世界和平越靠得住"，"中国发展起来了，制约战争的和平力量将会大大增强"。中国为了实现自己的奋斗目标砥砺前行，中国将坚持走和平发展道路，继续致力于维护世界和平、促进人类共同发展。

"人类的希望像是一颗永恒的星，乌云掩不住它的光芒。特别是在今天，和平不是一个理想，一个梦，它是万人的愿望。"这是一位中国诗人多年前的吟唱，也是我们和世界人民一道，沿着和平之途奔向美好未来的心声。

（2013年9月23日）

坚持六方会谈的正确方向

早日重启六方会谈,需要有关各方共同担当,创造条件,回到9·19共同声明的立场上来,采取建设性行动,设置合理对话门槛

今年9月19日是9·19共同声明发表八周年纪念日。18日,"六方会谈启动十周年国际研讨会"在北京举行,来自六方会谈各国的代表齐聚一堂,中国在推动重启六方会谈方面做出的努力获得各方高度肯定。

通过9·19共同声明,六方一致重申,以和平方式可核查地实现朝鲜半岛无核化是六方会谈的目标,朝鲜承诺放弃一切核武器及现有核计划,早日重返《不扩散核武器条约》,并回到国际原子能机构保障监督,美国确认在朝鲜半岛没有核武器,无意以核武器或常规武器攻击或入侵朝鲜。该声明均衡体现了各方的关切,是六方会谈朝实现无核化目标迈进的政治宣言,也是指导会谈进程和各方行动的重要纲领,在六方会谈的进程中具有里程碑的意义。

过去一段时间以来,朝鲜半岛无核化问题一度波澜起伏。今年上半年,联合国安理会第2087号决议引起朝鲜方面强烈反弹,朝鲜半岛紧张局势面临急剧升级的风险。当前,半岛局势陆续出现了一些积极的变化,有关各方互动增多,南北关系有所缓和。推动形势进一步向好的方向发展,各方需要抓住机遇,顺势而为。

和平犹如空气和阳光,受益而不觉,失之则难存。妥善处理朝核问题,维护朝鲜半岛和平稳定,符合各方的共同利益,也是大家的共同责任。朝核问题的历史反复表明,各方坚持相向而行,就能促进缓和势头,

一旦相互拆台，局势就会乱成一锅粥，建设性主张也将失去发挥作用的现实空间。

阻止半岛安全局势恶化须标本兼治，通过对话协商均衡解决各方关切。六方会谈就是致力于此的一个不可替代的平台。这个平台上的对话中断后，有关各方的动作幅度越来越大，威胁半岛和平稳定的冲击波越来越强，甚至一度爆发了军事冲突。早日重启六方会谈，需要有关各方共同担当，创造条件，回到9·19共同声明的立场上来，采取建设性行动，设置合理对话门槛。

现在，朝鲜方面明确表示"已经坐到了六方会谈这只船上"。有关各方需要抓住当前机遇，综合施策，并行推进9·19共同声明确定的各项目标，照顾各方合理关切，扎扎实实地往前走。六方会谈机制也需要与时俱进，进一步完善，增强会谈的约束力和有效性，使六方会谈成为维护东北亚和平稳定的现实可行的多边安全机制。

朝鲜半岛实现无核化事关维护国际核不扩散体系，维护半岛和东北亚的和平与安全，维护一个有利于本地区国家繁荣和发展的环境，与各方利益息息相关。有关各方应该摒弃落后于时代发展要求的思想观念，树立互信、互利、平等、协作的新安全观，为老问题找到新答案、找到好答案。

（2013年9月20日）

忘记历史意味着背叛

中国人铭记历史，并不是要耽搁在历史的苦难上唉声叹气，而是要从历史中塑造民族精神、民族魂

又一个9月18日。

中国人民永远不会忘记，1931年这一天是中华民族的国耻日。日本关东军蓄意制造"九一八"事变，进攻中国东北军驻地和沈阳城，从此开始了疯狂侵华战争。"九一八"事变也是中国人民抗日战争的起点。中华儿女万众一心，众志成城，同仇敌忾，共赴国难，最终夺取抗战辉煌胜利，为世界反法西斯战争作出不可磨灭的历史贡献。

在沈阳，在南京，在许多城镇乡村，凄厉警报将再次撕裂长空，铮铮誓言将再次传递亿万华夏儿女振兴中华的意志和气魄。这是神圣的祭奠，也是理应得到世界各国敬重的圣典。

然而，一些质疑甚至是诋毁悄然出笼。"中国要前进就必须放下关于国耻的痛苦记忆"、"爱国主义教育会扭曲中国的世界观"……美国《华尔街日报》、英国《金融时报》有关报道的潜台词是，中国应该改变历史宣传的角度，不要再搞屈辱史的宣传，应该跟上时代潮流。

何等荒谬的逻辑，何等令人生厌的教师爷嘴脸！

历史是客观存在的，历史是最好的教科书。用恩格斯的话说，"历史就是我们的一切"。一个没有历史记忆的民族是没有前途的。忘记历史意味着背叛。中国人铭记历史，并不是要耽搁在历史的苦难上唉声叹气，而是要从历史中塑造民族精神、民族魂，认识和把握中国社会发展规律，激励人民继续前进的信心和勇气。

落后就要挨打，这是中国人民从近代以来屡遭外来侵略悲惨经历中得出的教训。中国之所以饱受列强侵略，就是因为当时国家积贫积弱，四分五裂，一盘散沙。

"九一八"事变已经过去82年了。今日中国，经济发展、社会稳定、人民安康，现代化建设事业取得举世瞩目的巨大成就。当今世界，要说哪个国家、哪个民族能够自信的话，中华人民共和国、中华民族是最有理由自信的。中华民族任人欺凌的时代一去不复返了，任何国家不要指望中国拿自己的核心利益做交易，不要指望中国吞下损害自身主权、安全、发展利益的苦果。

过去一年中，日本侵犯中国领土主权的恶劣行径遭到强有力反击。日方制造的所谓钓鱼岛及其附属的南小岛和北小岛"国有化"闹剧发生后，中国政府公布钓鱼岛及其附属岛屿的领海基线，中国海警舰船在该海域开展常态化维权巡航，行使中国对钓鱼岛及附近海域的管辖权。

中国的行动再次表明，中国有坚定意志和足够实力捍卫国家领土主权，没有谁能在中国人头上撒野，也没有任何外来挑衅能够得逞。新加坡《联合早报》指出，中国在处理钓鱼岛争端时采取了实质性政策和措施，支撑这一切的，是中国不断增强的对辽阔海疆的保护和经营实力。俄罗斯远东研究所日本研究中心主任帕夫柳琴科指出，中日之间的领土争端持续了数十年。数十年来，不论在政治、经济还是军事方面，中国都取得长足进步，东亚地区力量平衡已经发生变化。

中国人民对战争带来的苦难有着刻骨铭心的记忆，对和平有着孜孜不倦的追求，十分珍惜和平安定的生活。没有和平，中国和世界都不可能顺利发展；没有发展，中国和世界也不可能有持久和平。抓住机遇，集中精力把自己的事情办好，使国家更加富强，使人民更加富裕，依靠不断发展起来的力量更好走和平发展道路，这是中国维护国家主权、挫败任何外来侵犯的坚实基础。

回顾历史，展望未来，我们既要勿忘国耻、警钟长鸣，更要坚定信心、团结奋斗，为实现国家富强、民族振兴、人民幸福的中国梦砥砺前行。

（2013年9月18日）

共同构建全球金融安全网

> 中国在金砖国家应急储备安排中占比例最大，这既表明中国愿意运用不断增强的经济实力，为全球经济治理承担更多责任，同时也体现了中国坚持推动金砖国家提升合作水平的一贯立场

五年前，美国雷曼兄弟银行申请破产，一场金融风暴席卷全球。这场危机暴露了全球金融治理体系的脆弱一面，同时也让人们意识到，以合作抵御金融风险对世界的稳定是多么重要。

不久前在圣彼得堡举行的二十国集团领导人第八次峰会期间传出信息，金砖国家就建立初期规模为1000亿美元的应急储备安排再度进行磋商。作为全球金融体系中举足轻重的建设性力量，金砖国家设立应急储备安排具有重大意义，有利于促进全球经济增长和全球金融市场稳定。

2008年，国际金融危机爆发后，金砖国家表现普遍优于发达国家，但当前，对一些发达国家退出量化宽松货币政策的预期导致大量资金回流发达国家，巴西、印度、南非等国遭遇了外资撤出、货币贬值并累及经济稳定增长。困难面前，金砖国家亟须通过合作提升防范风险能力，建立应急储备安排正当其时。

金砖国家应急储备安排，重在应急，当危机出现时，可以向发生流动性和国际收支困难的成员国提供资金支持。平时，应急储备安排可以增加投资者对于金砖国家金融稳定的信心，减弱外部冲击对各国金融稳定的影

响。与此同时，金砖国家在相近的经济发展水平和共同的全球挑战基础上创建金融安全网，有助于同国际货币基金组织，以及清迈倡议、欧洲稳定机制等区域性金融合作机制，共同构建全球金融安全网。

近年来，金砖国家合作不断发展，但如何丰富实质性合作内容，增强相互之间的协调与协作，是金砖国家面临的主要课题之一。应急储备安排建立在金砖国家共同利益的契合点之上，增强了彼此之间的互信，强化了金砖国家集体防御外部冲击的能力，是金砖国家合作机制建设的进展。南非天达资产管理公司投资组合经理维维安·塔波尔指出，应急储备安排象征着金砖国家通过协调合作使计划就位的能力，这一点十分重要。

尽管金砖各国彼此国情不尽相同，治理理念也有所差异，但只要类似应急储备安排、金砖国家开发银行这样的利益契合点更多一些，金砖国家机制就能够稳步向前迈进，其在国际政治经济格局中所发挥的建设性作用也将随之增大。

中国经济已与世界经济高度融合，新兴市场国家特别是金砖国家，是全球经济增长的重要引擎，也是中国贸易投资的重要伙伴。中国在金砖国家应急储备安排中占比例最大，这既表明中国愿意运用不断增强的经济实力，为全球经济治理承担更多责任，同时也体现了中国坚持推动金砖国家提升合作水平的一贯立场。

只要不断深化伙伴关系，进一步完善合作机制，加强各领域对话和合作，充分挖掘务实合作潜力，金砖国家就一定能向世界传递更多团结、合作、共赢的积极信息。

（2013年9月17日）

务实推进"南海行为准则"

落实《南海各方行为宣言》第六次高官会和第九次联合工作组会议15日在苏州闭幕。中国和东盟国家围绕加强海上务实合作进行探讨,并在落实《宣言》框架下就"南海行为准则"坦诚交换意见

《南海各方行为宣言》(下称《宣言》)是中国和东盟国家就南海问题签署的首个政治文件。从2002年签署至今,《宣言》有力维护了南海地区和平稳定,在增进互信、维护和平、促进合作方面发挥了独特而重要的作用。《宣言》体现了中国同东盟国家友好、团结、合作的意愿。

《宣言》明确规定各方在协商一致的基础上最终朝制定"南海行为准则"(下称"准则")努力。中国一直致力于兑现这一承诺,并在落实《宣言》的过程中就"准则"和东盟国家保持对话。在落实《宣言》框架下就"准则"举行磋商,进一步展现了中国维护南海地区和平、稳定与发展的决心和意志。

新形势下应该如何处理南海问题?这是摆在中国与东盟国家面前的一个现实课题。中国与东盟国家通过磋商"准则"的实际行动表明,本地区国家不惧怕正视问题,更愿通过自身努力妥善化解矛盾。

磋商"准则"有利于化解南海地区潜在冲突。"准则"不是为了解决争议,也不影响一国的主权和海洋权益声索,而是为了继续增进互信,促进合作,为有关国家通过双边磋商和平解决争端奠定基础和创造条件。在

这一点上，中国与东盟国家有着高度共识。"准则"的未来方向和最终目标是确保和平、加强合作、增进友谊。这和《宣言》一脉相承，符合本地区国家和人民的共同利益。

磋商"准则"是中国倡导海洋规则制定的主动作为。南海规则的制定权，必须牢牢掌握在本地区国家手中。与东盟国家磋商"准则"，是中国继签署《宣言》之后在南海规则外交上的又一重要行动，体现了中国愿意参与规则制定、主动引导规则和善于运用规则的思维和风范。

南海规则制定事关南海沿岸国利益，事关本地区长治久安。参与并引导对"准则"的塑造，确保制定出一个最符合本地区国家利益的"准则"，既是中国作为南海沿岸国享有的权利，也是作为地区大国应有的义务。中国对把握"准则"方向和节奏负有义不容辞的责任。

中国对"准则"有自己的主见和定力，不会因受外界的干扰而自乱节奏，更不会因为别人的催促施压而被动就范。当然，中国也不是固执己见，而是着眼于本地区国家的共同利益。上月初，中方就制定"准则"提出4点看法：合理预期、协商一致、排除干扰、循序渐进。这为磋商"准则"指明了方向。

中国政府维护领土主权和海洋权益的决心是明确和坚定的。中方决不会拿南海领土主权和海洋权益做交易。制定"准则"是落实《宣言》的一部分。当务之急是有关各方在磋商"准则"的同时，继续推进《宣言》框架下的海上务实合作，增进互信和共识，为逐步推进"准则"进程打下坚实基础。

（2013年9月16日）

期待更精彩的"第二季"

中国经济将继续为世界经济增长注入关键推动力,中国将实现经济转型。在夏季达沃斯论坛上,施瓦布教授这一判断得到广泛认同

中国宏观经济存在哪些风险、中国金融业发展前景如何、中国如何向"消费型国家"转变……这些有关中国经济的议题,在本届以"创新:势在必行"为主题的夏季达沃斯论坛上,引发与会者高度关注。

中国经济持续30多年的高速增长,创造了世界发展史上的奇迹。外界的惯性思维也由此形成:中国发展必须依赖高增长。然而,近来中国经济增长速度逐渐放缓。今年一季度,中国经济增速从去年四季度的7.9%下滑到7.7%,二季度又下行至7.5%,消费、投资以及外贸增速呈下行态势。各种焦虑和疑惑随之而来。中国是否会落入"中等收入陷阱"?中国经济会不会"硬着陆"?

中国经济健康持续发展的趋势不会改变。

"中国速度"依然是领跑者。放眼全球,中国经济7.5%的增速仍比较高。从最新的统计数据看,制造业经理人采购指数(PMI)、工业生产者出厂价格指数(PPI)、工业增加值等主要指标普遍回升。夏季达沃斯论坛召开期间,世界经济论坛达沃斯发布了《全球竞争力报告》。报告显示,中国排名居金砖五国之首,位列世界第二十九名,与去年持平。与此同时,中国宏观经济环境、预算赤字规模、政府债务占国内生产总值的比

例等考察指标仍表现良好。

　　中国增长是"换挡"而不是"失速"。大体量经济的转型，牵一发而动全身，要避免"副作用"，更要避免并发症和后遗症。当前，中国经济正处在转型发展的关键阶段，核心诉求是提质增效，而非短期的刺激提升。下多了"猛药"，并不利于长远发展。未来中国的经济增长将以提高质量和效益为前提，以资源节约和生态环保为支撑，以科技创新和技术进步为动力，是有就业保障和居民收入相应增加的增长。

　　在联系日益紧密的"地球村"，没有哪一个国家能变成离群索居的"鲁滨逊"。30多年的改革开放，尤其是加入世界贸易组织以来，中国经济同世界经济深度融合。这是一个相互受益的过程，中国逐步成长为重要动力源和"稳定之锚"。世界经济论坛主席施瓦布教授认为，中国经济将继续为世界经济增长注入关键推动力，中国将通过结构改革以及机制和技术创新，实现经济转型。这一判断在夏季达沃斯论坛上得到广泛认同。

　　中国经济发展奇迹已进入提质增效的"第二季"，后面的故事会更精彩。这是夏季达沃斯论坛发出的好声音，也是中国和世界的共同期待。

（2013年9月14日）

大国当自重大国当作为

叙利亚问题只能政治解决。中国的立场是鲜明的，行动也是务实有力的

俄罗斯建议叙利亚将其化学武器设施置于国际监督之下，叙利亚积极回应，美国总统奥巴马将此视为"潜在的积极进展"。这一最新事态为避免叙利亚问题上演最坏脚本，也为避免国际关系体系遭受重大冲击，带来一丝希望。

中国欢迎并支持俄罗斯提出的倡议。只要是有利于缓解当前叙利亚紧张局势，有利于政治解决叙利亚问题，有利于维护叙利亚及地区和平与稳定的建议，国际社会都应积极考虑。中国的立场是鲜明的，行动也是务实有力的。国际舆论注意到，叙利亚国内反对派组织"全国对话联盟"代表团正在中国进行访问。

叙利亚内战犹酣，一旦美国对这个主权国家实施未经联合国安理会授权的军事打击，两场战争将叠加在一起。这将意味着怎样一场灾难，世人不难想象。中东地区安全形势复杂敏感，引爆火药桶很容易，难的是如何控制住局面。

尽管美国前总统国家安全事务助理布热津斯基并不反对动武，但这位尚未失去现实感的战略分析人士也不得不承认，叙利亚冲突所波及的地域以及暴力程度都有可能急剧扩大升级。由此不难理解，为何《纽约时报》

网站对叙利亚问题最新变化持正面观点，甚至做出"奥巴马拥抱俄罗斯关于叙利亚武器的提议"这样一个不同寻常的标题。

"大国就像歌剧院中的首席女高音，在国际舞台上，进进出出都惊天动地。"美国学者法里德·扎卡利亚这个比喻，形象道出大国在当今国际关系体系中的特殊地位和关键作用。同首席女高音带来的审美愉悦所不同的是，大国的影响力是多向量的。运用得好，自然可以更多地造福世界；一旦迷失方向，制造的麻烦甚至灾难也将是巨大的。

套用法里德·扎卡利亚的比喻，大国有自重意识，合作得好，剧场里回荡的是和声；大国恣意妄为，相互拆台，响起的必将是有可能将整个剧院震塌的噪音。英国《金融时报》专栏作家菲利普·斯蒂芬斯就曾满怀忧虑地指出，美国小布什政府不管国际社会支持与否都要推翻萨达姆，这种政策选择掏空了二战后多边体系的基础。

当今世界，即便是实力最强的大国，想必不愿也不敢面对国际关系体系分崩离析的局面。道理简单得很，历史上不曾有过、现在没有、将来更不会有哪个大国能够独掌天下。势用尽、事做绝，最终的结局注定是四面楚歌。

苦海无边，回头是岸。政治解决叙利亚问题，是叙利亚人民的福音，是国际社会的期待，同样也是某些外部大国的幸事。以最低成本，循走得通的路径，早日结束叙利亚内部仇杀、稳定中东地区局势、维护国际关系体系，是现实明智的抉择，也是通过大国合作解决热点问题的有益探索。

人类命运共同体意识亟须强化，理应体现在事关国际关系走向的重大行动中。大国当自重，大国当作为。

（2013年9月11日）

日本，执迷不悟难有出路

过去一年中，日本侵犯中国领土主权的恶劣行径遭到强有力反击。中国坚定的行动再次表明，中华民族任人欺凌的时代一去不复返了，中国有坚定的意志和足够的实力捍卫国家领土主权

一年前的今天，日本政府不顾中方一再严正交涉，宣布"购买"中国固有领土钓鱼岛及其附属的南小岛和北小岛，实施所谓"国有化"。这是对中国领土主权的严重侵犯，是对１３亿中国人民感情的严重伤害，是对历史事实和国际法理的严重践踏。中国政府和人民对此表示坚决反对和强烈抗议。

过去一年中，日本侵犯中国领土主权的恶劣行径遭到强有力反击。所谓"国有化"闹剧发生后，中国政府发表声明公布钓鱼岛及其附属岛屿的领海基线，中国海警舰船在该海域开展常态化维权巡航，行使中国对钓鱼岛及附近海域的管辖权。

中国坚定的行动再次表明，中华民族任人欺凌的时代一去不复返了，中国有坚定的意志和足够的实力捍卫国家领土主权，没有谁能在中国人头上撒野，也没有任何外来挑衅能够得逞。日本错判形势，挑战历史定论、冲撞公理正义，觊觎中国固有领土钓鱼岛的恶劣行径注定失败，最终结果只能是偷鸡不成蚀把米。

一年来，日本不仅在钓鱼岛问题上损害中日关系与地区安全稳定，在

历史问题上同样劣迹斑斑，遭到国际社会共同谴责。在参拜靖国神社问题上，日本首相安倍晋三不但两次"曲线拜鬼"，还纵容内阁成员参拜。今年4月23日，安倍晋三抛出"侵略的定义在学术乃至国际上都没有定论"的谬论，引起国际舆论哗然。

不论是钓鱼岛问题上的鲁莽之举，还是历史问题上开倒车，都是对世界反法西斯战争胜利成果的公然挑衅，是对战后国际秩序的肆意冲撞。在事关大是大非的问题上恣意行事，反映了日本在历史与现实之间的迷失，暴露了日本重温历史旧梦的阴暗心理。

日本不愿面对中日关系当前面临的严重问题，回避与中方进行认真的谈判协商，这是当前中日关系陷入严重困难的症结所在。近一段时间，日本领导人多次表示，愿意寻求机会改善中日关系。然而，所谓的和解意愿不过是自欺欺人的幌子，安倍晋三并无悔改之意，继续妄称将对钓鱼岛进行"有效控制"。如此两面派做法让世人清楚看到，日本政客并未进行深刻反省，其侵犯中国领土主权、抹黑中国国际形象的不良居心依旧。

中国并不愿看到当前中日关系的严重困难。在中日四个政治文件基础上，中国愿意继续推进中日战略互惠关系。日本应本着正视历史、面向未来的精神，正确处理钓鱼岛、历史等敏感问题，寻求妥善管控分歧和解决问题的办法。

日本这样一个曾经发动军国主义侵略战争、给亚洲带来深重灾难的国家，如果不能真正做到以史为鉴、面向未来，注定无法成为"正常国家"，也不可能为国际社会所接受。

（2013年9月10日）

"例外论"损耗美国软实力

和平、发展、合作、共赢,已成时代潮流。此乃历史的进步,也是美国这样一个守成大国的历史性机遇。如何把握,就看美国人自己的智慧了。

美国不仅经常搞些贼喊捉贼的把戏,事情败露后,硬撑门面不肯服软的劲头更是十分了得。

据"棱镜门"主角斯诺登最新公开的文件,美国国家安全局"主动积极地接触美国和外国IT产业,暗中或公开影响它们的商业产品设计",让这些产品"可被利用"。近日,《纽约时报》刊登的报道还援引知情人士的话称,"有一次,在美国政府了解到某外国情报目标订购了新的计算机硬件之后,美国制造商同意在硬件出货前植入'后门'。"

也许针对特定目标定向植入"后门"太费力,美国还寻求一劳永逸的办法。斯诺登公开的文件显示,过去10年中,美国国家安全局努力破解广泛使用的互联网加密技术,取得了让英国情报人员大吃一惊的成果。不仅如此,美国国家安全局还利用自己作为世界上经验最丰富的密码设计者的影响力,秘密在世界各地软硬件开发商所遵循的加密标准上设置薄弱环节。掌控加密技术和标准,意味着让美国具备监听全球网络通信的技术能力。

就在不久前,美国政客还恶意抹黑他国通信设备制造商,无中生有地指责别人的通信产品为将恶意硬件或软件植入美国关键通信系统提供了充分机会。美国抹黑他国的同时，自己却肆无忌惮地干着不光彩的勾当。就算美国有强大的定力驱除道义负罪感，但国际形象受损的现实总是要正视的。

美国国家情报总监克拉珀辩解道，攻破网络加密为的是应对"恐怖主义、网络犯罪、人口贩卖及其他犯罪"，情报部门不过是在履行职责。显然，反恐和执法的说法无法令人信服。美国国家安全局系统性地截取纽约联合国总部视频通讯，监听国际原子能机构和驻纽约欧盟代表团，同反恐风马牛不相及。美国对本国民众通信等活动的大规模监控足以表明，防止监控权滥用的各种制度已形同虚设。

明明是秘密监听全球，却煞有介事地抢占道义制高点。翻手为云、覆手为雨，不过是恃强耍横的翻版。美国这套把戏着实令人生厌。

且不说美国历史上使用过化学武器，据美国《外交政策》杂志网站透露，伊拉克与伊朗战争期间，为了确保伊拉克赢得战争，美国军方和情报机构很清楚萨达姆军队将动用化学武器，包括致命的神经毒剂沙林，但没有出面阻止。眼下，联合国权威调查报告尚未发布，美国紧锣密鼓准备对叙利亚实施军事打击。究竟是维护禁止使用化学武器这一国际准则，还是另有不可告人的图谋，美国人自己最清楚，国际社会也保持着足够的警惕。

一个国家，无论其经济和军事实力有多么强大，由着性子搞"例外论"，软实力终将是软塌塌的，内心世界也一定是空虚的。软实力受损、自信心缺失的大国，常常是问题制造者。不从思想上解决问题，这样的大国始终无法在国际关系体系转型过程中发挥建设性作用。

和平、发展、合作、共赢，已成时代潮流。此乃历史的进步，也是美国这样一个守成大国的历史性机遇。如何把握，就看美国人自己的智慧了。

（2013年9月9日）

创造合作的"钻石十年"

中国对东盟的睦邻友好政策绝不是权宜之计,而是中国长期坚持的战略选择。中国将继续支持东盟共同体建设,支持东盟在东亚合作中的主导作用

今年是中国—东盟建立战略伙伴关系10周年,也是中国—东盟博览会和中国—东盟商务与投资峰会举办10周年。在双方共同创建的40多个合作机制和平台下,中国与东盟合作正在向全方位、多层次展开。

中国与东盟有能力打造合作的"黄金十年",也有能力创造合作的"钻石十年"。

当前,亚洲是世界经济发展最具活力的地区之一,而中国与东盟则构成了这一地区中最活跃的自由贸易区。目前,中国已经连续4年成为东盟第一大贸易伙伴。东盟则是中国的第三大贸易伙伴,第四大出口市场和第二大进口来源地。中国与东盟经济的紧密互动,不仅造福于双方人民,也为亚洲和世界经济创造了巨大动力。

发展深化了合作,合作推动着发展。中国和东盟是天然的合作伙伴,同处于工业化、城镇化快速推进的阶段,发展经济、改善民生是双方共同面临的主要任务,推动中国和东盟经济合作发展必将激发巨大的能量。

你帮我,我帮你。中国和东盟国家在合作中互利共赢。中国一直坚持把发展同东盟国家关系作为周边外交的优先方向,东盟各国亦看重中国经

济的强大发展潜力与广阔市场。在当前美欧经济低迷的背景下，中国与东盟各国在切实合作中尝到了抱团取暖的甜头，深知只有加强合作才能强身健体、实现互利共赢。

中国和东盟各国在经贸方面各具优势，在自然资源、生产能力和产业结构上各有所长，具有很强的互补性。但在一些中低端产品的生产方面，也存在着竞争性。未来如何进一步发挥各自优势、深入开发互补的潜力是深化中国—东盟双方合作的关键。

当前世界经济复苏形势复杂，新兴市场国家和发展中国家面临一些新的挑战。中国和东盟这样的发展中国家，不可能再像以往那样依赖对发达国家的出口，已经开始调整经济政策，通过加大基建投资、提升内需等途径来拉动经济回升。

中国将积极扩大来自东盟的进口，到2020年，双边贸易额力争达到1万亿美元，今后8年新增双向投资1500亿美元。中国内需的提升将为东盟国家的产品提供巨大市场，而部分低端产业从中国转至东盟，东盟对中国制造的中端产品的需求也会上升，双方产业在形成新的链条。随着双方人民生活水平提高，消费能力上升，中国与东盟正在形成新的互补性。

中国与东盟着力打造的中国—东盟自贸区的升级版，就是为扩大互补性做出的新尝试。这一升级版将更新和扩充自贸区的内容和范围，进一步降低关税，削减非关税措施，提升贸易和投资便利化，还将开展包括建立亚洲互联互通融资平台，积极推动金融、环保和海洋等多个领域的合作。

同心同德，合作方能顺风顺水。中国对东盟的睦邻友好政策绝不是权宜之计，而是长期坚持的战略选择。中国将继续支持东盟共同体建设，支持东盟在东亚合作中的主导作用。双方坚持通过友好协商妥善解决区域内一些分歧，增进交流、互信，避免影响双方合作大局。中国与东盟合作的成功，向世界展现了发展中国家加强合作的潜力所在。

（2013年9月4日）

日本，侵略历史翻不了案

> 中国人民用血肉之躯，击败日本侵略者，为世界反法西斯战争作出巨大贡献。没有中国抗战，就不可能有世界反法西斯战争的胜利

9月3日是抗战胜利纪念日。

1945年9月2日，日本政府代表在停泊于东京湾的美军密苏里号战列舰上正式向同盟国签署投降书，宣告了日本侵略者的彻底失败，标志着中国人民抗日战争暨世界反法西斯战争的最终胜利。

回首那段苦难的历史，我们不能忘记，当年日本侵略者在中国烧杀抢掠，无恶不作，犯下令人发指的罪行，使中华民族蒙受深重灾难。我们同样不能忘记，其他亚洲国家人民在那场战争中也深受日本军国主义的毒害。

中华民族在这场战争中付出了空前重大的牺牲，成就了百年来中国人民反抗外敌侵略、争取民族解放的首次完全胜利，显示了民族觉醒、团结、进步的巨大力量。这场战争的胜利对中华民族发展和世界文明进步都具有重大而深远的意义。

纪念这一日子，是为了更好地铭记历史、维护和平。中国人民用血肉之躯，击败日本侵略者，为世界反法西斯战争作出巨大贡献。没有中国抗战，就不可能有世界反法西斯战争的胜利。美国前总统富兰克林·罗斯福曾这样评价："假如没有中国，假如中国被打垮了，你想会有多少个师

团的日本兵,可以调到其他方面来作战,他们可以马上打下澳洲,打下印度。"中国的英勇抵抗"赢得美国和一切热爱自由民族的最高荣誉"。

近年来,越来越多的历史学家关注和研究中国抗战史。日本国立山口大学副校长纐纈厚发现,日本在中国战线投入的兵力,远远超过在以美国为对手的太平洋战线。从军费的数量来看,也是在中国战线投入更多。就是说,日本的军事力量和国力主要是在中国的抗日战争中消耗殆尽的。牛津大学现代中国历史与政治教授拉纳·米特在《中国抗日八年》一书中指出:中国顽强抗日,迫使日军派驻百万军队在中国战场。这个数字,比起日军挑战英军和美军的总人数还要多。中国的持久抗战拖住了日本陆军主力,在第二次世界大战中扮演重要角色。

随着日本政治加速右倾化,一些政客和右翼势力公然否认那段侵略历史,肆无忌惮地美化军国主义,为昔日战犯招魂正名、歌功颂德。这些违背历史正义与良知的行为,不能不引起国际社会的强烈担忧和警惕。

只有正确认识和对待本国的侵略历史,走和平发展道路,日本才有可能实现持久繁荣和发展,才有可能同亚洲国家一道迎来和睦相处、共同发展的光明前景。日本发动侵略战争的历史翻不了案,日本挑战战后国际秩序的图谋也不可能得逞。

(2013年9月3日)

美国，靠战争维护国际准则？

> 如果美国彻底失去究竟是在维护还是破坏国际关系基本准则的辨别力，失去等待联合国权威调查结果的耐心，这不仅是世界的悲哀，更是美国自身的悲哀

给联合国调查小组多一点时间，给和平一个机会，用政治手段解决叙利亚危机。

国际社会的正义呼声未能阻止美国的一意孤行，华盛顿正一圈圈拧紧战争发条。显然，伊拉克战争的师出无名，以及这场战争给伊拉克人民带来的苦难，根本没有成为美国的道义负累。

8月31日，美国总统奥巴马发表声明，宣布将择机下令展开军事打击，并将寻求美国国会对采取军事行动的支持。奥巴马讲得很明白，美国要用军事行动释放出这样的"信息"：实施暴行的人一定要付出代价，破坏禁止使用化学武器这一国际关系基本准则的行为一定要被制止。

绕过联合国，由着性子对一个主权国家发动战争，这是在维护国际关系基本准则？"禁止使用武力"是国际法基本原则，是《联合国宪章》的核心。它只有两项例外：一是依宪章行使合法自卫权，二是安理会依宪章规定采取集体安全行动。除此之外，任何使用武力或武力威胁的行为，都是非法的。

美国及其追随者试图拿"人道主义干预"说事，将"保护的责任"作

为军事干预的理由。但是，无论"人道主义干预"还是"保护的责任"，都还只是政策性概念，远未形成成熟的国际法规则，更谈不上取代现有国际法。同时，连英国《金融时报》也明确指出，"从法律上来说，如果没有联合国安理会的决议，这些原则都无从运用"。

美国不仅有强大的军事实力，还有动用实力的一套"占据道义制高点"的逻辑。同随时可能开始的军事行动相比，美国这套逻辑甚至更为恶劣。美国在用国际社会难以搞懂也无法接受的逻辑想问题、做决策。这意味着十足的傲慢、唯我独尊的霸气、我行我素的蛮横。这也意味着，只要美国认为有必要，就随时都有可能大打出手。由此带来的心理上的不安全感，对国际关系体系的冲击是巨大的。

现行国际关系基本准则，是基于两次世界大战的惨痛经历，逐步建立起来的，凝聚着巨大苦难换来的觉醒与智慧。如同和平一样，国际关系基本准则亦如空气和阳光，受益而不觉，失之则难存。对这一点，美国想必也不是一无所知。否则，奥巴马也不会将维护国际关系基本准则作为军事行动的理由。需要强调的是，霸道之举只能强化丛林法则，这种原始法则是低级的、劣等的，只能带来血腥和暴力，根本不可能像《联合国宪章》所浓缩的国际关系基本准则一样，给世界带来和平与安宁，给人类走向美好明天的希望。

无论是谁使用了化学武器，都将遭到严厉谴责和制裁。在这一问题上，国际社会没有什么分歧。弄清事实是采取行动的前提和条件。在事关战与和的重大问题上，各方应采取慎重和对历史负责任的态度。如果美国彻底失去究竟是在维护还是破坏国际关系基本准则的辨别力，失去等待联合国权威调查结果的耐心，这不仅是世界的悲哀，更是美国自身的悲哀。历史上，失去辨别力和耐心的强国不胜枚举，兴盛衰败的法则耐人寻味。

（2013年9月2日）

日本的"反弹"不啻警钟

安倍政权的动机不只在于篡改历史,也是在试探外部世界的底线,为日本重温历史旧梦、冲击国际秩序拓展空间

"拥有正确的历史观至关重要。只有这样才可以赢得其他国家的信任和尊重。"

"日本领导人应该进行很大的反思并具备洞察力和着眼于未来的眼光。"

联合国秘书长潘基文这样两句话,居然引起日本的强烈反弹。日本内阁成员甚至扬言要潘基文做出解释,讲清楚为什么要敦促日本领导人在历史问题上"深刻自省"。

对不以发动过侵略战争为耻的日本政客来说,拥有正确的历史观难道不是很重要吗?对将战争罪犯奉若神明的日本政客而言,难道还有赢得其他国家信任和尊重的可能?"欲免后世再遭今代人类两度身历惨不堪言之战祸",此乃《联合国宪章》第一句话。这句话不仅记录了创建联合国的初衷,也承载着联合国的神圣使命。当今世界最权威国际组织的负责人关注对战后国际秩序的现实冲击,难道还有什么不当之处吗?

日本的反弹透着一股骄横,不啻一记警钟!固守错误历史观,沿着右倾化道路滑下去,日本政客不仅会颠倒黑白、强辩是非,甚至要主动出击,煞有介事地进行讨伐了。

众所周知,"村山谈话"和"河野谈话"事关日本对历史问题的认

知，安倍政权却一度放言要加以修改。在参拜靖国神社问题上，安倍晋三不但两次曲线拜鬼，还纵容内阁成员参拜，在大是大非的问题上耍小聪明。今年4月23日，安倍晋三抛出"侵略的定义在学术乃至国际上都没有定论"的谬论，引起国际舆论哗然。在慰安妇问题上，安倍晋三早在第一次担任首相期间就在内阁会议通过政府答辩书，称"没有证据证明强制性"，企图借此否认慰安妇问题是国家犯罪。再次出任首相后，安倍晋三依旧态度模糊，与之前的错误立场未有清晰割裂。

英国《金融时报》一篇题为《日本出格言行威胁亚洲和平》的文章写道：日本的公共外交徘徊在可笑与危险之间。一位久居东京的外国人把安倍领导下的日本政府称为"日本1945年以来最具民族主义倾向的政府"，并称安倍政权内部一些官员给人的印象是，"二战的唯一错误是日本输了"。

安倍政权在历史问题上开倒车，不仅有复杂的历史背景，更有自作聪明的现实盘算。安倍政权的动机不只在于篡改历史，也是在试探外部世界的底线，为日本重温历史旧梦、冲击国际秩序拓展空间。然而，国际社会保持着高度警惕。日本鲁莽而动，到头来吃亏的只能是自己。

历史是一面镜子。在这面镜子前，日本不要满眼幻象，耍得太离谱、太过火了。

只有诚实面对不光彩的过去，彻底洗刷发动侵略战争的罪行，日本才能真正拥有一个光明的未来。

（2013年8月30日）

共同促进世界经济复苏

二十国集团领导人第八次峰会牵动世人目光。人们期待二十国集团各成员继续建设合作伙伴关系，加强宏观经济政策协调

二十国集团领导人第八次峰会将于9月5日至6日在俄罗斯"北方首都"圣彼得堡召开。

2008年，二十国集团机制在国际金融危机中升格为峰会，各大经济体以同舟共济的精神携手合作，向市场注入信心，将全球经济从悬崖边缘拉了回来。这奠定了二十国集团作为国际经济合作主要论坛的地位。然而，随着应对危机的紧迫性下降，同舟共济精神减弱，宏观经济政策协调难度加大。当前，世界经济增长动力不足，国际金融危机所反映出的深层次矛盾、结构性问题仍未消除。

加强全球经济治理，是历史发展的必然要求。在国际金融危机冲击下，发达国家增长失速，七国集团成为重灾区。与此同时，发展中国家对世界经济增长的贡献大幅增加。世界经济在发达国家集团的治理下已难以为继。建立一个更加公平、公正、合理的国际经济秩序比以往任何时候都更加迫切。发达国家需要同新兴市场国家共同承担全球经济治理的责任，需要给新兴市场国家更大话语权。

加强全球经济治理，是世界经济稳健前行的必要保障。随着经济全球化不断深入，各国经济的关联性进一步增强，全球价值链、金融资本链将

世界连成一个整体。对一国而言，合作远比对抗所能带来的收益更多。发展中国家有巨大的潜力，有望成为全球经济增长的新引擎。发达国家则可以通过提供有益经验和技术，帮助发展中国家经济转型升级并从中受益。建立全球经济治理的新架构不是"此消彼长"，而是"合作共赢"。

二十国集团是一个推动发达经济体同新兴经济体平等协商，进而实现互利共赢的平台。二十国集团领导人峰会的出现，体现了世界经济发展的客观要求，是历史的进步。作为国际经济合作主要论坛，二十国集团在全球经济治理中的地位和作用无可替代。

二十国集团领导人峰会迄今取得的进展令人鼓舞。无论是建立强劲、可持续、平衡增长框架，改革国际货币基金组织的份额和治理结构，还是设立金融稳定理事会，加强对重要金融机构、信用评级机构及影子银行的监管，都有效推进了全球经济治理改革。更重要的是，二十国集团塑造的主要经济体政策协调框架，为加强全球经济治理提供了制度保障。

加强全球经济治理，各方有矛盾和分歧在所难免。全球化时代，各方必须通过合作寻找利益汇合点。人们有理由相信，在圣彼得堡峰会上，二十国集团领导人将携手合作，为共同促进世界经济强劲、可持续、平衡增长，发出更加积极有力的信号。

（2013年8月29日）

叙利亚问题，当心"模式"背后的私货

此次"使用化武"事件不能以"莫须有"的方式了之，任何后续行动均需真实可靠的调查结果支撑

有关叙利亚政府军使用化学武器并造成人员伤亡的指控急剧发酵。一些外部势力大做文章，试图为强力干预叙利亚问题制造舆论铺垫。

使用化学武器违背国际公约，是严重犯罪。叙利亚各方需要积极配合联合国调查小组开展工作，类似26日狙击手射击、破坏调查的事件必须杜绝。叙利亚局势错综复杂，搞清真相不容易，各方理应耐心等待调查结果。

一些外部大国在事实尚未完全清楚的情况下，对叙利亚政府下了"判决书"。据报道，美国国务卿克里严词谴责叙利亚政府，称美国掌握了关于这次化武袭击的更多信息。法国外长法比尤斯表示，"化学屠杀"是有证据的，叙利亚政府须为此负责。

10年前，华盛顿借口伊拉克拥有大规模杀伤性武器，展开了一场大规模的战争。但后来的事实表明，种种情报只不过是美国发动推翻萨达姆政权战争的幌子而已。

强力干预叙利亚问题的声势越来越大。据美国媒体报道，按照白宫的指示，五角大楼已准备好在叙利亚实施任何可能的行动。英国外交大臣黑格表示，即使安理会无法达成一致，也很有可能对叙利亚化学武器攻击事

件做出"反应"。更有人鼓动复制"科索沃模式",不经联合国授权单方面展开军事行动。法新社评论说:"奥巴马政府似乎正在采取措施,为最终瞄准叙利亚军队的决定做准备"。

伊拉克战争的实质是绕过联合国,借助武力更换一个主权国家的政府。这不符合《联合国宪章》,有违国际关系基本道义准则。当前形势下,国际社会尤需对一些外部势力在叙利亚复制这一模式提高警惕。

在经历了阿富汗、伊拉克两场战争之后,就连美国民众也对在叙利亚开展鲁莽的武力行动怀有戒心。路透社和益普索市场调查公司联合调查表明,60%受访者认为华盛顿不应干预叙利亚内战,仅有9%的受访者认为美国应采取行动。

叙利亚内战爆发以来,强力推翻巴沙尔政权的冲动一直没有消失。"利比亚模式"、"科索沃模式"、"缓冲区"、"禁飞区"……尽管各种谋划名称各异,但偏袒叙利亚反对派一方的指向是一致的。这些谋划破坏了安理会内部团结、加大国际社会有效调解的难度,甚至是在给叙利亚内战火上浇油。

此次"使用化武"事件不能以"莫须有"的方式了之,任何后续行动均需真实可靠的调查结果支撑。叙利亚问题的出路在于启动包容性政治过渡进程,尽快举行第二次日内瓦会议实有必要。

(2013年8月28日)

"例外论",不可能获好名声

纸里包不住火。美国"棱镜门"事件不断发酵,美国"例外论"也成为国际舆论持续批驳的对象

按照美国政府的说法,美国国家安全局的监控计划是自由和安全之间艰难的平衡。为了反恐,监控是必要的"恶",而且现有制度能有效防止监控权被滥用。显然,美国政府十分希望本国民众和国际社会能接受这样一种解释。

事与愿违。新近发生的事件和被揭露出来的细节,让人真切感受到:对美国政府来说,反恐是个巨大的筐,似乎什么都可以往里装。25日,德国《明镜》周刊披露,美国国家安全局系统性地截取纽约联合国总部视频通讯;国际原子能机构、驻纽约欧盟代表团和全球超过80多个使领馆也受到严密监听。难道这些机构都被恐怖分子大规模渗透了?

而就在几天前,美国坚定的盟友英国动用反恐法案第七条款,在机场扣留协助斯诺登爆料美国"棱镜门"事件记者的同性伴侣。扣押了将近9个小时,问题也问了一圈,唯独没有任何与恐怖主义或恐怖组织有关的问题。为反恐而监控的说法被打上一个大大的问号。

号称是言论自由和公民隐私权的捍卫者,却从未放松对本国民众通信等活动的监控;不断批评其他国家对网络实施严厉管控,但暗地通过各种秘密项目监控全世界;标榜自己是互联网自由和安全的守护神,却通过炒

作黑客攻击建立网络部队，并真刀真枪进行"网络战"。美国的形象受到重创，美国"例外论"也成为国际舆论持续批驳的对象。

美国国家安全局监控计划的一步步曝光，也重重地敲响了信息安全和网络安全问题的警钟。

当下，技术发展日新月异，深刻地影响着权力的分配和转移。信息时代，存在着权力和优势越来越向某一个或几个国家集中的趋势。美国能够开展如此大规模的监控行动，很重要的原因在于美国在通信技术方面的主导地位。根据斯诺登披露的一份报告，大约1/3的国际长途电话要在美国转接，而且几乎所有的网络通信都要途经美国。

美国在信息技术领域处于领先地位，掌握着全球大部分互联网资源和关键基础设施，对维护网络空间和平与安全负有首要责任。

21世纪，经济全球化和社会信息化使"地球村"变得越来越小。保护信息安全，建设和平、安全、开放、合作的网络空间，是国际社会的共同期待。引入冲突和战争，不符合和平发展的时代潮流。如果一切只以是否对美国有利为标准，说一套做一套，不仅让美国在道义方面严重失分，注定会让世界越来越乱。

（2013年8月27日）

新兴市场国家，深化合作不是拉山头

通过更多的自贸协定进一步提升互补性，并通过合作来化解竞争性，是未来新兴市场国家相互获取发展动力的关键所在

随着美联储结束量化宽松及全球流动性收紧的预期不断升温，一些新兴市场国家遭遇大规模资本流出，股市不稳，货币贬值。国际上，出现了上世纪90年代亚洲金融危机可能重演的担心，以及唱衰新兴市场国家的论调。

新兴市场国家确实面临着严峻的内外挑战。从内部来看，国际金融危机爆发后，资本大量流入新兴市场国家，主要是"外部因素"的推动作用。外资将新兴市场国家的资产价格推至高位，可能存在高估风险。一旦发生资本外流，新兴市场国家的资产将面临长期调整压力。同时，如果资本外流引发流动性的急剧紧缩，通过提高利率吸引外资，也可能放慢经济发展步伐。资金外流的规模将会有多大，是暂时现象还是代表一种长期趋势，目前尚不确定。

但是，相比于当年亚洲金融危机的状况，新兴市场国家至少拥有三个非同以往的有利因素：一是主要新兴市场国家国际收支改善，拥有足够的外汇储备应对外债危机；二是投资于新兴市场国家的外资结构仍偏重于长期；三是大多新兴市场国家的中产队伍近年来迅速扩大，开始成为拉动内需增长的主要动力。这也是新兴市场国家能够继续保持经济稳定，进一步

推动结构转型的力量所在。

不过,当前新兴市场国家仍处于艰难转型过程中,全球经济金融秩序方面的问题也是显而易见。加强新兴市场国家之间的互动和共赢,是提振全球经济的一个重要手段,也关乎新兴市场国家的整体地位。

新兴市场国家之间有着非常广泛的互补性。通过更多的自贸协定进一步提升互补性,并通过合作来化解竞争性,是未来新兴市场国家相互获取发展动力的关键所在。新兴市场国家的金融合作也非常重要。美元仍然在国际金融市场上占主导地位,但其地位已今不如昔。美元地位的变化,是影响全球经济前景一个重要因素。国际金融体系处于将变未变的过渡期,新秩序轮廓虽已初露端倪,但要建立起实实在在的机制,还将经历一个异常激烈的博弈过程。国际金融秩序的平稳过渡,在很大程度上取决于新兴市场国家所发挥的作用。为创建更加公平合理的金融治理体系,新兴市场国家需要进一步深化合作。

新兴市场国家深化合作不是要另立山头,更不是为了甩开发达国家自成一体发展。经济全球化走到今天这一步,新兴市场国家与发达国家已经结为命运共同体。新兴市场国家加强合作,同样有利于发达国家。这种合作更为深远的意义在于,世界经济可持续发展的基础将变得更为坚实。

(2013年8月26日)

"调查小组"承载重大使命

> 调解叙利亚危机的力度不能减弱。据联合国提供的数据，叙利亚危机造成的死亡人数已经突破10万

联合国调查叙利亚化学武器问题真相小组18日抵达叙利亚。调查小组就包括阿勒颇省坎阿萨镇在内的三起化学武器事件传闻进行调查，这也是国际社会干预叙利亚危机的最新努力。

关于化学武器使用问题，国际社会存在广泛共识，无论是谁使用化学武器，都将遭到坚决反对。联合国工作组在遵循有关国际法和安理会相关决议的前提下，开展客观公正调查，有利于查明是非曲直，为国际社会进一步调停叙利亚危机提供必要依据。叙利亚各方须为调查组工作提供必要配合。

近来，埃及局势急转直下，流血冲突持续不止，国际社会高度关注。然而，调解叙利亚危机的力度不能因此有所减弱。当前，内战造成的人道主义灾难在叙利亚仍在继续。据联合国提供的数据，叙利亚危机造成的死亡人数已经突破10万，大量叙利亚难民涌入邻国，仅黎巴嫩一国就超过68万。

叙利亚内战已持续两年多。政府军和反对派武装杀红了眼，没有外部力量的介入，双方根本没有妥协意愿，实现停火无从谈起。与此同时，大国之间分歧严重，计划中的国际会议迟迟无法召开。联合国调查化学武器

问题真相小组进入叙利亚，不仅有可能对令人发指的战争罪行起到威慑作用，也给解决叙利亚问题一筹莫展的局面带来一线生机。

去年的8月19日，联合国叙利亚监督团撤离叙利亚。从设立到结束，监督团在叙利亚"坚持"了不到四个月，被称为最短命的联合国维和行动。监督团难以开展工作，根本原因在于叙利亚冲突各方矛盾难以调和，不具备维和基本条件。停火止暴的刚性要求，根本没有得到冲突各方实质性的执行，联叙监督团从设立之初，就陷入无停战可供监督、无和平可供维持的窘境。此外，一些外部国家偏袒叙利亚反对派，始终坚持巴沙尔必须下台的立场，强行推动叙政权更迭，并企图寻求在联合国框架外解决问题，这让在六点和平建议框架下执行维和任务的监督团付出的努力注定徒劳无功。

化学武器问题真相小组再次进入叙利亚，尽管工作的重心有所变化，但是其发挥建设性作用所需的先决条件却与一年前相同：叙利亚内战双方必须积极配合工作组展开工作，为缓解紧张局势创造机会；外部国家应秉持公正立场，平衡地做对立双方的工作。缺少任何一个条件，化学武器问题真相小组都有可能重蹈监督团的厄运。

当前，阻止叙利亚上演更大悲剧的空间依然存在。根据去年6月叙利亚问题"行动小组"日内瓦外长会议公报确定的原则，国际社会有义务督促叙利亚各方停止流血冲突，开启政治对话，组建叙利亚所有社会力量参与的过渡管理机构。叙利亚内战不能无休止地进行下去，这不仅是叙利亚人民的灾难，也是对地区乃至全球稳定的现实威胁。

（2013年8月20日）

稳定，埃及唯一正确的选择

> 埃及已经滑到岌岌可危的崖畔，由着性子让流血冲突不断升级，局面会更加难以收拾

埃及的流血冲突仍在继续，军方和穆兄会尚未表现出和解的意愿。

同推翻穆巴拉克政权那场危机相比，眼下埃及的局势更为严峻，或者说失控的可能性更大。其中一个重要原因，就是军方的角色发生了质的变化，由平衡各方利益的"稳定器"转换为强烈度对抗的当事一方。尽管军方的态度更强硬、出手也更重，但其政治回旋空间被压缩了。这也是显而易见的。

国际社会对埃及动荡局面关切依旧，对这个国家命运的担忧正变得更加强烈。如果说穆巴拉克政权的僵化和腐败酿成了上一次危机，此次军方和穆兄会之间大动干戈又如何定性？是捍卫世俗政权和建立政教合一图谋的政治对抗，还是不同利益集团之间的摊牌？埃及的乱象足以减少国际问题专家的自信，简单的判断和逻辑推演恐怕都难有说服力。

到目前为止，不止一个获得广泛认同的论断被打破：军方在埃及享有很高的威望，没有哪一个群体会出来直接同军方对抗；埃及人的国家认同感和"底线意识"都很强，爆发内战的可能性几乎为零。质疑有关专家学者对埃及文化传统和现实生活精准把握的同时，也可以提出这样一个问题：短短两年政局动荡释放出的负能量，足以急剧改变一个国家的面貌，

让种种不可能之事成为可能？

俄罗斯总统普京不久前忧心忡忡地指出："叙利亚已经被内战席卷，让人悲伤的是，现在埃及也在朝这个方向前进。"埃及走到今天这一步，教训极为深刻，想理出个头绪来，甚至要放到阿拉伯国家命运兴衰、中东和平进程、国际体系变迁、经济全球化等更大背景中加以思考。更为紧迫的，是阻止埃及局势向最坏的方向演变。穆巴拉克倒台后的风风雨雨提醒人们，巨石从山崖上滑落是有加速度的，一个国家一旦失去了秩序，什么事情都可能发生。

当务之急是停止流血冲突，防止出现更多伤亡。西亚北非地区一些陷入长期动荡的国家，已经用惨痛的教训表明，接连不断的人员伤亡会不断埋下巨大的仇恨种子，加高社会和解的壁垒。仇恨的积累意味着报复的延续，更可能成为培育恐怖主义的土壤。德国《法兰克福汇报》的报道就点出了这种危险：最主要的是埃及社会的团结面临危险，最近的紧张局势将一个楔子打进这个团结社会，埃及达成妥协的土壤被破坏了。

埃及各方需要从国家和人民的整体利益出发，保持最大限度的克制，通过广泛对话，把解决问题的方式纳入法制程序，通过协商实现和解，恢复社会稳定。从目前的情况看，做到这一点的确很难，但是再难也要想办法去做。道理很简单，整个国家已经滑到岌岌可危的崖畔，由着性子让流血冲突不断升级，局面会更加难以收拾，一个享有威望的中东大国甚至有可能沦落为新的火药桶。

避免更多的人员伤亡，尽快恢复秩序和社会稳定，这是埃及人民的根本利益所在，也是埃及有关各方唯一正确的选择。

（2013年8月19日）

邪恶的"历史坐标系"

安倍心中有一个"历史坐标系",在这样一个坐标系里逞强耍横的意志也坚定得很。需要再次探究的是,荒诞的"历史坐标系"何以铺陈开来?

8月15日是日本战败日,靖国神社再度上演闹剧。日本首相安倍晋三不但曲线"拜鬼",甚至为没有亲自前往参拜表示遗憾。同去年一样,有内阁大臣明目张胆参拜,参拜的国会议员(包括代理)数目超过200人。

"参拜是内政,外国无权干涉";"向为日本和平与繁荣做出崇高牺牲的战殁者默哀十分自然"……日本政客为其恶劣行为进行的狡辩,是对人类正义和公理的挑衅,是对亚洲受害国人民感情的严重伤害。不管日本领导人以何种形式和身份参拜靖国神社,其实质都是企图否认和美化日本军国主义那段侵略历史,挑战二战结果和战后国际秩序,注定要遭到亚洲国家和国际社会的坚决反对和同声谴责。

靖国神社的闹剧是日本错误历史观的集中爆发,也体现了日本拿历史问题做"大文章"的现实冲动。显然,安倍是在意"历史"的,否则就不会用"历史使命"这样强烈的语气来表达其修改宪法的决心。在他心中,恢复日本历史地位的意愿十分强烈,希望日本不做"二流国家"。他认为,日本必须先有"自己的宪法"和真正的军队,满足一个"正常国家"的基本要件后,日本就可以用经济、军事实力,乃至自身价值观的

"魅力",成为亚洲领导者。说白了,安倍自视为日本历史的重塑者,期待做点"彪炳史册"的大事。他的出发点是恢复日本声名狼藉的"历史地位",落脚点是在历史上为自己树碑立传。

靖国神社的闹剧让世人清楚地看到,安倍心中有一个"历史坐标系",在这样一个坐标系里逞强耍横的意志也坚定得很。因为这个坐标系的原点点错了地方,侵略战争公然受到尊崇,战犯的暴行居然成为"崇高牺牲"。这样一个坐标系将把日本引向何方?事情是明摆着的。亚洲各国和国际社会必须保持高度警惕,不能任由安倍肆无忌惮折腾下去。

需要再次探究的是,安倍荒诞的"历史坐标系"何以铺陈开来?

日本人加藤嘉一在《纽约时报》写道:二战结束至今,日本国民的历史观仍没达成一个整体共识。

整体共识的缺失,固然有外部因素和冷战背景,但是更重要的原因是日本国内没有对军国主义进行彻底清算。用美国史汀生中心日本籍研究员辰己由纪的话说,日本民众没能参与到最终决定"谁为战争负责"和"怎样处置责任人"的过程中。

日本政客因此获取了搞投机、耍小聪明、由着性子无理取闹的政治空间。在他们看来,日本在二战中"唯一错误"就是"没有打赢"。不难想象,随着日本右倾化不断加剧,日本政客还会抛出更多、更具挑衅性的论调。

日本当政者对靖国神社等历史问题的态度,事关中日关系的政治基础。我们再一次奉劝日本,正视历史、以史为鉴,切实恪守深刻反省侵略历史的表态和承诺,以实际行动取信于国际社会,否则日本同亚洲邻国的关系就没有未来。

历史不容篡改,历史自有定论。挑战历史的国家,注定是个麻烦,也不会拥有光明的未来。

(2013年8月16日)

文明需要"约束"

必要的文明约束，是培育文明自觉、展示文明形象不可或缺的手段

即将生效的《中华人民共和国旅游法》自公布以来引起广泛关注。

这部旅游法要求，"旅游者在旅游活动中应当遵守社会公共秩序和社会公德，尊重当地的风俗习惯、文化传统和宗教信仰，爱护旅游资源，保护生态环境，遵守旅游文明行为规范。"旅游者如果"从事违法或者违反社会公德的活动"，"旅行社可以解除合同"。英国广播公司网站、美国有线电视新闻国际公司、美国《大西洋月刊》网站等媒体都对此予以充分报道。用新加坡《今日报》的话来说，中国法律开始对不文明旅游行为动真格了。

也有人发问：法律是不是过于严苛了？毕竟，美国人、法国人、英国人、俄罗斯人都曾获得过"最不受欢迎游客"称号，相比之下一些中国游客的陋习似乎并没那么"特别"。而且，很多国家对于旅游者的不文明行为，仅止于呼吁、提醒，或者指导。例如，美国国务院2006年推出《美国人海外旅行行为准则》，不过是提出了16条礼仪忠告。

《旅游法》的出台既有其现实背景，也体现了一个负责任大国的自省精神。统计显示，中国出境旅游人数2011年达7025万人次，2012年达8300万人次，消费额高达1020亿美元；预计2013年将达到9430万人次。出境游

大众化已成为中国的现实。中国人出游给世界带去了财富，自然也应向世界展示文明的形象。

无可否认，一些中国旅游者在国外表现过于"粗放"，着实带来负面影响。具体事例不用举，仅看国外景点设立的"请勿喧哗"、"请勿浪费"、"请便后冲水"、"请勿插队"等中文标识，就足以让我们感到尴尬。部分游客缺乏个人修养，或源自手头宽绰后、特别是暴富后形成的骄狂心态。

"上车睡觉，下车拍照，回来什么都不知道"，媒体如此概括中国游客未免有失偏颇，但也有在理之处。成熟的游客会充分利用现代手段，通过上网、看书或查资料，了解旅游地的历史，而不仅仅满足于形式上的"到此一游"。相反，如果缺乏对当地文化历史的敬畏之心，甚至不遵守公共秩序，不能从旅游中得到收获和启迪，则偏离了旅游的本意，将有魅力的事庸俗化了。

美国社会学家英格尔斯曾说，人的现代化并不是现代化过程结束后的副产品，而是现代化制度与经济赖以长期发展并取得成功的先决条件。引申之，文明的呵护，不能让法律缺位。《旅游法》不仅包含对文明自律意识的倡导和呼唤，而且还对不文明的行为进行必要和适度的行为约束，通过适度的道德管制，从根本上警醒失落的文明自觉。

中国和世界的接触越来越深入。我们清醒认识到，一个民族和国家的文明程度高低，不仅取决于其物质财富的多寡，还取决于其道德水准的高下。经济高速发展的同时，必须保证素质教育的跟进。

必要的文明约束，是培育文明自觉、展示文明形象不可或缺的手段。

（2013年8月15日）

挤压冷战思维扩展空间

维护中美关系平稳顺畅,是中美两国的共同责任,也是亚太各国的利益所在

冷战的硝烟已经消散,但冷战思维的阴影却并未褪去。最近一段时间,有关中美之间可能爆发新冷战的说法又频频冒出。

德国学者沃尔夫冈·希恩在其新著《下一场冷战:中国对抗西方》中预言,随着中国日益崛起,中美可能滑向一场"新冷战"。这本书被称作是"新冷战的首部前线报告"。

更有一些预言看上去简直就是在为冷战"出谋划策"。日本《外交学者》杂志网站日前发表的一篇题为《亚洲为何应该欢迎美中冷战》的文章,公然宣称亚洲一些小国会在未来的"中美冷战"中两面获利。

尽管有些是凭空臆测,但在当前亚洲安全格局转变的重要阶段,这些预言理应引起警惕。像过去许多类似的冷战言论一样,这些新预言仍然是以旧的西方历史观为理论依据,认为在守成大国与新兴大国之间必有一番"真刀真枪"的较量。有些人身体已进入21世纪,脑袋还停留在过去,停留在殖民扩张的旧时代里,停留在冷战思维、零和博弈的老框框内。

但是在另一方面,某些国家言行举止中的冷战思维也为这些预言提供了现实注脚。美国《外交杂志》近日刊文对此表示忧虑,呼吁华盛顿在军事战略上的制定要更加审慎。文章认为,美国正在实施的"空海一体战"

战略将会诱发东亚地区更激烈的军备竞赛，导致不稳定态势。

一些国家在有意营造这种不稳定态势。有的欲借所谓"价值观外交"构筑对华包围圈，有的力邀美国增加在亚洲军事存在，以抗衡"中国不断在南海扩大的强势"。这些举措看似是在争取符合自身利益的周边安全格局，结果却是在制造对立与紧张。

冷战思维的危害性在于，它背离了和平发展的大势，干扰破坏合作发展进程。

当前的中美关系完全不同于冷战时的美苏关系。中美关系站在一个新的历史起点上，两国拥有重要的利益汇合点。中美关系牵动着亚太地区局势走向，是对亚太稳定、合作、发展具有重要影响力的一对双边关系。维护中美关系平稳顺畅，是中美两国的共同责任，也是亚太各国的利益所在。

中美两国展现出了构建新型大国关系的决心。要为新型大国关系的构建打下一个坚实基础，就必须挤压冷战思维的扩展空间，消除各种冷战鼓噪的干扰。所谓"经济靠中国，安保靠美国"没有可持续的根基，两头获利的图谋很可能落入冷战的陷阱，最终是搬起石头砸了自己的脚。

（2013年8月14日）

伊核谈判现"机遇之窗"

> 伊核谈判呈现的松动迹象，折射出伊朗和西方国家各自的现实需要。共识只能靠谈出来，各方尤其需要珍惜机遇之窗

伊朗已经准备好就其核问题与世界大国进行"认真的谈判"，不再"浪费时间"。伊朗总统鲁哈尼就任后的上述表态，将国际社会的目光再次吸引到久拖不决的伊核问题。

相比去年年初，伊核谈判面临的氛围确有变化。当时，美国、以色列与伊朗不断互相抛出"战争"、"封锁"言辞，并且频繁举行军事演习，紧张局势不断升级，战争猜想甚嚣尘上。如今则相反，除了伊朗的松动迹象外，华盛顿、布鲁塞尔也对继续谈判释放了积极信号。英国路透社称，在西方国家眼中，鲁哈尼总统属于温和派，他的表态让陷入僵局的伊核问题重现希望。

眼下的松动，折射出伊朗和西方国家各自的现实需要。对伊朗而言，鲁哈尼的胜选本身就反映了该国内部寻求变革的意愿——增加伊朗与外界的接触、改善对外关系。对美国而言，已进入第二任期、正寻求留下外交政绩遗产的奥巴马总统，自然乐得看到伊核问题有所突破，进而在中东问题上赚得一笔资本。由此似乎可以认为，美伊双方在伊核谈判、在改善双边关系问题上，都面临一次机遇。

然而，冰冻三尺非一日之寒。美伊双方在德黑兰的铀浓缩能力、保留

现有核设施等问题上的分歧还很尖锐,更何况两国事实上还处于相互敌对的"冷战"状态。因此,在不远的将来,美伊谈起来是可能的,但彼此拿出妥协的空间却极为艰难。

伊核谈判能否有所进展,关键要看博弈双方能否都拿出尊重的态度、商量的姿态、合作的诚意。如果美国要价过高,以至超过伊朗可承受的让步空间,谈判自然还会走进死胡同。有一点是肯定的,无论西方如何渲染甚至"鼓励"鲁哈尼的温和保守派色彩,他都很难在维护伊朗核权利的问题上轻易让步。

从伊核问题的历史看,谈判解决问题的机会窗口并不总能打开。奥巴马上台之初,曾经寻求与伊朗展开接触,但是这种意愿在美伊根深蒂固的结构性矛盾之下,很快就消失殆尽。事实也表明,美国寄希望于依靠单边制裁"压垮"伊朗,是导致伊核谈判难有进展的重要原因。

从当前形势看,指望伊核谈判短时间内出现较大转圜,无疑是不现实的。就在鲁哈尼就职前几天,美国国会众议院通过一项议案,寻求进一步遏制伊朗石油出口。依稀让人再次闻到伊核问题的"火药味儿"。

不过,面对机遇之窗,国际社会的促和努力想必也将乘势而上。已经为和平解决伊核问题作出不懈努力的中国,多次表示将继续同各方保持沟通协调,为推动伊核问题的和谈进程发挥建设性作用。

应当看到,要想让伊核谈判取得进展,就不得忽视前车之鉴。"制裁"的手法总是行不通,共识只能靠谈出来。美伊双方惟有以尊重和平等的姿态多进行良性互动,在寻求和扩大共识上多下功夫,方能妥善处理分歧,使伊核谈判真正向前推进。当前,各方尤其需要珍惜机遇之窗。

(2013年8月13日)

共同准则岂容炒作

> 有关方应当珍视《南海各方行为宣言》的和平信念,容得"准则"的谈判水到渠成,明智地稳步推进制订"准则"进程

近日,中国与东盟各国同意在落实《南海各方行为宣言》框架下探讨推进"南海行为准则"进程,以共同维护南海地区的和平与稳定。这一共识的达成,再次表明了地区各国对待南海问题的基本立场,也有力回击了一些人借南海问题来制造东盟与中国对立的图谋。

近年来,南海问题因某些声索国频频采取小动作、某些局外国乘机搅和而升温。"南海行为准则"问题也在这样的背景下被不断放大。国外一些媒体绕开《宣言》,在"准则"话题上蓄意抹黑中国,营造只有中国不愿谈"准则"的舆论氛围,试图把"实力改变现状"的大帽子扣给中国。这样的恶意炒作,不仅严重歪曲了事实真相,更加剧了和平解决南海问题的难度。

南海和平需要一个大家都能遵守的"准则",但"准则"理应是《宣言》的延续。《宣言》是解决南海问题的一个重要基础性文件,正是《宣言》所体现的精神,维护了今天的南海和平。当前的南海局势总体上保持平静,让地区各国乃至全世界都享受到了南海重要航线平静与安宁所带来的好处。继续维护南海的和平,不断深化相关各方的合作,营造"准则"谈判的氛围,才是使南海成为永久和平之海、友谊之海、合作之海的正确路径。

"准则"的谈判不能强加于人，需要看到"合理预期、协商一致、排除干扰、循序渐进"的现实性和重要性。条件成熟了，大家就可以谈起来；条件不成熟，就要创造条件。"准则"的制订应当寻求最广泛共识，照顾各方舒适度，不应把个别或几个国家的意志强加给其他国家。"准则"的目的是为了确保南海和平，不能用来规范或制约某个国家，更不能用来给自己非法占取别国领海领土提供支持。

中国对"准则"谈判的大门一直敞开着。2002年签署的《宣言》已将制订"准则"作为一个目标，各方通过相关工作组就此进行了多次磋商。2011年通过的落实《南海各方行为宣言》指导方针，明确"应在有关各方共识的基础上决定实施《宣言》的具体措施或活动，并迈向最终制订'南海行为准则'"。日前，中国与东盟达成一致，并强调了《宣言》框架的重要性，对稳妥推进"准则"磋商十分有益。

"准则"是《宣言》的延续，所以当下最重要的就是要落实好《宣言》。《宣言》的精神是大家共同确立的，也理应成为大家共同的追求。《宣言》强调加强合作，这是解决南海问题的基础。没有合作互信的氛围，不可能有"准则"的建立。在合作上多提建议、多想办法、多做实事，才能为"准则"谈判创造良好的氛围。

事实表明，一些国家有意制造"准则"话题，并非真的很关心"准则"，而是想借这样的炒作来使南海问题多边化、国际化。"准则"并不是旨在解决南海争议，而是为了增进各方互信，深化各方合作，共同维护南海的和平与稳定。个别国家将"准则"的谈判视为是针对中国的，显然是想搅浑水，并让中国承担不相干的责任。南海问题演进到今天，已经清晰地显示出其困难所在，如果听凭某些国家闹腾下去，就有可能毁坏中国与东盟关系、毁坏亚太合作。

炒作无益！南海问题必须沿着和平解决的正确轨道前行，这是地区发展的大势所趋。有关方应当珍视《宣言》的和平信念，容得"准则"的谈判水到渠成；在全面有效落实《宣言》的过程中，明智地稳步推进制订"准则"的进程。

（2013年8月12日）

打开心结才能解除反恐魔咒

美国超乎寻常的"闭馆警戒",再显对"越反越恐"魔咒的无奈。美国需要调整强势反恐思路以寻长久解决之道,确保自身安全也要真正负起大国责任

连日来,美国的反恐神经绷得很紧。关闭其驻中东和北非地区国家使领馆,撤出使馆工作人员,发布全球旅行警告,提升警戒水平……这些措施被称为"华盛顿史无前例的大范围、长时间警戒",让世人清楚看到,两场反恐战争过后,"越反越恐"的魔咒依然死死套在当今世界唯一超级大国头上。

如此超乎寻常警戒,究竟为什么?美国官方语焉不详。美国媒体透露出来的分析是,除了华盛顿自称截获的"基地"组织领导层通信记录,还有穆斯林斋月将于8月8日结束、以往的8月多发恐怖主义袭击事件等因素带给美国的心理芥蒂。由此可见,美国反恐正陷于两面困窘:其一,"基地"组织各个分支机构不断壮大并且相互联结的复杂现实。其二,美国同伊斯兰世界的隔阂始终无法消弭。

近年来,"基地"组织分布越来越广,西亚北非地区恐怖主义活动日渐活跃,连巴林等曾经较为平静的国家,现在的反恐任务也越来越重了。恐怖组织的"主干力量"中既有"老面孔",例如以"阿富汗的阿拉伯人"为核心的也门"基地"组织分支,也有新近加入的本土性恐怖组织,例如"伊拉克伊斯兰国"组织、北非地区的"伊斯兰马格里布基地组织"、索马里青年党等。也门"基地"组织分支就是当前让华盛顿陷入惊

恐的核心角色之一，它的威胁性存在和发展，说明"基地"这个牌子远未被打倒。正如兰德公司国际安全与防务政策研究中心副主任赛斯·琼斯所指出，尽管"基地"组织核心部分力量有所削弱，其分支组织的数量和分布范围在过去10年却经历了净增长。

任何组织的形成和维持，都缺不了观念的支撑。"基地"组织所聚合的，就是一批拥有相近意识形态的反美恐怖主义阵营。美国广播公司的一篇报道点出这样的趋势：意识形态有属于自己的触角，"基地"组织的分支机构虽然拥有独立性，但却分享了其从上世纪90年代开始传播的意识形态。

炮火硝烟中的多年反恐历程导致"越反越恐"现象，其症结恐怕还是在于"武治"的短效抵不过"心治"的长效。正因为此，美国的反恐局势中，文明冲突、意识形态对立的成分还在加重；反恐，日益成为美国外交中一个难以自拔的泥潭。尽管奥巴马政府一直渴望减少反恐议题在美国外交安全战略中的权重，积极推动从伊拉克和阿富汗战场撤军，但是，华盛顿依靠暴力处理反恐问题的思路并没有改变。令人痛心的是，一些国家的平民在美国反恐战争中饱受折磨。大幅增加的无人机定点打击让众多无辜者罹难，又进一步导致仇恨积聚。

美国一心确保自己无处不在的海外利益"绝对安全"，却似乎从未静下来思考"他们为什么恨我们"。华盛顿此番发布恐怖袭击风险信息之际，鼓吹在反恐领域进一步用武逞强的声音又多起来：美国"怀柔世界"的政策"不起作用"、"当局的软弱感"正在鼓励恐怖袭击、不能继续"卑躬屈膝"……类似的强悍言论在美国发动两场反恐战争之前都曾经大规模出现。

然而事实一再证明，强武反恐难以根治，人心对立还能仇上添仇。英国杜伦大学国际关系学者阿卜杜拉·阿齐兹认为，美国在伊斯兰世界遇到的问题，主要是由于对那里的宗教文化缺乏最根本的尊重。说到底，双方迫切需要打开阻碍彼此认知和接受的心结。

"美国需要找到长久解决之道，我们不能总是一获得恐怖袭击信息，就在全世界关门大吉。"美国议员的如此感叹说到了关键处。没有长久解决之道，就解除不了"越反越恐"的魔咒。美国应当真正反省和调整强势反恐战略，确保自身安全，也真正负起大国责任。

（2013年8月8日）

日本"拜鬼"闹剧当休矣

日本只有顺应其自身利益和亚洲国家利益不断融合的大趋势,停止公然否定历史、美化侵略、践踏人权的言行,才可能真正找到未来

今年8月6日,第六十八个广岛原子弹爆炸纪念日。本该带着对历史的深刻反省来祈福和平的日本,却处于"拜鬼"的喧嚣之中。是日,日本右翼政客纷纷放言,将选择"8·15"战败日参拜靖国神社,身为首相的安倍晋三则对媒体声称,内阁成员可以根据自己的想法作出决定,他将不会要求或者阻止参拜。

年复一年"8·15",因为日本政客一再出现罔顾侵略历史的"拜鬼"事件,历史的伤疤被一次次撕开。每每临近这个日子,日本右翼政客便在扭曲的战争观和历史观驱使下,在大是大非问题上耍手段。据日本媒体报道,到现在为止,内阁成员中,行政改革担当大臣稻田朋美与国家公安委员长古屋圭司声言要在战败日参拜靖国神社,计划14日出国访问的文部大臣下村博文则表示已经提前参拜。稻田朋美还称,她的参拜决定得到了首相官邸的同意。

"拜鬼"事件给亚洲人民带来何等感情伤害,日本政客心知肚明。问题是,在当前政治右倾化的社会背景下,那些政客就是要为政治投机下赌注,甚至置良知于不顾。安倍本人的一系列"垂范"也在推波助澜。2012年竞选自民党总裁时,安倍表示对担任首相期间未能参拜感到非常痛悔。

2012年10月，他以自民党总裁身份参拜靖国神社。他还在今年4月靖国神社举行例行春季大祭时，以首相名义供奉名为"真榊"的祭品。几天前，日本副首相麻生太郎竟然还抛出"纳粹式修宪"之说，并宣称不向为国捐躯的人表达敬意和感谢是不正常的，应该参拜靖国神社。简直到了毫无顾忌地挑衅人类良知的无耻地步！

历史和现实难以割裂，扭曲的历史观必定导致扭曲的现实举动。随着政治右倾化势头趋强，各种公然否定历史、美化侵略、践踏人权的言行不时在日本出现，不能不引起国际社会的担心，特别是亚洲国家的警惕。

错误的历史观能使日本走上和平发展道路、促其与区域内国家"一道成长"吗？安倍上任后访美时曾称日本永远不做"二流国家"，"一个强大的日本回来了"。但他似乎就是弄不明白，阻碍日本成为"正常国家"的，并非他国，而是日本自身的谬误之选——错误的历史观，让日本与邻国乃至世界各国的关系根本看不到未来。近来，日方反复指责中国为中日双方领导人对话设置前提条件。事实上，恰恰是日方倒打一耙，一边口头上唱高调，一边继续无视历史和现实，沉溺幻想、肆意胡来。日方空喊对话口号，却对消减影响两国关系发展的障碍缺乏实实在在的努力，如何为双方对话营造必要的环境和气氛？

日本政客"拜鬼"闹剧当休矣！"8·15"是亚洲人民摆脱日本军国主义蹂躏的纪念日。我们希望日本右翼政客端正历史观，停止制造麻烦，彻底结束闹剧，顺应日本利益和亚洲国家利益不断融合的大趋势，为亚洲国家拓展合作、联合自强、共谋发展、互利共赢注入正能量。

（2013年8月7日）

记取恒天然的教训

破解当今世界的食品安全困境,迫切需要建立符合经济全球化特征的监管体系——有力度、有规模、常态化、机制化

新西兰恒天然集团炸响一记"惊雷"。该集团自认从其一家工厂生产的浓缩乳清蛋白粉检出肉毒杆菌。消息发布后,中国国家质检总局迅速公布了可能受此事影响的4家中国境内进口商。目前,有关部门正开展检测、封存工作,相关企业也在对问题产品采取追查、召回等措施。

尽管恒天然集团迅速展开危机公关,重申对中国市场的承诺,但是此事对该公司乃至整个新西兰乳品行业的冲击显而易见。正如英国《金融时报》评论所指出,"即便中方没出台全面禁令,新西兰乳制品在中国的形象也面临风险"。

食品质量直接关系到生命的健康和安全。经济全球化时代,超长链条的生产、运输、交易环节,必然要求食品生产经营企业采取更高、更严格的标准,必然要求相关部门实施更专业、更常态的卫生监管。对于食品安全风险,消费者有权表现"零容忍",企业和监管部门理当做到"零放任"。

应当警钟长鸣。食品安全问题上,切不可迷信,更不能失去理性。部分中国消费者把"绝对安全"的期望寄托在洋品牌身上。然而,一再发生的安全事件却表明,知名洋品牌也未必总是信得过。早在2000年,日本雪

印乳业公司就发生过金黄色葡萄球菌引发食物中毒案,受感染人数过万。美赞臣、多美滋、惠氏等多国大牌乳制品厂商也都曾出现质量问题。

恒天然一案再次说明,中国相关监管部门有必要进一步强化对国外乳企巨头进口环节的监管。无论是国内品牌还是国外品牌,必须一视同仁、严格检测,这个原则在任何情况下都不能有丝毫松懈。

值得注意的是,专业的事情,必得施以专业的方法来操作。乳制品行业关键环节多,原料生产与后续的加工环节很多时候跨国界进行。此次恒天然集团检出的含有肉毒杆菌的浓缩乳清蛋白,就作为原材料被用于婴儿奶粉、儿童成长奶粉和运动饮料等诸多领域。由此足见,食品生产行业的任何一个环节都没有"松口气"的资本。破解经济全球化时代的食品安全困境,仅靠末端治理远远不够。建立符合经济全球化特征的监管体系——有力度、有规模、常态化、机制化,这是当今世界的迫切需要。

食品安全领域并不存在旁观者。一国一地的食品安全出了漏洞,自然而然会引发各国消费者和监管者的警惕。面对恒天然肉毒杆菌事件,无论中外,各方都需要引以为戒。重要的是,每一个沉痛教训发生之后,都能让人们看到实实在在的改进接踵而至,进而重塑消费者信心。市场信心,既是企业生存之基,也是产业良动之本。

（2013年8月6日）

成熟的市场拒绝"双重标准"

能否跟上中国市场监管升级的步伐,将决定包括跨国公司在内的任何一家企业未来在中国市场的竞争力

近日,中国环保部的一份审批公示引起人们的注意。德国宝马集团在华设立的一家合资企业希望扩建工厂,但因提交的环境影响报告书不够充分,未能符合减少污染物排放的指标,没有通过中国环保部的审批。

在中国民众环保意识大幅提高、中国政府推进生态文明建设决心空前坚定的今天,这样的一份审批意见不会让太多人感到意外。让跨国公司在中国环境法律法规限定的范围内开展经营活动,既是中国推进环保事业的必然要求,也反映了中国市场环境的进一步成熟。

"环境避难所"、"向底线赛跑",这是不少学者对跨国公司寻找最低环境成本行为的形象描述。作为逐利主体,一些跨国公司在制定全球经营战略时,会选择避过环境监管标准较高的国家,从而减少经营成本。以英国的火力发电行业为例,因为本国环保标准逐渐提高,高能耗、高排放的大型火电企业从上世纪70年代起就开始陆续撤离英国,到2008年英国颁布《气候变化法》之际,生产第一线还在英国本土的火电企业已经所剩无几。

跨国公司在全球范围寻找环境成本低值的过程,也是高污染产业从发达国家向发展中国家转移的过程。统计数据显示,上世纪的后40年里,日

本对外转移了60%以上的高污染产业，美国相应数字为40%左右。

改革开放初期，由于环境监管水平较低、面临的发展任务又很重，中国承接了一部分环境成本较高的外部投资。此外，部分落户中国的跨国企业钻环境监管空子，实行"双重标准"，在中国执行的环保标准低于其在发达国家执行的标准。在公众与环境研究中心几年前公布的一份污染企业名单上，竟然有90家跨国公司赫然在列。随着中国政府把生态文明建设摆到突出位置，中国政府对企业经营活动的环境监管也在向更高水平迈进。

从葛兰素史克（中国）投资有限公司因为涉嫌商业贿赂而陷入舆论漩涡，到此次宝马扩建申请未获通过，有国外媒体将其概括为"中国政府要拿在华经营的知名跨国企业开刀"。事实上，突出这些公司的跨国背景实在没有必要。所有在中国内地注册的企业，都是中国经济重要组成部分，都处于平等的竞争地位。相比种种个案，更应受到关注的是，在中国经济转型升级过程中，环境保护、商业定价、员工权益等诸多方面的监管水平都有了实实在在的提高。跨国公司只有尽快适应中国监管力度的加强，才会在中国经营得更顺畅一些。

改革开放以来，一大批跨国公司来华投资发展，为中国经济社会发展作出了重要贡献。未来，中国开放的大门不会关上，中国将在更大范围、更宽领域、更深层次上提高开放型经济水平。与此同时，中国的经营环境也将变得更为规范，政策将更加完善。能否跟上中国市场监管升级的步伐，将决定包括跨国公司在内的任何一家企业未来在中国市场的竞争力。

今天，中国经济走怎样的发展路径，其影响已经超出中国。这也是为什么那么多国家关注中国经济转型的原因所在。走出一条可持续发展的道路，需要中国的努力，同时也对在中国投资的跨国公司提出了更高的要求。

（2013年8月5日）

日本无权频频突破底线

亚洲近邻乃至整个国际社会对日本发展走向保持着高度警惕。亚洲积极谋求合作发展，不可能对日本逆时代潮流而动之举视而不见

日前，日本副首相麻生太郎公然主张效仿当年德国纳粹做法，推动修宪进程。作为担任日本政府要职的政治人物，麻生太郎如此言论，既是对日本国民权利的践踏，也是对世界反法西斯战争胜利成果的公然否定，对战后国际秩序的挑衅。不论麻生太郎本人是否收回这番话，其对人类公理与良知的冲击难以撤销，世人对进一步走向右倾的日本的警惕也不会减少。

事实上，麻生太郎"纳粹式修宪"言论反映了安倍政权改变战后体制的冲动，体现了反和平、反亚洲、反共同发展的政治动向。安倍晋三担任日本首相以来，日本右倾民族主义思潮强化，复古扩张、重新武装的逆流涨潮，政界要人公然否定历史、美化侵略、践踏人权的言论不断出现，整个日本社会也向右倾的方向走得更远。

在日本右翼看来，和平宪法是强加在日本身上的宪政体制，是约束日本对外行使军事手段的政治枷锁，是日本重新主导亚洲秩序、追求国际权力中心地位的制度障碍。国际金融危机以来，世界经济增长结构发生巨变，国际政治秩序板块有所漂移。日本右翼势力一方面变得更加焦躁，急欲借突破和平宪法来寻找出路，同时又错误判断形势，自以为拥有"腾空

出世"的天赐良机。

修宪的关键点是修改宪法第九条，彻底改变战后体制，改变军事力量不能作为外交手段的"跛足"形态，重建日本主导的亚洲秩序。安倍晋三一度主张开启"修宪议论"时代，为改变和平宪法做舆论准备。现在，麻生的"纳粹式修宪"，连民众的意愿都不屑倾听，实在是登峰造极。狂言的背后是底线的丧失和阴暗的心理。

安倍晋三大力渲染右倾民族主义思潮，主张调动各种资源实现日本"复权"。在战略态势上，安倍政权表现出扩张性与进攻性，着力推动"价值观外交"。在具体外交手段上，安倍政权主张改变单纯依赖经济援助，积极充实军事、政治手段在国家战略上发挥功效。亚洲积极谋求合作发展，不可能对日本逆时代潮流而动之举视而不见。

麻生太郎的"纳粹式修宪"论调一出，立即受到日本国内舆论和国际社会的强烈谴责。亚洲近邻乃至整个国际社会对日本发展走向保持着高度警惕。无视历史和现实，沉溺幻想、肆意胡来，日本不仅难以实现"亚洲日本化"的迷梦，还将进一步失去融入合作大潮、实现自身发展的机遇。

（2013年8月2日）

埃及最需要什么？

什么样的道路真正适合埃及，恐怕只有通过深入思考和不断实践才能得出结论，冷静和耐心必不可少

连日来，世界目光聚焦埃及。

反对和支持穆尔西的埃及民众分别举行大规模示威游行，一方欢庆"革命"再次成功，另一方誓言为恢复"合法性"而抗争。穆尔西的支持者与军警在开罗等地多次爆发激烈冲突，逾百人死亡，数千人受伤。埃及始于本月初的新一轮政治社会动荡，正在上演一幕幕悲剧。

回首过去两年多，埃及的变革一路坎坷。"街头革命"司空见惯，暴力抗争成家常便饭，政治倾轧、相互攻讦更是此起彼伏、无止无休。埃及老百姓渴求美好生活的眼睛亮了起来，很快又黯淡下去。面对一个政治动荡、社会分裂、经济羸弱、民生困顿的埃及，不光埃及人自己，全世界都在问：埃及当前最需要什么？

埃及需要稳定。稳定是实现各种美好目标的基础，没有稳定一切都无从谈起。诉诸暴力只会激化社会矛盾，加深不同利益群体间的仇恨，长此以往只会形成报复与反报复的恶性循环，甚至将国家带上不归路。埃及无论谁在台上谁在台下，都应着眼国家和人民利益，摒弃"用强思维"，共同反对暴力。

埃及需要包容。多元化、转型期的埃及社会有着太多不同的诉求，这

是自然的,也无法改变。关键是如何调和矛盾。同一片蓝天下,埃及有关各方都应摒弃你赢我输、你死我活的零和思维,最大限度地放弃成见与仇恨,寻求理解与宽容,平等参与和解对话,充分表达自身诉求,共同开启政治过渡进程。

埃及需要理性。一个人口约9000万、失业率约30%、国民在治国理念与发展模式等方面认知迥异的国家,不可能轻而易举地克服各种政治障碍,更不可能在一夜之间摆脱经济困境。变革、发展之路漫长且布满荆棘,什么样的道路真正适合埃及,恐怕只有通过深入思考和不断实践后才能得出结论,冷静和耐心必不可少。

一个稳定、包容、理性的埃及是国际社会的普遍期待,也是中国的衷心期许。我们呼吁埃及有关各方摒弃暴力,避免流血冲突,防止更多人员伤亡,通过对话协商化解分歧,恢复法治和秩序,平稳推进包容性的政治过渡进程。这符合埃及人民的根本和长远利益,也有利于整个地区的和平与稳定。

(2013年7月31日)

中国人权事业，博采众长的实践

  世界上没有一个国家的人权状况是完美的。促进和保护人权的努力只有进行时，没有完成时

  中美第十八次人权对话7月30日至31日在昆明举行。我们期待着同美方一道，在平等相待和相互尊重的基础上坦诚、深入交流，以促进两国的人权事业发展。

  海纳百川，有容乃大。中国人权事业发展不是闭门造车、与世隔绝的修炼，而是兼容并包、博采众长的实践。中国积极开展国际人权合作，深入参与联合国人权领域工作，切实履行国际人权公约义务，与发达国家和发展中国家开展人权对话和磋商，取长补短，相互借鉴。

  中国积极参与联合国人权领域会议。1993年，中国派团出席维也纳世界人权大会，为会议通过《维也纳宣言和行动纲领》作出积极贡献。2001年，中国代表团参加德班反对种族主义世界大会，以建设性态度参与《德班宣言和行动纲领》的磋商，并努力促成其顺利通过。中国认真参与人权理事会各类议题讨论，建设性参加国别人权审查，捍卫发展中国家共同利益，发挥了独特作用。中国高度重视国际人权文书的重要作用，已参加《经济、社会及文化权利国际公约》等多项国际人权公约。

  由于历史文化不同，发展水平各异，各国在人权问题上有不同看法，这很正常。然而，冷战结束后，一些西方国家仍以意识形态划线，借人权

问题打压发展中国家，在人权问题上搞双重标准，导致国际人权领域政治对抗严重。

为促进国际人权合作，中国在上世纪90年代提出在平等和相互尊重基础上开展人权对话的主张，并逐渐被国际社会接受。通过对话交流和实地走访，不少国家代表团真切感受到中国的人权进步。

实践证明，人权对话要取得积极成果，必须坚守一系列原则：

着眼大局，求同存异。对话双方虽然对人权问题有不同看法，但都需要从促进双边关系发展大局出发，通过交流逐步减少分歧，努力增进理解，寻求共识，不因人权问题偏离双边关系发展主流，不让人权分歧影响合作大局。

平等相待，相互尊重。双方应坚持平等对话，不把自身的思维方式和行为标准强加于人，注意尊重对方的价值观、政治制度、文化传统和发展道路，多换位思考，不居高临下，不颐指气使。

客观认识彼此的人权状况。中国面对的发展任务很重，需要优先解决民众的吃穿住行等基本问题。对话国应理解中国面临的巨大困难和挑战，支持中国按自己选择的道路和方式促进和保护人权。

世界上没有一个国家的人权状况是完美的。促进和保护人权的努力只有进行时，没有完成时。中国愿继续在平等和相互尊重的基础上与各国开展人权对话，为促进世界人权事业的发展作出新的贡献。

（2013年7月30日）

媒体，勿忘工作出发点

> 新闻媒体一旦没有了对生命的大爱、对公共伦理的关照，就很难找准自己的位置

据报道，韩国KBS电视台记者日前拍摄了一名韩国男子企图自杀、纵身跃下大桥的全过程，这名男子至今生死未卜。

事件发生后，对KBS电视台记者的批评之声立刻在韩国出现。许多民众认为，记者为了抢拍现场而不顾当事人的安全，有违伦理道德。抛开现场记者的主观意愿，从事件的客观影响及其对社会心理造成的冲击来看，当事记者与电视台实有必要做出反思，只说一句"来不及救人"，显然难以让人信服。

记录事实是新闻记者职责所在。但是，履行这一职责并不是任何时候都是经得起道义的检验。上世纪90年代，南非自由摄影师凯文·卡特将处在死亡边缘的苏丹女童与等候一旁的兀鹰一同拍摄进了自己的作品《饥饿的苏丹》，并凭此获得了普利策奖。然而，获奖并没有减弱公众对凯文·卡特未对女孩施以援手的谴责。

从卡特的《饥饿的苏丹》到KBS电视台"拍摄跳江"，遭受批评的不只是"记录人"及其所属媒体，"记录而非干预新闻事件"的工作准则同样受到拷问。

新闻传媒行业的高度发达，为推动社会信息传播、拉近社会成员之间

的距离提供了便捷，因此也成为现代社会的一个重要标志。报道还是不报道，如何进行报道，都体现了一种价值判断。无论主观意愿如何，价值观的传递、社会关系的调解以及社会心理的塑造，都是新闻报道的"伴生"功能，受众的评判很大程度上也是源自对这些功能的考虑。

针对KBS电视台记者"拍摄跳江"，韩国梨花女子大学教授李光姿指出，把世上最宝贵的生命当做报道素材，在场的所有人都应当自责和反省。类似的评论在韩国社会大量出现，阐明了一个相同的道理：做媒体，最终是为了人。作为社会大循环的一部分，新闻媒体一旦没有了对生命的大爱、对公共伦理的关照，就很难找准自己的位置。大灾大难发生时，一些媒体为了抢现场而耽误了救援工作，就是忘记了自己工作的出发点，让手段成为目的。

值得注意的是，当下很多发生在新闻媒体身上的争议，都有其片面追求商业利益的背景。市场经济体系下，一家成功的新闻媒体的确需要获得受众的认可，孤芳自赏不是媒体在大众传媒时代的生存之道。但是，一旦媒体把近在眼前的经营成果当成唯一标准，为了博得眼球而将社会责任抛在脑后，它的公信力与品牌形象就势必受损害，最后恐怕也难以在市场上长期生存。

维持媒体生态健康，自律固然重要，有效监督也是必要的。事实上，受众是对媒体进行监督的重要主体。KBS电视台"拍摄跳江"事件发生后，韩国社会舆论的谴责即是一种负面反馈，一种间接的监督。当然，常态化的法律监督更是必不可少。

（2013年7月29日）

日本右倾化加大世界戒心

安倍政权所奉行的右倾路线有整个日本社会右倾化加重的背景，反过来又进一步加重日本社会的右倾化。这种互动最终将把日本引向何方？

日本第二十三届参议院选举结果日前揭晓。日本自民党、公明党执政联盟在本届参议院选举中获胜，结束了在野党控制参议院的国会对立结构，日本政党政治又现执政党独大的"1955年体制"特征。

选举过后，手握更多政治资源的安倍政权，将带领日本走向何处，成为世人关注的问题。美国《纽约时报》、"德国之声"、英国《金融时报》、俄罗斯《独立报》、韩国《朝鲜日报》等多家媒体，不约而同地表达了对日本未来走向的担忧。

"安倍晋三不应把选举结果看成对其右翼外交政策观点的支持。"

"安倍会否继续奉行民族主义路线，将如何推进日本经济复苏，到目前为止都还是问号。"

"安倍的意识形态根源使一些人感到不安，在获得更强大民意授权之后，他将放手推进民族主义议程。"

"安倍当政后自民党的方针更加保守，民族主义倾向更强。"

"'安倍修宪'很可能加剧亚洲邻国对日本原本就存有的戒心和不信任。"

……

种种担忧均有现实参照。安倍晋三去年底上台以来，日本一直没有停止给地区安全稳定制造麻烦：在领土问题上罔顾公理，错误言行频频出现；拒绝端正历史认知，在参拜靖国神社等问题上自我放纵；积极推动修宪，希望终止战后体制，取消对日本自卫队的限制。安倍政权所奉行的右倾路线有整个日本社会右倾化加重的背景，反过来又进一步加重日本社会的右倾化。这种互动最终将把日本引向何方？亚洲乃至世界和平稳定面对新的不确定性因素。

从去年众议院选举到近日参议院选举，安倍晋三领导的自民党再度"崛起"，是在民主党分裂、地方党团势力等第三极崛起的背景下发生的政治事件，反映的是日本政党政治结构的裂变。安倍晋三担任日本首相以来，大规模实施量化宽松政策，刺激日元贬值，借此提振日本经济，从而积累了一定民意支持率。但是，日本面临的经济难题远未真正解决。庞大的政府债务、社会保障成本飙升等问题亟待解决，量化宽松造成的能源和食品价格上涨等副作用也逐渐显现。如此形势之下，更多日本民众希望安倍晋三把自己的政治资本用于兑现经济承诺。

安倍对日本内外环境的变化缺少清醒认识，将全面追求以修宪、重新武装和对外扩张为表现的战后体制变更当成灵丹妙药。"日本是传统上就不善于制定国家战略的国家，现在仍然如此。"日本前首相中曾根康弘多年前写下的这句话，今天依然适用。

本届参议院选举之后，安倍政权可能迎来较长的执政时间。能否改变一味靠耍小聪明、玩把戏、搞平衡术处理对外关系的套路，能否着眼大局、把握方向、制定顺应时代潮流的战略，能否正视历史和现实、以实际行动妥善处理好敏感问题，不仅决定世界眼中的日本形象，也将决定日本未来的前途。

（2013年7月26日）

底特律衰败凸显政治弊端

一团乱麻般复合型矛盾面前，美国政治体制难以展现"同舟共济"的行动力，孤掌难鸣的底特律仍在不断失血的恶性循环中挣扎

近日，曾被认为是美国经济发展引擎的"汽车之城"底特律市，向法院申请地方政府破产保护。这个曾经的美国"第四大城市"是如何一步步走到难以挽回的衰败局面？

产业转型升级、制造业整体衰落、迷信市场自发调节、劳资矛盾难以调和、种族关系紧张、贫富悬殊加剧等都是底特律申请破产保护的重要原因，然而美国政治制度内在的结构性弊端难逃其责。

底特律背上巨额债务负担，与美国党派政治有着千丝万缕的关联。在"钱主政治"主导的选举制度下，为赢得选票，政客们一方面以金钱开路"买票"，另一方面许诺并实行诸多无法持续的福利政策，以讨好选民。既然"忠诚"是购买而来，那就意味着福利政策一旦实行就难以停止，只能增，不能减。年复一年累积叠加，福利开支对地方财政造成沉重负担。

面对刚性的福利支出，政府经常选择拆东墙补西墙，削减用于市政建设和公共服务的资金，首当其冲的往往是教育和基础设施建设。在许多情况下，即便政府通过提高税率获得更多的财政收入，投在市政和公共服务的资金依然不断减少。高昂的税收、衰败的市政和公共服务，这一加一减自然在很大程度上降低了城市的吸引力。居民和企业"用脚投票"，使得

税源和税基缩水，地方财政进一步恶化，而金融危机的持续发酵更是让地方财政雪上加霜。底特律终于跌入债务深谷，再也不能自拔。

在是否对底特律施与援手这个关键问题上，美国民主党和共和党两党，无视民众福祉，为各自私利不断争吵、互相推诿。人们普遍认为，底特律最终申请破产保护的一个重要因素是该市所在的密歇根州共和党州长与民主党市长之争。底特律处于财政危难之时，共和党州长以及由农村和郊区议员占主导地位的州议会拒绝向底特律伸出援手。显然，民众福祉在政客们看来没有党派歧见显得重要。

遗憾的是，底特律的困境，在联邦层面也没能激起波澜。既缺少资源，也缺乏两党共识支持的奥巴马政府几乎毫无作为。想当初，奥巴马政府上台后，曾对总部位于底特律的美国三大汽车企业给予救助措施，此后又将此作为政绩在2012年大选中不断渲染。为了赢得选票，美国政客们曾屡屡现身底特律，做出种种此后从未兑现的承诺。冷热鲜明的反差引得美国媒体评说，底特律申请破产保护清楚地提醒人们，美国的城市问题早已不再是总统竞选活动或华盛顿政策辩论的焦点。看来，民众福祉是否重要，还需"遵循"政治周期的规律。

底特律衰败是多方面因素合力作用的结果，但在这种一团乱麻般复合型矛盾面前，美国政治体制难以展现"同舟共济"的行动力，孤掌难鸣的底特律仍在不断失血的恶性循环中挣扎。值得关注的是，在美国，类似底特律在巨额债务下挣扎的城市不在少数。由于寅吃卯粮的恶性循环，美国由巨额债务引发的体制性危机有难以自拔之势。跌入谷底的底特律再一次敲响了警钟。

（2013年7月25日）

自力更生,推进现代化的法宝

  自力更生、艰苦奋斗,鼓足改革动力,坚定发展追求,为实现中华民族伟大复兴的中国梦提供强大的精神支撑

  中国进入转型关键时期,下一步的走向,不只是一个单纯的经济问题,更取决于用什么样的精神力量来支撑前行的步伐。

  自力更生任何时候都不能少,我们自己的饭碗主要要装自己生产的粮食。时代在变,但中华民族所具有的自力更生、艰苦奋斗的精神没有变,也不能变。国家富强、民族振兴、人民幸福,中国要实现自己的发展目标,只能靠自己不懈的努力和奋斗。

  当中国应对国际金融危机取得成绩时,美国《时代》周刊评论说,功劳首先要归功于千千万万勤劳坚韧的中国工人。据报道,美国总统奥巴马曾经问乔布斯能不能将苹果的生产线从中国撤回到美国来,乔布斯的回答很简单,在美国找不到像中国工人一般辛勤劳动的产业工人队伍。

  自立自强,是中华民族精神宝库的重要组成部分,也是中国推进现代化进程一个不可或缺的法宝。探索中国发展模式,把握中国发展道路,可以运用各种历史经验和经济理论,但如果缺少对中国人精神世界的了解和把握,预测的结果往往会出差错。十八大之后,新加坡《联合早报》关注新一届中共领导人"吃苦的经历",并将其与中国未来的发展相联系。世界上越来越多的人认识到,中国取得今天这样的发展成就,靠的是自力更

生、艰苦奋斗。中国要破解发展难题，实现奋斗目标，同样离不开这种精神支撑。

看看当今世界发达国家的成长史，又有哪一个不是经历了几代人自力更生、艰苦奋斗历程，才走到了今天。美国建国之初，执着与奋斗基因为这个年轻国家快步走上发展轨道提供了内生动力。德国人崇尚实干、苦干和勤俭节约，很少有人相信生活中有"天上掉馅饼"的好事。德国长期重视发展实体经济、有勇气推行不受欢迎的改革，并非偶然。

一个民族、一个国家，不可能靠"搭便车"实现发展。没有自强精神的支撑，就难以立足于世界民族之林。依赖援助国资助和帮扶，看似是条捷径，却往往使得本国利益因各种附加条件而受到损害。与其靠天吃饭、看他国脸色，不如依靠自己的资源、自己的力量。自力更生与争取外援，轻重缓急一旦颠倒，惊涛骇浪中的大船难以稳健前行。这一点成为越来越多发展中国家的清醒和自觉。

未来可预见的一段时间内，对中国这样一个崛起中的大国而言，对外关系中的竞争一面只会进一步加大。当前，一些国家更是力图借重新制定国际贸易与投资标准重获竞争优势。中国要继续发展，有更大的作为，必须有足够的战略清醒和战略定力。自力更生、艰苦奋斗，鼓足改革动力，坚定发展追求，为实现中华民族伟大复兴的中国梦提供强大的精神支撑。

（2013年7月23日）

中美投资合作需要好环境

经贸合作是中美两国关系的"压舱石"和最大亮点。中美双方投资水平的提升,有利于让两国关系纽带更坚实

中国企业赴美投资积极性不断高涨。据中方日前公布的数据,今年上半年,中国境内投资商对美国投资实现了290%的高速增长。预期中国对美投资将进入一个全面提速的新阶段。

在投资方面,中美之间仍有不小差距。截至今年5月底,美国在华累计直接投资超过700亿美元,中国对美累计直接投资接近200亿美元。向极具增长潜力的中国资本开放,对美国有利无害。国际金融危机爆发以来,美国政府迫切希望创造就业,推动经济复苏,让更多的制造业岗位留在美国。美国企业进入中国,提升了"中国制造"的水平;而中国企业进入美国,促进了美国就业的增加。那种美国吃亏、中国占便宜的观点,在事实面前不堪一击,中美双方都是赢家。

营造良好环境,提高双向投资水平,无论是放在两国经贸关系中还是世界经济形势下看,都是大势所趋。不久前中美双方在第五轮战略与经济对话上商定,以准入前国民待遇和负面清单为基础开展中美双边投资协定实质性谈判。近年来,这两项外资管理原则已逐渐成为国际投资规则发展的新趋势,前者体现了处理外来投资问题时的公平、开放态度,后者有利于减少对外来投资监管的不确定性。中美双方就此达成共识,有望加速整

个投资协定谈判进程。

前行道路上的障碍有目共睹，清除起来颇费周折。其中一个，就是连一些美国专家也公开指责的美国审查机制。一直以来，美国将自由贸易奉为处理国际事务的信条，实际运行的却是缺少透明度的审查模式，外国投资委员会更是一个重要关卡。美方承诺美国外国投资委员会所有的投资审查都仅限于国家安全，而不是经济政策或其他国家政策。这对于避免经贸问题政治化，不失为一个积极信号。但同时也意味着，如何将安全审查的标准、程序明确化，是下一步中美投资谈判势必触碰到的问题。

值得注意的是，对中国企业的不信任在美国还有一定市场。随着中美经贸关系中同质性和竞争性的增强，中国拥有技术优势的公司投资美国，给美国相关企业也带来了一些竞争压力，对一些利益集团构成挑战。这些都是近年来中国企业频频遭遇"安全瓶颈"的重要原因之一。此次美国再次承诺公平对待中国企业赴美投资，对包括国有企业在内的中国投资者保持开放的投资环境。说与做之间的落差究竟几何，还需谨慎观察。

对话会进行的同一天，美参议院举行中国企业双汇收购美国猪肉企业听证会，会上美议员对收购发起轮番质疑和挑刺。猪肉生产行业在美早已高度成熟和透明，美议员居然能从中找出危害美经济安全的理由，足见中国企业赴美投资之路尚不平坦。

宽广的太平洋有足够空间容纳中美两个大国。培育开放、公平、透明的投资环境，对整个中美关系的氛围将产生积极影响。中美企业加深"你中有我、我中有你"交汇融合，有利于推动整个经济层面更加平衡发展，为中美关系发展积累正能量。

（2013年7月22日）

日本，不要自讨没趣

在钓鱼岛问题上，中国政府一贯主张通过对话和磋商妥善管控和解决钓鱼岛问题。日本必须端正态度，与中方相向而行

狐狸的尾巴是藏不住的。17日，日本首相安倍晋三觊觎邻国领土、破坏地区安全稳定的真实面目再一次暴露在世人面前。

据日本媒体报道，安倍晋三在钓鱼岛问题上颠倒黑白，妄称"钓鱼岛不论是在历史上，还是在国际法范围内，都是日本的固有领土"，并狂言"不考虑做出一步退让"。

钓鱼岛及其附属岛屿是中国固有领土，其领海及领空的主权属于中国。在钓鱼岛问题上，中国政府和人民维护领土主权的意志是坚定不移的。中华民族任人欺凌的时代早已一去不复返，中国完全有能力也将继续采取必要措施坚决维护领土主权。

钓鱼岛问题的历史真相泾渭分明，由不得安倍晋三信口雌黄。

1895年中日甲午战争之后，日本内阁秘密通过决议，将钓鱼岛等岛屿划归冲绳县所辖。同年4月17日，中国被迫与日本签订不平等的《马关条约》，将台湾全岛及所有附属各岛屿割让给日本，包括钓鱼岛。第二次世界大战后，钓鱼岛回归中国。然而，上世纪70年代，美国和日本对钓鱼岛进行私相授受，再次严重侵犯中国的领土主权。

领土归属问题是战后国际秩序的核心和基石。根据《开罗宣言》和

《波茨坦公告》的规定和精神，钓鱼岛及其附属岛屿的主权归属中国，这是不争的事实。所谓钓鱼岛"在国际法范围内是日本固有领土"，根本无从谈起。日本在钓鱼岛问题上的所作所为是对世界反法西斯战争胜利成果的公然否定，是对战后国际秩序的严重挑战，已经在亚太乃至全世界引起了高度警惕。

近一段时间，日本领导人多次表示，日方一直敞开对话大门，但中方坚持为对话设置前提条件，日方不能接受。安倍晋三此番在钓鱼岛问题上的言辞让世人清楚看到，日本政客所谓对话不过是幌子，其背后是侵犯中国领土主权、抹黑中国国际形象的不良居心。日本不愿面对中日关系当前面临的严重问题，回避与中方进行认真的谈判协商，这是当前中日关系陷入严重困难的症结所在。

日本在钓鱼岛问题上一意孤行，是其处理外交安全事务对抗性思维的自然流露。日本逆世界潮流而动，搬弄是非，鼓吹莫须有的军事威胁，目的就是要制造紧张，挑拨事端，进而为日本发展军力、摆脱战后国际秩序的束缚制造借口。对抗性思维注定会让日本成为地区安全稳定更大的麻烦。

中国政府一贯主张通过对话和磋商妥善管控和解决钓鱼岛问题。日本必须端正态度，与中方相向而行，为排除影响两国关系健康发展的障碍，增进两国政治安全互信、改善国民感情做出实实在在的努力。沉溺幻想，无视历史和现实，日本没有任何前途可言。

（2013年7月18日）

强化跨国公司监管体系

跨国公司商业贿赂是国际社会反腐败斗争的一个重点领域。它既与规范跨国公司经营行为相关，也关系到跨国公司全球监管体系建设

葛兰素史克（中国）投资有限公司在华行贿一案，显示出商业反腐败斗争的复杂性与艰巨性。腐败是人类社会共同的敌人。严厉打击跨国公司商业贿赂，对于维护市场经济秩序、保持公平的竞争环境具有重大意义。

分析跨国公司业务的国家分布和转移态势，研究跨国公司商业贿赂的多发特点，可以清晰地发现，在新兴市场国家和发展中国家，一些跨国公司违法违规事件屡有发生。甚至有多家跨国公司结成秘密联盟，通过垄断获取暴利。全球经济增长的活力和动力正在向发展中国家聚集，发展中国家去年对外投资占全球的近1/3，对跨国公司的监管滞后、不完善等问题愈发突出。

跨国公司与东道国的关系十分复杂，往往是矛盾与合作并存。跨国公司从自身利益出发，在全球范围制定公司运营策略，以获取最大利润。近年来，一些跨国公司利用强大的市场和技术优势，通过代理人运作，钻发展中国家监管体系不完善的空子。除商业贿赂外，不少跨国公司在纳税和项目竞标等方面也存在问题。

跨国公司通常实力强大，其利益网牵扯到方方面面。对广大发展中国家来说，监管跨国公司是一个新课题。现行的跨国公司监管机制，可分为

政府监管机制和国际监管机制两个层面。其中，政府监管机制由东道国监管和母国监管两部分组成，国际监管机制又包括双边监管、区域监管和多边监管等不同层次。但这两种监管目前在相当大程度上仍是分离的，各国之间有关跨国公司"作案"信息的交流渠道也不畅通，政府间关于跨国公司监管问题的磋商多数停留在个案，尚未系统化、机制化。此外，现行跨国公司监管框架在执行层面上过分依赖东道国，母国监管和国际监管发挥的实际效能较小。

从一个国家内部来看，深入研究跨国公司的运行特点及其利益网，并根据实际情况制定监管法规，是全面推进预防腐败体系建设的重要一环。

随着经济全球化的深入发展，跨国公司监管亟须走向全球综合治理。各国政府应坚持相互尊重、相互信任，促进国际反腐败领域务实合作，共同惩治和预防跨国、跨区域腐败犯罪。加快完善与跨国公司经营活动有关的法律法规，进一步加大执行力度，并主动向在本国落户的跨国公司进行风险提示，使其熟悉本地法律法规。跨国企业的母国政府也应切实加强本国对外投资企业的监管和审查。跨国企业自身则需切实提升自我约束力，积极承担社会责任。各方应积极推动跨国公司全球监管的国际谈判，完善国际监管机制，切实提高其执行力。

一大批跨国公司来华投资发展，为中国经济社会发展作出了重要贡献。中国欢迎全球优秀企业来华兴业，参与中国现代化进程，共享中国改革发展成果。中国政府严肃查办商业贿赂案件的力度不会减，一如既往保护投资者合法权益的努力同样也不会减。

（2013年7月17日）

重视实体经济竞争

新一轮的实体经济竞争，本质就是全球价值链的重塑过程。新兴市场国家只有集中力量发展优势产业，通过创新进一步提升优势，努力向高端产业进取，才有可能在这场竞争中站稳脚跟

美欧等经济体迟迟摆脱不了已绵延6年之久的金融危机影响，一些国家近来则频现社会动荡，究其根本，都与经济减速或停滞相关，特别是实体经济的弱化、萎缩下滑脱不了干系。

在现实经济运行中，实体经济和虚拟经济共同构成一个整体的经济系统。在任何社会、经济制度下，两者都不可或缺。以制造业为核心的实体经济是基础，虚拟经济对实体经济起催化和发酵作用。过分强调虚拟经济，必然是本末倒置，导致一国经济"虚火"过旺，出现病态。

20多年前，纽约证交所断言，强大的制造业不是经济繁荣所必需的。由次贷危机引爆的本轮国际金融危机打破了这一断言。投机性资本泛滥，资本脱离了实体经济的要素概念，"玩金融"成为一些国家经济发展的主要表现，导致产业的空心化、实体经济减少、制造业外移，必然会带来严重失业问题，社会矛盾激增。

反观一些国家，之所以在国际金融危机中受冲击较小，实体经济比较坚实是重要原因。德国始终保持实体经济的独特优势以及"德国制造"的高质量，成为欧洲经济走出困境的主要力量。亚洲国家已成为世界最大的

制造业基地。中国依靠改革开放30多年来积累的实体经济的优势，制造业产值也已占世界比重的1/5，成功抵御了危机的冲击。

受冲击小，不等于不受影响。事实上，一些新兴市场国家眼下遇到的麻烦也与实体经济相关。美国可能会减弱量化宽松，进而采取一定程度的紧缩，已经给全球市场造成不安，外资开始从一些新兴市场国家流出，使这些国家不得不更多地依赖对本国实体经济的投入来推动经济发展。进一步提升实体经济水平，已成为走出困局的关键。

实体经济是经济发展的根基。实体经济的发展水平，是一国之经济实力和国际竞争力最根本体现。实业之于解决危机问题的重要性已重新成为共识，重视实体经济已成全球大势。美国、英国等虚拟经济发展过度的国家逐步意识到，即使有最强大的金融业，脱离了实体经济这个根，其经济也不会具有可持续性。各国均把经济复苏的主要拉力寄托于实体经济的发展，经济政策的目标转向实体经济已成趋势。美国提出了"再工业化"，而英国则强调要"重新工业化"。两者都更注重在科技、绿色、新能源等领域的投入，试图继续占据科技、经济的制高点。

世界经济正处在深度调整中，一场围绕着实体经济升级的激烈竞争已经开始。新一轮的实体经济竞争，本质就是全球价值链的重塑过程。相对于发达国家，新兴市场国家只有集中力量发展优势产业，通过创新进一步提升优势，努力向高端产业进取，才有可能在这场竞争中站稳脚跟。对中国而言，牢牢把握发展实体经济这一坚实基础，努力营造鼓励脚踏实地、勤劳创业、实业致富的社会氛围，不断夯实实体经济竞争力，是由经济大国向经济强国转变的必由之路。

（2013年7月15日）

发展，怎样强调都不为过

> 当政策导向变成选票主导而不是发展主导，执政党就不可能以发展为重，只能是拉一派打一派、拆东墙补西墙

从北美到南美，从欧洲到北非，频发的社会动荡，加重人们的不安，也促使人们深入思考发展的意义。

和平犹如空气和阳光，是人民的永恒期望。它需要发展来支撑。当今世界的许多冲突和动荡，究其根源都与发展问题密切相关。发展是硬道理。只有各国都发展起来了，才更有利于维护世界和平与稳定。

但凡出现动荡或矛盾加剧的国家，都是因为没有解决好发展的问题。对很多动荡国家来说，恢复稳定是头等大事，但如何让稳定持续下去同样重要。社会不稳定，发展难进步；发展慢了，发展停滞甚至倒退，又会造成社会的不稳定。埃及这两年的发展路径表明，没有发展，一个国家将接连不断地坠入动荡陷阱。欧洲部分国家出现严重债务问题，就是因为发展没有搞好，致使债务负担加重、失业增加，政府要大家勒紧裤腰带，自然会引发社会不满。

有西方学者认为，在埃及、巴西、泰国、土耳其和希腊，那么多中产阶层人士走上了街头，原因是这些人对民主的期望值更高，政治诉求更强。实质上，这突出显示了这些国家中产阶层对发展的期望值。他们走上街头表达不满情绪，就是因为看不到个人、家庭和国家发展的希望。

世界仍不太平,发展问题突出,全球经济进入深度调整期,整体复苏艰难曲折,国际金融领域仍然存在较多风险,各种形式的保护主义上升,各国调整经济结构面临不少困难,全球治理机制有待进一步完善。实现各国共同发展,依然任重而道远。

发展的顺利与否受制于多重因素,体制问题是其中的一个重要方面。一些发展中国家照搬西方模式,很快患上"政治病",出现了党派利益优于国家发展的局面。当政策导向变成选票主导而不是发展主导,执政党就不可能以发展为重,而只能是拉一派打一派,拆东墙补西墙,切某个阶层已经分得的"蛋糕"去拉另一个阶层,使不同阶层之间的矛盾加剧。

天下没有一成不变、普遍适用的发展模式。当前,各国都面临发展经济、改善民生的迫切任务。一个国家选择什么样的发展方式,离不开这个国家的传统和现实的条件。鞋子合不合脚,自己穿了才知道。哪种体制更适合一个国家的发展,关键还要看这种体制能不能把方方面面的力量都凝聚到发展上来,使上上下下的智慧都能够运用到发展上来,让各个环节都围绕着发展有效运行起来。

空谈误国,实干兴邦。30多年改革开放实践让中国人真切体会到,发展进程中,总会有问题不断冒出,旧的问题解决了,新的问题会接踵而来,但解决问题只能依靠更大的发展。稳定前行的列车需要从发展中源源不断地汲取能量,可持续的稳定仰赖可持续的发展。

坚持把发展作为第一要务,是历史给予中国的启示,是时代赋予中国的责任。中国近代以来曾饱经沧桑,深知发展之重要、和平之珍贵。对于像中国这样对世界经济举足轻重的大国来说,发展更是具有全局效应的战略抉择。没有和平,中国和世界都不可能顺利发展;没有发展,中国和世界也不可能有持久和平。

(2013年7月12日)

建设性是一种高贵的气质

中国愿意为推动全球治理的合理、公正与有序发挥更大的作用。但是,这并不意味着中国是一头"闯入瓷器店的大象"。

中国与瑞士正式签署自由贸易协定的消息引起了国际媒体的广泛关注。

瑞方一位谈判代表表示,欧盟和美国低估了中国的能力,特别是在高新科技上的能力。如果欧盟和美国能与中国在知识产权等方面进行很好的合作,而不是试图让中国听命于人,无疑能够从中获益,也能够保留各自的竞争实力。

世界贸易组织新闻发言人凯斯·若克威尔说,中国处于全球价值链中心地位。从简单低端到复杂高端的产品,都有中国直接参与。中国经济的活力直接推动进口和出口。从对全球贸易方面的贡献来看,中国的表现十分出色。

中瑞自贸协定的意义超越经贸范畴。它不仅发出中国将继续对外开放的强有力信号,也让世界清晰看到,中国是现有国际体系的积极参与者,是建设性合作伙伴。

作为全球经济增长的重要引擎,中国让越来越多的国家和地区分享到发展红利。然而,围绕中国的快速发展,种种杂音和噪声一直存在。一些"观察者"流露出深深的"不安全感"。他们时而唱衰中国,时而要求中国承担超出能力范围的国际责任，时而担心中国成为现有国际秩序的颠覆者。

从被动接受外部世界的影响，到和外部世界积极互动，中国不断融入世界，一步步走向国际舞台中心。中国经济体量在变，综合国力在变，国际地位在变。但是，有一种精神气质始终如一，那就是顺应国际大势，坚持以通行的国际规则解决问题。无论是应对亚洲金融风暴，还是抵御国际金融危机，无论是开放市场，还是推进全球治理，中国都着眼大局，讲责任，尽义务。

对当今国际秩序不合理一面，中国有着深切感受；对如何改变某国际规则相对于形势变化的滞后性，中国有自己的思考。中国愿意为推动全球治理的合理、公正与有序发挥更大的作用。但是，这并不意味着中国是一头"闯入瓷器店的大象"。

预测中国外交，关键在于能否准确把握中国走和平发展道路的坚定意志。不管国际格局如何变化，中国始终坚持平等民主、兼容并蓄，尊重各国自主选择社会制度和发展道路的权利，尊重文明多样性，做到国家不分大小、强弱、贫富都是国际社会的平等成员，一国的事情由本国人民做主，国际上的事情由各国商量着办。不管全球治理体系如何变革，中国都积极参与，发挥建设性作用，推动国际秩序朝着更加公正合理的方向发展，为世界和平稳定提供制度保障。

中国是一个新兴大国，瑞士是一个老牌发达国家。中瑞双方能够在贸易方面达成共识，不仅体现了当今世界各国之间的紧密联系和相互交融的利益，更展示了未来世界格局演进趋势。坚守和平、发展、合作、共赢理念，中国将以更加积极的姿态同世界互动，创造更多的机遇，获得更多的理解、认同和支持。

如果一定要将中国比喻为大象，那也是一头温厚、祥和、富有感召力的"中国象"。

（2013年7月11日）

释放新兴市场国家发展能量

> 美国等发达经济体的政策调整，给新兴市场国家带来风险和压力。但压力也可以转化为动力，进而促进新兴市场国家之间的合作

近来，美国表现出退出量化宽松政策的迹象，国际资本流向可能出现的变化引发关注。外资大规模流出新兴市场国家和发展中国家的可能性，成为各大媒体热议话题。

2008年国际金融危机爆发后，主要新兴市场国家较快走出困境，成为拉动全球经济复苏的主要动力。新兴市场国家的成长及其互相合作，加大了这些国家对世界经济的影响力。但是，新兴市场国家与发达国家在金融领域的影响力差距依旧很大。从过往历史来看，来自发达国家的热钱大规模流入流出，对金融市场成熟度较低、风险管控能力较弱的新兴市场国家形成巨大的威胁，容易造成金融资产泡沫或资金链断裂，引起利率、汇率大幅波动，威胁其金融经济安全。以华尔街为代表的金融模式，推动了短期资本大规模跨境投机套利，在电子交易模式下，热钱在很短时间内就可以制造天量买卖，造成全球金融系统性风险加大。

当前，面对美国政策调整可能带来的负面影响，一方面希望美国采取负责任的宏观经济政策，关注本国经济金融政策的外溢性影响，坚持自由贸易，反对保护主义；另一方面，也需要新兴市场国家携手行动起来。是否有更强免疫力，不仅取决于各国解决自身金融运行中的突出问题，还包

括如何通过进一步合作来减少负面影响,进而与发达国家共同稳步推进国际经济金融体系改革。

以金砖国家为代表的新兴市场国家应密切关注有关动向,加强财金领域沟通合作,加快金融安全网建设,推动国际社会加强宏观经济政策协调,落实二十国集团峰会有关承诺,维护国际金融稳定,反对贸易保护主义,促进世界经济健康发展。新兴市场国家的合作在两个方面具有重要作用,一是可以更好地协调应对发达经济体政策调整的负面冲击;二是可以使世界经济未来的发展更加平衡。这样的合作对多极化世界格局和秩序构建将产生深远影响。

由此看来,美国等发达经济体的政策调整,给新兴市场国家带来风险和压力。但压力也可以转化为动力,进而促进新兴市场国家之间的合作。在来自发达国家的需求及直接投资减少情况下,新兴市场国家加强经贸与金融合作,有利于各国发挥各自要素优势,破解当前面临的经济发展瓶颈制约,实现经济持续增长。

新兴市场国家依旧具有巨大的发展潜力。加速经济结构调整是新兴市场国家发展的"内动力",加强相互合作是新兴市场国家发展的"外动力"。将这两个动力结合在一起,新兴市场国家将释放出更大的发展能量。

(2013年7月10日)

填补网络空间"规则空白"

> 无所不备则无所不寡。网络空间互联互通的特性决定了，任何国家都难以在网络空间独善其身

当今世界，信息和网络技术发展日新月异，网络已深度渗透到人类社会生活各个领域。网络在增进人类福祉的同时，也给人们带来了全新的安全困扰和挑战。以网络安全为重点的网络空间国际治理问题日趋突出。

网络安全问题是当今世界各国共同面临的综合性问题，呈现跨国性、匿名性、多领域、多主体、软硬件并存、虚拟与现实世界交叉的复杂特性。从盗取用户隐私信息、进行网络诈骗，到发动跨国黑客攻击、瘫痪金融交通电力等基础设施运转，各国时刻面临着来自网络空间的安全威胁。

近年来，国际社会围绕网络规则秩序的讨论日益深入，并逐步聚焦到三大实质性矛盾。一是和平与战争之争，多数国家倡导和平利用网络空间，但一些国家则大张旗鼓加紧网络扩军备战，竭力为打网络战寻找法律依据。二是依法管理与无限自由之争，多数国家倡导依据各国国情和法律法规有效管理和维护本国网络空间公共秩序，但少数国家则以自由为名行干涉之实，借网络手段大搞渗透、破坏活动。三是民主与霸权之争，多数国家倡导建立公正、民主、透明的国际互联网治理体系，个别国家则回避国际治理，试图将其在网络基础设施管理、技术标准等方面的主导和垄断地位永久化。

中国一贯致力于维护网络和平与安全，积极参与相关国际合作，努力推动网络国际治理进程。2011年，中国与俄罗斯等国家向联合国提交"信息安全国际行为准则"草案。这是该领域首份全面、系统的倡议文件，就网络空间国际规则制定提出建议。这既是响亮的"中国方案"，也是中国为当前国际社会普遍关心的议题提供的公共安全产品。文件突出反映了构建和平、安全、开放、合作的网络空间这一国际社会共同期待。

2013年6月，联合国信息安全政府专家组会议取得重要成果，反映出国际社会在制订一个什么样的网络空间国际规则问题上的愿景和潮流。专家组报告指出"国家主权和由国家主权衍生出来的国际准则与原则，适用于国家开展的信息通信技术相关活动，也适用于各国对本国领土上信息通信技术基础设施的司法管辖"，从而确认了"网络主权"原则，为今后网络领域规则制定奠定了重要基础，指明了方向。同时，专家组报告对一些国家不遗余力推动将武装冲突法直接适用于网络空间，从而事实上承认网络空间军事化的主张未予认可，表明了国际社会在网络空间要战争还是要和平这个大是大非问题上的坚定态度。

"棱镜门"再次表明，个别国家正利用网络空间的"规则空白"和自己独享的网络秘笈，横行无忌，谋求对他国的政治、经济和军事优势，寻求自身绝对安全。无所不备则无所不寡。网络空间互联互通的特性决定了，任何国家都难以在网络空间独善其身。搞双重标准、无端抹黑施压、刻意回避规则为所欲为，最终只会损人不利己。唯有各国都本着和平利用网络空间的诚意，加强沟通协调，开展有效务实合作，推动国际规则的不断完善，才能真正破解网络安全难题，实现普遍安全。

（2013年7月9日）

信口雌黄　倒打一耙

今年是中日邦交正常化41周年。日方需要像两国老一辈领导人那样，体现出国家责任、政治智慧和历史担当，推动中日关系克服困难，继续向前发展

据日本媒体报道，日本首相安倍晋三7日参加参议院选举各政党党首辩论，发表了一番关于外交安全问题的言论。安倍晋三拿钓鱼岛问题和南海问题抹黑中国形象，抱着错误历史观大谈历史"自豪感"，借"价值观外交"来编织围堵中国的迷梦。

种种谬论再次让世人看清，日本领导人的思想有多混乱，中日关系目前的严重困难究竟是怎样造成的。

在钓鱼岛问题和南海问题上，安倍晋三妄称："中国正试图凭借实力改变现状，这是错误的。"

钓鱼岛及其附属岛屿，包括其领海和领空的主权属于中国。中国海监船只飞机正常巡航系行使守疆护土之责，合理合法维护自己的国家领土主权权益，对此日方根本无权指责干预。在对日关系问题上，中方始终保持克制，秉持最大诚意，但这绝不意味着中方坐视日方在领土问题上频频挑衅。

中国坚持奉行睦邻友好的政策，致力于维护南海和平稳定，坚持同当事国通过双边友好协商和谈判解决有关争议，所谓"凭借实力改变现状"

根本无从谈起。东盟地区论坛外长会议上,许多国家外长在发言中充分肯定中国与东盟就维护南海稳定取得的新进展,指出南海争议应由直接当事国通过协商谈判解决。外部势力和域外国家不应介入南海争议,南海问题不应国际化,否则不利于问题的解决。东盟国家纷纷表示愿同中方共同维护地区和平与稳定。

在有关历史问题上,安倍晋三煞有介事地抛出一套理论:"各个国家都对本国历史抱有自豪感,相互尊重很重要。"

日本军国主义对外侵略历史铁证如山,国际社会早有定论。拒绝对这段不光彩的历史进行深刻反省,泛泛谈论"对本国历史抱有自豪感",同参拜靖国神社、篡改历史教科书一样,是错误历史观的暴露。公然挑衅公理和战后国际秩序,日本就不可能获得国际社会的尊重。

尽管所谓价值观外交让日本四处碰壁,安倍晋三还是忍不住用自己都不敢相信的"构想"蒙蔽选民,大谈什么"通过与日本有着同样志向的国家组成联盟让中国进行改变"。

安倍晋三似乎忘了,一个拒绝反思历史上所犯侵略罪行的国家,根本不可能取得亚洲国家的信任,更没有资格侈谈什么普世价值观。日本试图在亚洲合作大局中打入一个楔子,注定引发亚洲国家的强烈反感,捞不到任何好处。

中日关系出现今天的局面,完全是日方一手造成的。去年9月日本政府非法"购岛",严重冲击中日关系。之后日方又频频挑起事端:在钓鱼岛问题上拒不悔改,在历史问题上开倒车,在外交上鼓动搞"对华包围圈"。对此,中国政府和人民焉能无动于衷、置之不理?

今年是中日邦交正常化41周年。日方需要像两国老一辈领导人那样,体现出国家责任、政治智慧和历史担当,推动中日关系克服困难,继续向前发展。像安倍晋三这样信口雌黄、倒打一耙,只会让事情越来越糟。

(2013年7月8日)

埃及过渡期更需包容力

> 一个国家能否在激烈竞争中保持稳定发展，取决于多种因素形成的合力。一旦发展的效率成为政治博弈的牺牲品，稳定的代价将变得越来越高

埃及的动荡仍在延续，目前似乎还不见尽头。没有谁能预测持续两年多的动荡会在什么时候平息，更没有人能够说服示威者回到正常生活中去。

实际上，那些示威者正是因为失去了正常生活，才走上街头的。埃及社会经济权利中心研究员马希努尔·巴德拉维如此形容人们的愤怒："他们原本以为会更公正和更繁荣，现在感觉被出卖了。"

埃及等西亚北非国家出现的持续动荡，让人们不由得想起西方学者强调的那一套"改制"理论。事实越来越清楚，这些专家有意或无意地忽略了一些仅仅依靠政治制度变更而无法改变的因素。

在经济全球化大背景下，社会发展和传统信仰之间的矛盾更趋激烈，引发诸多冲突。西亚北非一些阿拉伯国家，目前均面临如何处理好伊斯兰思想与现代化之间的关系，以及如何把握好开放与保守之间的平衡等问题。

埃及此番变动一个重要原因就是，穆兄会上台后试图独揽立法、行政、司法等权力，同时强行把自己理解和信奉的伊斯兰教规推向全社会，

引起世俗力量的不满和恐慌，世俗和宗教两极化加剧，社会被进一步撕裂。

埃及的困境同样与它在动荡之后迟迟难以恢复经济分不开。今年早些时候，法国《世界报》如此描写剧变后的埃及经济：国库还有不足130亿美元，没有外汇收入，旅游业中断，苏伊士运河收入明显下降，原油出口大大低于精炼油进口，外国投资者大多逃走了。埃及学者概括说，人们日复一日地生活在不安定的氛围中。

埃及目前的失业率高达31%，这意味着350万人找不到工作，庞大的失业大军成为"游行专业户"。解决这些人的工作问题关系到稳定，同样也关系到埃及未来在世界经济中的地位。

全球化的一个突出特征就在于，一个国家无论情愿还是不情愿，无论有没有竞争力，无论国家治理水平和人口素质是否达标，都会被迅速卷入一场全球性的激烈竞争之中。埃及显然还没有找到自己在全球经济链条中应有的地位。

形式上拥有类似于西方国家的民主制，并不意味着竞争力的提升。一旦发展的效率成为政治博弈的牺牲品，稳定的代价将变得越来越高。一个国家能否在激烈竞争中保持稳定的发展，取决于多种因素形成的合力。比如，有较强执政能力的政府，有较高效率的管理体制，甘于奋斗创业的民众，宽容的政治环境。当前的埃及，这些要素似乎还在集聚过程中。

埃及出现的长期动荡已经导致民众强烈不满。只有恢复全社会范围内更持久的宽容与耐心，展开更具包容性的政治权力改革，才有可能让这个国家重新凝聚共识，建立基本秩序。选择什么样的方式表达自己的意愿，是埃及人民的自由。但是，这个世界有一个道理颠扑不破：没有稳定就不可能有发展。

（2013年7月5日）

亚洲合作，不能只摘低处的果子

>合作机制化将为经济繁荣创造持续不断的活力，也会为未来解决一些棘手难题创造条件

7月2日，东亚系列外长会在文莱斯里巴加湾落下帷幕。个别国家硬着头皮搬出不合适的议题没有破坏会议的气氛。东盟国家纷纷表示愿同中国一道，共同维护地区和平与稳定。

在全球经济不景气的形势下，亚洲经济保持相对较快增长，为世界经济复苏发挥了重要作用。然而，亚洲从总体上看仍是一个发展中地区，发展仍是亚洲国家的共同目标。没有和平、安全和稳定的环境，这一目标无法实现。营造这样的环境，需要更为稳定的合作机制。

1997年亚洲金融风暴发生之前，亚洲地区合作机制处于零散的萌芽状态。金融风暴的教训使亚洲各国认识到了加强区域合作的重要性，"10+3"、"10+1"、清迈倡议等机制开始涌现。目前，亚洲合作已经开始步入机制化的新阶段。亚洲经济开始从对外部需求过多依赖逐步向内部需求拉动转型，经济层面的合作也开始向政治、科技、文化等其他层面延伸，建立更为稳定而长效化的合作机制成为内在需求。

今天亚洲的经济活力，是靠合作与发展得来的，而区域内部不断推进的多种经贸、金融合作机制，更使亚洲大多数发展中国家具备了一定的抵御外部风险能力。在国际金融危机影响持续发酵、经济下行压力增

大情况下,亚洲国家尤需通过加强合作,加紧推进和完善现有的一系列机制建设。

当然,当前亚洲地区合作机制存在的一些问题也不容忽视:多数机制以经济为主,有些机制相互重叠。亚洲合作若要百尺竿头、更进一步,各方需要更好地协调利益诉求,更好增进理解、凝聚共识、充实内容、深化合作。

亚洲合作的经验表明,机制建设应先从经贸金融文化等领域推进,逐步建立战略互信,深化政治与外交关系。有了更完善的机制、更深入的合作和更多的互信,就能够为通过政治方式解决涉及主权等更为敏感复杂问题创造良好氛围。亚洲一些学者将此称为"先摘低处的果子",即先易后难地解决问题。

东盟中日韩(10+3)在金融粮食文化等诸多领域的合作机制、中国东盟自由贸易区……诸多已有机制表明,亚洲国家有能力建立符合自身政治、文化传统的合作。合作机制化将为经济繁荣创造持续不断的活力,也会为未来解决一些棘手难题创造条件。

今年是中国与东盟建立战略伙伴关系10周年。中国—东盟关系实现了跨越式发展,已超越双边范畴,成为东亚发展的重要动力和地区稳定繁荣的重要支柱。中国与东盟合作机制具有示范效应。

中国为亚洲稳定发展提供正能量。中国为亚洲合作机制建设所作的努力,产生了实实在在的效果,看得见、摸得着。事实证明,中国梦与亚洲和世界各国人民对和平发展的追求是相通的。实现中国梦的过程,就是中国与亚洲以及世界不断融合的过程,将为各国带来更多合作机遇和发展实惠。

(2013年7月4日)

美欧关系缘何"不堪一击"

斯诺登事件对美欧关系的冲击显示出，美欧"内向化"将加大双方协调的难度，甚至增加产生摩擦的风险

斯诺登事件冲击力十足。一段"节外生枝"，让美欧盟友关系风波乍起，以至于某欧洲国家高层人士发出警告说：美国需要重建和欧洲盟友的互信关系。

美国针对盟国开展间谍活动，历史上不乏其事。对别人疑神疑鬼，折射的不仅是气量的大小，更有长久以来追求"绝对安全"和"利益最大化"的骄慢与霸气。

斯诺登的确很"鲁莽"。他轻轻一撩，揭开了宴席桌四边低垂的台布，将桌子下面正在发生的一些事情暴露在灯光之下。既然薄薄的一层窗户纸被意外戳破，当事双方自然就免不了大闹一场了。高调的背后，有情感的宣泄和道义的维护。更耐人寻味的，还是支撑这个故事的宏大叙事背景。好的戏剧台词，少不了语言技巧，更离不开浓缩历史变迁的厚重感。

跨大西洋联盟凝聚鲜血和生命、经受过严峻的考验、享有共同的价值观、捍卫共同的利益。可是，在美国情报机构的监听名单中，欧洲盟国不再是值得信任的兄弟，而是被怀疑跟踪的对象。这种事情公然捅出来，尴尬程度可想而知。欧洲国家向来强调保护公民权利。不狠狠抨击一番美国情报机构霸道之举，不为此讨个明确说法，欧洲国家恐怕也难以给本国公民一个说得过去的交待。

美国情报机构如此大规模、长时期的窃听活动,直到今天才掀开冰山一角,这也折射了网络安全的脆弱一面。互联网上的霸权和反霸权斗争将长期存在。如何在网络时代保护国家核心安全、公民权益,对欧洲国家来说同样是一个亟待解决的课题。

欧洲正与美国分道扬镳吗?或许还没有。未来一段时间,美欧仍将互为战略依托。但今天的美欧关系已不同以往。共同威胁曾经是美欧盟友关系的粘合剂,双方对这一粘合剂的感受显然越发不同。从伊拉克战争到国际金融危机,欧洲不断发出的"不和谐声调",让美国不能不心生忧虑。而美国人为巩固主导地位进行的战略调整,也让欧洲人感到难以接受。

尽管一场主权债务危机让欧洲近几年的内倾趋向有所加强,但是欧洲不会永远甘心生存于美国的主导之下。冷战结束以来,欧洲谋求世界"一极"的长远目标与美国巩固主导地位的战略,本来就存在着相互抵触的基因。

在全球格局演变大势中,新兴市场国家崛起以及由此引发力量调整备受关注。这种关注或多或少地掩盖了发达国家之间尤其是在美欧关系中的一些微妙变化。然而,这些变化同样会对全球治理产生重大影响。

早在四年前,就有西方学者断言:美欧关系开始进入一个"后美国时代"。美欧都变得更加关注内部整合,寻思如何提升自身竞争力来应对新兴经济体的挑战。美欧"内向化"将加大双方协调的难度,甚至增加产生摩擦的风险。

不管斯诺登事件具有怎样的偶发性,留下的话题和思考将是长期的。

(2013年7月3日)

中国特色的圆梦之路

——"中国梦让世界更美好"系列谈之一

> 中国梦既是民族复兴的国家梦,又是生活幸福的个人梦,充分代表了中国普通百姓的心声,是融国家、民族、个人于一体的美好梦想

当前,中国梦是国际社会热议的话题之一。国际上广大有识之士对中国梦表达了美好期待和良好祝福,但也有一些人戴着有色眼镜看待中国梦,认为中国梦只强调国家意志,对个人价值和权益重视不足。这种看法带有很大的片面性,也反映了一部分人对中国根深蒂固的偏见。国家富强,民族振兴,人民幸福。中国梦是融国家、民族、个人于一体的美好梦想,充分代表了中国普通百姓的心声。

中国人渴望国家富强。旧中国一穷二白,挣扎在半殖民地半封建社会的泥淖中。在中国共产党团结带领下,中国人民前赴后继、顽强奋斗,把贫穷落后的旧中国变成日益走向繁荣富强的新中国。站在新的历史起点上展望未来,中国人梦想着到本世纪中叶,把祖国建成一个富强民主文明和谐的社会主义现代化国家。

中国人渴望民族振兴。中华民族历史悠久,为人类文明进步做出过不可磨灭的贡献。近代以来,这个古老的民族历经磨难,一度面临亡国灭种的危险。自那时起,振兴中华一直是亿万中华儿女最强烈的心声。在中国人的梦想里,实现中华民族伟大复兴,意味着中华民族将更加坚强有力地

屹立于世界民族之林，为人类做出新的更大的贡献。

中国人渴望生活幸福。中国人朴实勤劳，热爱生活。这些年日子好过了，但总体上家底还比较薄，问题和烦恼也不少。大家渴望有更好的教育、更稳定的工作、更满意的收入、更可靠的社会保障、更高水平的医疗卫生服务、更舒适的居住条件、更优美的环境，孩子们成长得更好、工作得更好、生活得更好。

对于广大中国百姓来说，国家富强、民族振兴和生活幸福这三者是相辅相成、相互促进的。大河有水小河满，小河无水大河干。这条朴实的中国谚语形象地说明了中国人一脉相承、生生不息的家国情怀。无论是几千年的中国历史，还是其他国家兴衰历程，都让中国人深知，国家、民族和个人的命运从来都紧密相连。没有强大的国家，整个民族就难以抵御外侮，普通家庭和民众就难以摆脱战乱和苦难。如果民族一盘散沙，人人忙于内斗，整个国家也就难以兴旺发展。各项事业蓬勃发展，国际地位和影响大幅提升，人民群众生活水平不断提高，美好梦想实实在在展现在中国人民面前，激起中国人民强烈的共鸣和高涨的热情。

"家是最小国，国是千万家"。中华民族致力于不断推进个人、民族和国家利益的协调发展，努力走出一条中国特色的"圆梦之路"。这将是中华民族为人类做出的一个新的重要贡献。

（2013年6月27日）

和平发展之梦

——"中国梦让世界更美好"系列谈之二

> 中国人民在实现自身梦想的进程中,与世界的合作之路会越走越宽,与各国的务实合作将扎实推进

中国梦是当代中国发展进步的精神旗帜,具有深刻的国际内涵。

中国梦是和平梦。中华民族爱好和平,没有侵略别国的传统。历史上,郑和七下西洋撒下的是和平友谊的种子,丝绸之路留下的是友好合作的足迹。近代以来,中国人民饱尝列强侵略欺凌之苦,深感和平之珍贵。没有和平,再美好的梦想也难以实现。中国人民倍加珍惜当前的和平局面,努力争取和平的国际环境发展自己,同时又以自身发展促进世界和平。

走和平发展道路,是中国共产党根据时代发展潮流和我国根本利益作出的战略抉择。这展现了中国人民走和平发展道路的坚定决心,也充分展现了中国梦的和平属性。

中国梦是发展梦。中国梦不是为了战胜谁、超越谁或取代谁,而是为了造福中国人民,推动世界共同发展。

新中国成立60多年来,特别是改革开放30多年来,中国发展取得了历史性成就。但是,中国人口多、底子薄、发展不平衡的基本国情没有改变,人均国内生产总值还排在世界第八九十位。根据联合国标准,中国还

有1.28亿人生活在贫困线以下。发展依然是中国的第一要务。拥有13亿多人口的中国实现发展，将有力带动其他国家和地区的发展，促进人类社会的共同进步。

中国在发展同其他国家关系时，始终注重以合作促发展，以合作化争端，不断寻找合作机会，扩大合作领域，拓展共同利益，对外合作水平也随之不断提高。中国人民在实现自身梦想的进程中，与世界的合作之路会越走越宽，与各国的务实合作将扎实推进。

中国在实现自身发展的同时，为世界和平与发展事业作出重要贡献。国际货币基金组织数据显示，国际金融危机爆发以来，中国贡献了近1/4的全球经济增长量。预计到2020年，中国市场释放出的购买力将达64万亿元人民币，仅今后5年，中国进口商品将达到10万亿美元，对外投资规模将超过5000亿美元，这将为世界其他国家带来重大发展机遇。《纽约时报》专栏作家弗里德曼明确表示：只有去中国才能看到未来。

中国梦不仅造福中国，也造福世界。13亿中国人民在致力于实现中国梦的同时，也将同国际社会一道，推动实现持久和平、共同繁荣的世界梦，为人类和平与发展的崇高事业作出新的更大的贡献。

（2013年6月28日）

合作共赢的品质

——"中国梦让世界更美好"系列谈之三

合作共赢的品质是中国梦翱翔世界的翅膀。中国梦不仅是中国人民的梦想,也有助于世界各国人民实现各自的梦想,共圆世界梦

每个民族、每个国家的梦想都由其自身的特殊历史、文化、环境所塑造,中国梦自然也有其特性。中国顺应时代潮流,在谋求自身发展过程中大力倡导合作共赢精神,赋予中国梦鲜明时代特征。

中国梦深承数千年中华文明润泽,同时又不断吸纳其他文明精华。30多年来,中国以开放的姿态走向世界,既请进来也走出去,在学习、交流和相互借鉴中发展壮大自己。海纳百川是中国梦不变的胸怀。

关起门来,实现不了中国梦。中国梦是一个全面综合的目标,国家富强、民族振兴、人民幸福,既需要平稳健康的经济发展,也要有科学有序的社会管理,还必须有效应对外部环境中的风险挑战。实现这些目标,离不开学习借鉴世界各国人民创造的优秀文明成果,离不开和各国携手攻坚克难的胸襟与胆识。

中国曾经吃过僵化封闭、关起门来搞建设的苦头。面对经济全球化深入发展的新形势,对外开放谋发展是我们实现梦想的必由之路,坚持对外开放是我们必须牢牢把握的基本国策。追逐中国梦的过程,将是中国充分利用国际人才、技术、资源、资本、市场的过程,将是中国经济进一步融

入世界、为全球共同发展创造机遇的过程。

世界日益成为你中有我、我中有你的命运共同体，冷战思维、零和博弈的旧观念已经越来越行不通，双赢、多赢、共赢的理念则更加深入人心。人类创造的各种文明原本就是丰富多彩的，没有优劣之分，只有特色之别。中国梦与世界其他各国的梦想，和而不同，携手并进。和谐共存，梦与梦才能兼容并蓄、相辅相成；存在差异，梦与梦才能相互借鉴、取长补短。

在追逐中国梦的伟大实践中，中华民族将以自己的探索为人类社会发展贡献一份智慧，为世界各国发展提供可资借鉴的经验。中国努力走出一条发展新路，也支持各国人民走出符合自身国情的发展道路，实现自己的民族梦想。中国愿同世界各国携手推动实现持久和平、共同繁荣的世界梦。

合作共赢的品质是中国梦翱翔世界的翅膀。有了这对翅膀，中国梦不仅是中国人民的梦想，也有助于世界各国人民实现各自的梦想，共圆世界梦。

（2013年7月1日）

携手周边共同圆梦

——"中国梦让世界更美好"系列谈之四

中国将进一步深化同亚洲国家各领域交流合作,同亚洲国家一道编织更加紧密的共同利益网络,共同提升亚洲在21世纪国际格局中的地位和影响

不同文明并立,多种制度并存,多种发展道路并行,今日亚洲活力四射。中国作为亚洲大家庭的一员,始终坚持把自身发展寓于亚洲共同发展大潮之中。

中国梦的实现需要一个和平稳定的周边环境。在中国外交布局中,周边居于首要位置。目前,亚洲地区总体保持和平稳定,经济持续发展,已成为全球最大的地区经济板块。可以说,中国的发展与亚洲的崛起密不可分。中国人民追逐中国梦与其他亚洲国家实现各自发展之梦,良性互动、相得益彰。梦想需要在和平稳定环境中孕育,在互利共赢交往合作中实现。

中国梦的实现有助于推动亚洲振兴。新世纪以来,中国同周边国家贸易额由1000多亿美元增至1.3万亿美元。中国拥有超过3万亿美元的外汇储备,成为亚洲重要的投资主体。中国加快沿边开放和周边互联互通建设,为亚洲振兴铺架起便利管道。未来,中国将继续把亚洲作为中国企业走出去的重点开拓方向。中国的城镇化战略、扩大内需战略、经济结构调整战

略和进一步改革开放释放的红利,将继续拉动亚洲经济增长。

中国与亚洲国家和地区间的合作机制,为推进亚洲一体化进程、实现亚洲振兴提供了良好平台。中国—东盟自贸区已经建成,大湄公河次区域经济合作成为发展中国家在亚洲合作的成功范例,中日韩自贸谈判业已启动,上海合作组织为促进地区稳定与发展发挥着重要作用,中阿合作论坛成效显著。

中国梦的实现将促进亚洲各国成为日益牢固的命运共同体。2008年国际金融危机爆发后,中国大力推动周边经贸、金融等区域合作进程,同亚洲各国共克时艰,共渡难关,为亚洲继续保持稳定发展的良好势头发挥了突出作用。未来,中国将进一步深化同亚洲国家各领域交流合作,同亚洲国家一道编织更加紧密的共同利益网络,共同提升亚洲在21世纪国际格局中的地位和影响。

不可否认,亚洲也面临种种挑战,也存在着一些历史遗留问题和现实的矛盾分歧。中国将始终以地区稳定、发展、进步的大局为重,致力于通过对话协商解决问题。亚洲各国应携手合作,坚持求大同、存小异,互谅互让,相互照顾彼此关切,共同守护亚洲的和平与安宁,维护地区繁荣进步的良好势头。

中国梦与"亚洲梦"水乳交融。人们有理由期待,中国人民同亚洲各国人民将共走圆梦之路,共享圆梦之福。

(2013年7月2日)

为中英关系发展积累正能量

我们坚决反对达赖在国际上从事分裂中国的活动，也坚决反对任何外国政府和外国领导人以任何形式同达赖进行接触。中英关系能否从此不再折腾，关键还需要英方用实际行动给出回答

6月24日，中英两国外长通电话时，英国外交大臣黑格着重就涉藏问题作出了承诺：英国尊重中国的主权和领土完整，承认西藏是中国一部分，不支持"西藏独立"，充分认识到涉藏问题的敏感性，愿在尊重中方关切的基础上妥善处理。

众所周知，中英关系在过去一年陷入低谷，原因是英国领导人刻意会见达赖喇嘛，试探中国政府维护主权和领土完整的决心。虽然英方在会见安排上做了"低调"处理，但中国政府还是作出有力回应。

西藏是中国不可分割的一部分，这是无可辩驳的历史事实，是包括藏族同胞在内的中华儿女的共同认知。西方一些人制造的所谓"西藏问题"，一开始就是一个涉及中国主权的问题。在这个问题上，任何人都不应有什么奢望，不应有什么幻想。涉及国家主权的问题，绝对没有讨价还价的可能，因为根本就没有一丝一毫的余地。我们坚决反对达赖在国际上从事分裂中国的活动，也坚决反对任何外国政府和外国领导人以任何形式同达赖进行接触。

改变对西藏的错误认知，说到底是一个重新认识中国的问题，是一

个如何与正处于伟大复兴过程中的中国相处的问题。中国同世界的关系已经发生了历史性变化。今天，中国的发展离不开世界，世界各国也需要加深同中国的接触与合作。任何一个西方国家不和中国打交道，都是不可能的。既然有了共同发展的需求，就应当加深相互了解，改变陈旧、错误的看法。没有对西藏问题的正确认识，没有牢固树立西藏是中国不可分割的一部分的观念，就不可能以真诚的态度来推动与中国的合作。

黑格此番言论总体上是重申英国政府的相关立场，也是中英两国关系正常发展的应有之义。中英关系能否从此不再折腾，关键还需要英方用实际行动给出回答。

中英两国历史文化、社会制度和发展阶段不同，这不应成为两国分歧和矛盾的理由，而应成为相互学习和借鉴的有利条件和动力。当前中英都处于发展的关键时期，两国的相互需要不是减少了，而是增多了。两国合作的潜力还远远没有发挥出来。中国人常说"和气生财"，意思是做生意需要良好的环境和氛围。中英之间的经贸合作也需要良好的政治氛围来保障，相互尊重并照顾彼此重大关切是维护中英双方政治互信、发展两国关系的前提。

现在，中英关系向前迈出了一步，这是一件好事。或许，中英在人权等问题上的分歧一时还难以弥合，关键是如何确保这些分歧不会影响两国关系的总体发展。行胜于言，英国需要以实际行动为中英关系的发展积累正能量。

（2013年6月26日）

依法办事经得起检验

> 中国香港特区做法符合相关法律，完全站得住脚，也经得起检验。中国中央政府一贯尊重香港特区政府依法办事

"棱镜门"从一开始就是美国自己家里的事，美国需要对此进行深刻反思。鉴于曝光的信息引发国际社会和各国民众的关切和要求，美国有义务就美国政府有关机构进行网络攻击等情况，实事求是地做出必要解释。

人们注意到，美国一些政客和媒体围绕"棱镜门"发出的声音着实刺耳，其中不仅缺少起码的自省意识，甚至有对他国颐指气使的无端指责。一切以是否对美国有利为标准，是典型的"美国例外论"。据此行事，有悖时代潮流，只会让世界越来越乱。

依法办事经得起检验。

就斯诺登事件，中国香港特区政府23日发表声明，证实斯诺登已离开香港。中国香港特区政府做法符合相关法律，完全站得住脚，也经得起检验。香港是一个法治社会，根据《香港特别行政区基本法》和"一国两制"原则，中国中央政府一贯尊重香港特区政府依法办事。

网络空间的和平与安全需要国际社会共同维护。各国均应坦荡行事，不能说一套做一套，更不能采取贼喊捉贼的虚伪做法。"棱镜门"再一次表明，改变网络空间的无序状态，防止网络军备竞赛和网络战，促进网络

和平与安全，符合国际社会的共同利益。制定相关国际规则是当务之急。对此，坚决反对并横加阻拦，是不明智、不负责任之举。

中国是网络攻击的受害者，中国严重关切有关对中国进行网络攻击等情况。中国反对一切形式的网络攻击，愿本着相互尊重的精神，与国际社会积极加强对话与合作，共同维护网络空间的和平与安全。

（2013年6月24日）

人权事业需要"接地气"

> 世界各国都应切实秉承对话与合作精神,努力探索和开辟一条相互尊重、相互促进、合作共赢的国际人权发展道路

6月25日是《维也纳宣言和行动纲领》(以下简称《宣言》)通过20周年纪念日。《宣言》诞生在上世纪90年代初那个变革与转折的年代:冷战的阴霾刚刚散去,世界开始向多极化方向发展,和平与发展逐渐成为时代的主题。《宣言》为后冷战时期的国际人权事业提出了一系列影响深远的纲领性原则:在承认人权具有普遍性的同时,强调保护人权也要考虑到各国和各地区特点;重申各类人权相互联系、不可分割,必须以公正、平等的态度同等重视各类人权;重申发展权是一项不可剥夺的人权,是基本人权的组成部分;强调促进和保护人权必须遵循《联合国宪章》的宗旨和原则以及国际法准则。

这些原则承载了冷战后世界各国、特别是广大发展中国家在人权领域消除对抗、加强合作的期盼,反映了时代的呼声。《宣言》也因此成为世界人权发展史上的一座重要里程碑,被誉为"第二部《世界人权宣言》"。

20年后的今天,重新翻开《宣言》,不难发现,20年前拟定的纲领性原则,对解决当前国际人权领域存在的各种问题仍具有重要的指导意义。

坚持普遍性,尊重特殊性,两者不能分割。人权事业需要"接地

气",只有把人权普遍性原则和各国基本国情结合起来,才能制定出切实可行的人权事业发展战略。国际社会应尊重各国根据本国国情自主选择的人权发展道路和人权保障模式,尊重文明多样性。实践证明,一些国家千方百计将自己的模式强加于人,只会引发"水土不服"和"排异反应",鲜有成功例子。

必须平等对待各类人权。在一些人眼中,公民权利和政治权利俨然成为人权的唯一代名词,生存权和发展权作为最基本人权却被刻意冷落甚至忽视。公民权利和政治权利需要得到重视,但如抛开生存和发展权,实现普遍人权无从谈起。一些发达国家应在向发展中国家提供资金和技术支持方面多做实事,帮助它们早日脱贫脱困,为进一步促进和保护人权奠定坚实基础,而不是以偏概全。

必须严格恪守《联合国宪章》的宗旨和原则。各国的主权和领土完整应得到充分尊重,一国内部事务只能由本国政府和人民自己决定,任何国家不得以人权为借口干涉他国内政,使人权沦为政治工具,搞人权问题政治化。各国应在平等和相互尊重的基础上,本着开放包容、求同存异的精神,通过对话与合作谋求人权领域的共同进步。

20年来,中国秉承《宣言》宗旨,大力保护和促进本国人权,同时积极开展国际人权交流与合作,倡导以公正、客观和非选择性方式处理人权问题,努力推动国际人权事业健康发展。世界各国都应切实秉承《宣言》的对话与合作精神,多一分理解、少一分指责,多一分对话、少一分对抗,多一分合作、少一分施压,努力探索和开辟一条相互尊重、相互促进、合作共赢的国际人权发展道路。

(2013年6月24日)

巴西到底出了什么问题

> 巴西目前的经济困境具有一定的代表性。新兴市场国家尤需加强内部合作,合力推动国际经济秩序更趋合理

近日,巴西爆发了20年来最严重的抗议示威活动。抗议最初由公交涨价引起,随后又逐渐升级,矛头转向更为广泛的议题。20万名示威者17日走上城市街头,抗议糟糕的公共服务,要求政府杜绝腐败,改善教育、医疗和基础设施建设。

突如其来的大规模抗议活动甚至让不少巴西人也感到疑惑。"巴西以前是一片祥和的绿洲,但突然之间,这里重现开罗解放广场的抗议示威。巴西到底出了什么问题?"《圣保罗页报》发出了这样的疑问。

抗议活动迅速蔓延且持续不断,显然不仅仅是偶发事件引起的社会骚动,同时还折射了巴西国内结构性问题和国际大环境在社会心理产生的影响。

近年来,巴西经济增长率下降,通货膨胀率居高不下,犯罪活动日益猖獗,民众对政府愈发不满。

示威反映了巴西中产阶层对经济前景的担忧。作为区域大国,巴西经济2011年增幅只有2.7%,去年情况更糟,几乎所有工业部门均在下滑。

国际金融危机和国际市场对初级产品需求的下降对近期巴西经济影响较大。美国经济复苏引擎仍然乏力;欧元区经济连续6个季度下滑;日

元大幅贬值，打击了巴西对日本的出口。此外，发达国家掀起的"再工业化"浪潮导致资本流动逆转，新兴市场国家的资本流入呈下降趋势。

巴西经济对外资、贸易依存度较高，外资在不少重要的行业占主导地位，资源型产品出口对经济增长有较大的贡献。与严峻国际经济形势如影随形的外需乏力、资本流入减缓，加剧了巴西经济的不确定性，使得巴西经济前景黯淡，地区、行业之间发展不平衡问题更加严重。

由于风险承受能力较弱，具有消费倾向较高、收入较低特点的年轻人对支出增加、失业压力格外敏感，稍有风吹草动，就容易受到惊吓。巴西的示威活动，实际上传递出这样的信息：政府必须给予公众信心，增强抵御外部冲击的能力，并采取切实措施为弱势群体、为年轻人提供更好的保障，以免其生活质量在可能到来的经济衰退中大幅下降。

巴西经济目前的困境具有一定的代表性，不少发展中国家和新兴市场国家也存在着类似的问题。解决问题的一个重要出路，就是及时调整经济结构，增强抵御外部风险的能力。在此过程中，新兴市场国家尤需加强内部合作，合力推动国际经济秩序更趋合理。

（2013年6月21日）

人权对话要有建设性

不同国家在人权领域开展的交流与对话,对促进世界人权事业健康发展是好事。交流与对话的基础是平等和相互尊重

近年来,不同国家在人权领域开展的交流与对话增多,中国与近20个国家或机构建立了人权对话或磋商机制。这对促进世界人权事业健康发展是件好事。由于历史背景、文化传统和发展阶段各异,各国特别是发展中国家与发达国家在人权领域面临的挑战和优先任务不尽相同,在人权问题上会有不同看法。建设性的对话有助于增进相互理解,通过交流互鉴来推动共同进步。

然而,一些西方国家的态度和做法让对话与交流的效果打了折扣。

个别西方国家在对话中容易自我感觉太好,喜欢以教师爷自居,一副唯我独尊的派头,摆出兴师问罪的架势,像教训小学生一样指手画脚。对话双方地位是平等的,都应有充分的表达权和话语权,不是你主我从、你说我听关系,更不是医生与病人、法官与被告的关系。只有在平等和相互尊重基础上的交流与对话,才能真正坦诚沟通,从而加深理解,相互借鉴。

部分西方国家搞双重标准是损害人权对话与交流效果的另一重要原因。这些国家奉行"宽以待己、严于律人"哲学,对自身的人权问题常常只字不提或以本国具有"良好的"政治、社会和司法机制来搪塞,总是揪

着他国子虚乌有的"小辫子"不放，指责他国人权状况不断恶化。

其实，任何国家都存在这样那样的人权问题，也都设立了相应的机制。西方国家要反思自己的问题，不应盲目相信自己的机制是万能的灵丹妙药。比如说，国际金融危机的发生就表明西方国家的一些机制和制度出了问题，是失灵的，西方许多知名学者正对此进行反思。双重标准还表现在批评指责的对象上。如果一国是自己的盟友，或比较听话，即使其人权记录再差，某些西方国家也会选择性忽视。

也有一些西方国家以对话国满足其多少要求、接受其多少理念来评判对话成功与否。平心而论，任何国家都不可能接受那些本质上改变自己基本政治制度的要求和理念。正如他国不能要求西方国家改变资本主义理念一样，西方国家也不应要求发展中国家改旗易帜，接受西方自诩为先进的模式和道路。多样性是人类文明的基本特征，世界也因此才丰富多彩和充满活力。

在人权问题上没有最好，只有更好；保障人权没有完成时，只有进行时。改革开放以来，中国政府和人民在促进和保护人权方面付出了艰苦努力，成就有目共睹。老百姓过上了更好的生活，并在法治的环境里自由行动、畅所欲言。当然，中国人口多，地区差别大，发展不平衡，在进一步改善民生和人权状况方面还存在不少挑战。我们对自己的问题有清醒认识，正在不懈奋斗，攻坚克难，依靠自身努力，推动人权事业取得更大进步。

（2013年6月20日）

用好"新关联"这部反面教材

在"棱镜门"和中国之间胡拉乱扯,无异于在中美关系的晴空布下一块新的阴云。阴云不除,贻害无穷

"棱镜门"从一开始就是美国的麻烦事。

如果说斯诺登曝光的一些信息让这件事同中国发生了关联,那也应该是由美方主动讲清楚,是否采用过不光彩的手段收集情报。现在,个别美国政客以自己想象,在"棱镜门"和中国之间建立起一种"新关联":斯诺登与中国情报机构合作,斯诺登可能就是中国间谍。

中国人向来不愿意掺和别人家的烂事。无端被搅进去趟混水,自然不是什么愉快的事儿。但是,既然"新关联"已经"被建立",烦也没有用。兵来将挡,水来土掩。自己的立场要及时阐明,对方的动机要分析清楚,事情的危害要做出警示。除此之外,还有一件事要做,那就是用好"新关联"这部反面教材,让无知无畏的"大嘴"们闭上嘴,以后别再由着性子乱放炮。

所谓"新关联",完全是无稽之谈!令美国颜面扫地的信息有涉华内容,斯诺登藏身中国香港,就能证明斯诺登的"中国背景"?"怀疑他是"、"如果证实"……看看这些措词,就不难发现造谣者有多荒唐。有的时候,嘴张得越大,心里越是发虚。

不负责任乱栽赃,往中国身上泼脏水,暴露出美国政客的尴尬和焦

躁。"棱镜门"不仅是件麻烦事，也是件丢脸的事。一天到晚拿黑客攻击指责他国，事实上自己比谁都"黑"。今后，类似的鼓噪还有谁会信呢？扮演国际准则代言人的底气又到哪里去找？

除了战术动机，"新关联"还暴露出美国一些政客的阴暗心理。不管是否有勇气讲出来，这些人内心深处仍将中国视为对手。这一方面是冷战思维的惯性使然。另一方面也表明，他们远未调整好同一个政治制度、文化传统迥然不同的新兴大国相处的姿态。借机制造所谓间谍论，与以"国家安全"为由对一些中国企业在美投资进行封杀，如出一辙。

得益于长期以来的积累，中美合作具有很好的基础。但是，某些美国政客操纵的暗流并没有退去，仍在借机对中美关系的主流进行冲击。这股暗流干扰美国对华政策的连贯性，阻碍中美两国建立战略互信。中美关系大船沿着既定航线稳定前行，就必须提防和遏制这股暗流的干扰。

回顾中美重新打开交往大门40多年的历史，两国经历的一些风雨完全是某些美国政客一手制造出来的。在"棱镜门"和中国之间建立"新关联"，无异于在中美关系的晴空布下一块新的阴云。阴云不除，贻害无穷。道理很简单，阴云不仅遮蔽阳光，集聚到一处，还真有可能掉下几滴雨点来。用好"新关联"这部反面教材，就是不能让"新关联"不了了之。胡言乱语不付出必要的代价，某些人继续扮演"大嘴"的冲动就难以消除。

中美两国构建新型大国关系，是前无古人、后启来者的伟大事业。双方既要大处着眼、登高望远，又要小处着手、积微成著。不断积累正能量，为中美关系营造良好氛围，至关重要。

（2013年6月19日）

坚持政治解决叙利亚问题

叙利亚问题极为复杂敏感，牵一发而动全身，政治解决之路不可能平坦。但正确的方向不能偏离，明确的目标必须坚守

近日，美国认定叙政府越过不能使用化学武器的"红线"，并将向反对派提供军事援助。此前，美国决定将近日赴约旦军演的F—16战机、爱国者导弹系统留在当地。欧盟决定解除对叙利亚的武器禁运。

联合国调查叙利亚化学武器问题工作组在遵循有关国际法和安理会相关决议的前提下开展公正调查，还事实一个真相，十分必要。无论是谁使用化学武器，中国都坚决反对。

上月初美国和俄罗斯发出关于召开第二次叙利亚问题日内瓦会议的倡议。显然，政治解决叙利亚问题的外部环境正在发生变化。

叙利亚危机已逾两年。暴力冲突吞噬了9万多条生命，导致数百万人流离失所，难民问题不断凸显，民族裂痕日益加深，教派冲突纷至沓来，恐怖极端势力趁乱起事。危机早已超越叙利亚国境，成为威胁地区和平稳定的突出因素。

叙利亚危机出路何在？答案只有一个——武力解决不了问题，政治解决才是唯一现实和正确出路。这也是国际社会的普遍共识。一系列前车之鉴足以表明，流血越多，矛盾越深。外部实施军事干预，只会造成更大的烂摊子，对当事国、对地区局势、对干预国本身的负面效应都是显而易见

的。处理叙利亚问题，应该采取谨慎、务实和负责任态度，不能"抱薪救火"，更不能"火上浇油"。

去年6月底，"行动小组"日内瓦外长会议公报给政治解决叙利亚问题指明了方向。当前，国际社会需要认真筹备好第二次日内瓦会议，推动叙利亚政府和反对派尽快谈起来，真正让叙利亚人民决定自己的前途和命运。

化解叙利亚危机需要耐心和恒心。叙利亚问题复杂敏感，牵一发而动全身，政治解决之路不可能平坦。但正确的方向不能偏离，明确的目标必须坚守。越是艰辛，越要保持韧性。唯此才有希望，"开倒车"没有出路。

从"六点主张"到"四点倡议"，从联合国安理会到日内瓦万国宫，中国始终是政治解决叙利亚问题的坚定倡导者和有力推动者。近日，中国明确表示希望有关各方抓住机遇，相向而行，推动第二次日内瓦会议成功召开，推进叙利亚问题政治解决进程，避免采取任何可能导致叙利亚问题进一步军事化的行动。在国际社会的共同努力下，避免叙利亚上演更大悲剧的空间依然存在。

（2013年6月18日）

"例外论"有碍国际关系转型

如果某些强国舍弃不了"例外论",不仅其道义感召力会下降,国际社会携手应对共同挑战的行动力也将受到影响

"棱镜门"既是因泄密事件引发的一国政治震荡,也是一堂活生生的国际政治课。

"棱镜门"再次暴露出当代国际关系中的一个老问题:拥有重大影响力的强国提出诸多准则,其中有不少是对人不对己的。路透社一针见血地指出:过去15年,整个世界已经发生变化,但美国的例外论在很大程度上却一直没有改变。

众所周知,美国喜欢立规矩,并热衷于将这些规矩套上普世的光环。然而,规矩的效应总是双面的,既可以用来规制、指责其它国家,也会束缚自己的行动空间。后者同美国在当今国际关系体系诸多领域的特殊地位存在着结构性矛盾,同美国处理国际事务的政治逻辑和行为方式也不相吻合。这恐怕就是路透社所讲的美国例外论没有改变的深层原因。

搞特殊不大可能受欢迎,大张旗鼓地搞,压力更大。强大的技术实力为美国开辟了"隐形例外"的空间。

"9·11"恐怖袭击事件发生后,美国的心态发生很大变化,处理国际问题显得比较急。悠悠万事,反恐为大。美国的情报搜集部门迅速演变,发展成为一个无所不包、无处不在的庞大体系。它渗透到美国人日常生活中，也伸展至世界各个角落。黑客手段变成了合法的搜集情报方式，联邦调查局想监控谁就监控谁、想怎么监控就怎么监控。

"棱镜计划"让人们实实在在地看到，美国因为技术实力优势，不少监管表面上稀松平常，实际上却要远比其他国家更为严格。世界各国都有权依据本国国情对互联网进行管理，美国当然也有权决定其国内监管方式。一个关键问题是，互联网上的许多事情跨越国界。和现实世界一样，虚拟世界同样也是有规矩的。不管技术实力有多强，不能将自己的规则强加给别人，更不能让自己置身于规则之外随意行事。

针对"棱镜门"引发的种种质疑，美国军方解释说，因为有了秘密监控计划，才有效防范了数十起恐怖袭击。这是典型的美国式"解释"。其背后的意味是，只要对美国有利，世界就应当理解，美国的做法也就是合法的。打击恐怖主义是国际社会的共识，各国也愿意为美国反恐提供必要的支持。但是，这种支持并不意味着让别人对自己随意进行监控。这也是美国欧洲盟友反应强烈、反复要求美国给出一个明确说法的原因所在。

一些西方学者担心，世界将因为新兴力量的崛起而失去平衡，变得混乱无序。现在，这些人不妨把投向新兴国家的忧虑目光收回来，换个角度进行一番认真思考。

从某种意义上讲，国际体系的转换也是新规则的确立过程。这个过程中，尤其需要讲公平、讲诚信。如果某些强国舍弃不了例外论，不仅其道义感召力会下降，国际社会携手应对共同挑战的行动力也将受到影响。

（2013年6月17日）

典型的"人格分裂"

——揭开安倍政权"价值观外交"虚伪面纱(上)

> 所谓"价值观外交"只不过是欺世盗名的政治把戏,是对国际社会和民主、自由、人权的莫大愚弄

近代日本在明治维新后逐步走上穷兵黩武的军国主义道路,给包括中国在内的亚洲各国人民带来深重灾难,也使日本人民深受其害。日本军国主义在第二次世界大战中犯下了人类历史上最野蛮、最残暴的罪行。

战后,日本受到远东国际军事法庭等国际社会的正义审判,制定和平宪法,重新回归国际社会。照理说,日本战后不仅应在体制上,而且应在价值观上洗心革面,同战前那段疯狂践踏自由、民主、人权的黑暗历史诀别。令人遗憾的是,日本军国主义在战后并未得到应有的肃清,一些军国主义残余势力得以苟延残喘,甚至重新进入日本政治权力核心。在这股势力的把持和操弄下,日本长期未能进行健全的历史教育,竭力掩饰和歪曲侵略历史真相。

然而,偏偏就是这样一个在历史问题上未能交出合格答卷的日本,长期以来却时常将自己装扮成亚洲的"民主样板",四处兜售所谓民主经验,并企图借此骗取国际支持和信任。安倍两度执政都竭力推行所谓"价值观外交",即源于日本战后在价值观上"以其昏昏使人昭昭"的政治传统。

最近一段时间以来，安倍政权尤其是安倍本人频频伤害广大受害国人民感情，露骨推行历史修正主义路线，竭力为日本侵略历史翻案正名。放言要修改"村山谈话"和"河野谈话"，高调主张制定"自主"宪法、设立"国防军"，向靖国神社赠送供品，质疑"东京审判"，抛出"侵略未定论"，隆重纪念"恢复主权日"并当场效仿战前做法率众高呼"天皇万岁"，亲自着军装登上坦克飞机作秀……安倍几乎把日本极右势力长期梦寐以求的政治诉求挨个儿点了个遍。安倍日前访问缅甸期间还刻意专程祭扫二战侵缅日军阵亡士兵墓。这些动向叠加在一起，无疑向国际社会发出了日本全面"向右转"的明确信息。

在安倍政权推行历史修正主义路线的鼓舞下，麻生太郎等安倍内阁要员以及近170名朝野政党议员在今年4月靖国神社春季大祭期间蜂拥前往参拜，创下了24年来的新纪录。同样由于受到安倍政权推行历史修正主义路线的鼓舞，极右政客大放厥词，让世人领教了日本政治人物极度扭曲的价值取向。

安倍政权在历史问题上所表现出的对战前军国主义价值的向往与依恋，与其在国际上高调奢谈"共同价值"形成鲜明反差，呈现出典型的"人格分裂"。安倍政权的倒行逆施从一个侧面表明，日本时至今日仍有那么一股势力企图重温历史旧梦，否定二战结果，挑战战后和平秩序。而且，这股势力存在日益坐大成势的现实危险。对照安倍政权的所作所为，人们有理由对它奢谈民主、自由、人权的资格和动机打上巨大的问号。显而易见，其所谓"价值观外交"只不过是欺世盗名的政治把戏，是对国际社会和民主、自由、人权的莫大愚弄。

（2013年6月13日）

警惕制造"新冷战"图谋
——揭开安倍政权"价值观外交"虚伪面纱(下)

> 日本执政阶层有一种顽固的战略惰性。冷战已经结束20多年,一些日本人仍企图在国际上拉起意识形态小圈子,借以维护自己在冷战时期攫取的巨大既得利益

安倍政权成立半年多以来,日本的外交活动较之前政权更显主动、进取。然而,其中有一个值得关注的倾向,就是日方强调所谓共同价值观,外交场合言必称"自由、民主、人权"。安倍政权极力造成这样一种印象,似乎"自由、民主、人权"就是日本的标牌,而日本同其他国关系出了问题实质在于价值观之争。这与安倍6年多前首次执政期间推行的"价值观外交"如出一辙。

安倍政权情有独钟的"价值观外交"究竟是什么货色?

当今时代,世界多极化和经济全球化迅速发展,和平、发展、合作、共赢成为不可逆转的时代潮流。世界各国不论大小强弱,共同利益越来越多,需要共同应对的挑战也越来越多。各国理应相互尊重、互利合作、共同发展。任何在国与国之间人为设置障碍、制造对立的企图,都与时代潮流背道而驰。

安倍政权显然是要逆潮流而动,企图通过推行所谓"价值观外交",把正在连成一体的世界重新割裂开来。就本质而言,其所谓"价值观外

交"完全是冷战思维作祟,其目的就是要像冷战时期那样抹杀世界文明发展的多样性,将意识形态、政治体制和社会制度的异同作为决定国家关系亲疏的标准,把世界重新划分成截然对立的阵营。

安倍政权此次上台执政重操旧业,更加热衷"价值观外交",并冠之以"战略性外交"的美名。这其实并不是什么新东西,安倍首任期间就曾提出名为"和平与繁荣之弧"的所谓战略构想,企图用意识形态分割亚欧大陆。

日本对冷战思维情有独钟并非偶然。冷战时期,日本在他国战略羽翼下免费搭乘"冷战便车",集中精力发展经济,从而得以在短短不到20年时间内从战争废墟上重新崛起,一跃成为世界第二经济大国,成为冷战的主要受益者。这段特殊经历使日本执政阶层产生顽固的战略惰性。冷战已经结束20多年,一些日本人仍企图在国际上拉起意识形态小圈子,借以维护自己在冷战时期攫取的巨大既得利益。

在世界经济增长乏力、国际合作错综复杂背景下,国际社会尤需对日本极右势力制造"新冷战"图谋保持高度警惕,防止种种不识相之举毒化国际关系氛围。亚洲国家面临难得的历史性发展机遇,更应识破日本极右势力的不良用心,自觉抵制其分裂亚洲的所谓"价值观外交",共同维护地区合作共赢、共同发展的良好态势。

(2013年6月14日)

引领中美关系向前迈进

秉持和而不同、求同存异的理念，让中美两国之间的合作始终大于分歧、分歧在互谅互让中逐步化解、互信在积极互动中不断增强

中国国家主席习近平和美国总统奥巴马即将在加利福尼亚州安纳伯格庄园举行会晤。这是中美高层交往的一次创举。中美两国元首围绕构建新型大国关系这一主线，就一系列重大问题坦诚深入交流，必将引领中美两国关系向前迈进。

中美构建新型大国关系，需要汲取历史的教训和滋养。综观国际关系史，大国之间的对立冲突接踵而至。20世纪两次世界大战给人类带来深重灾难。今天，大国冲突的结果将是毁灭性的，任何一方都难以承受，历史覆辙切不可重蹈。回首中美交往史，对超越传统大国博弈道路的探索早在40多年前就已经起步。打开交往大门后，中美领导人寻求把两国关系稳定下来和发展下去的努力从未停止过。中美要走出一条"前无古人、后启来者"的新型大国关系之路，需要增进互信、管控分歧、推动合作，坚定以和平共赢取代对抗冲突的追求。

中美构建新型大国关系，需要立足现实。当今时代，世界各国日益成为安危与共、荣辱共担的命运共同体，各国相互依存、利益交融。中美作为世界上最大发展中国家和最大发达国家，应顺应历史潮流，把对方当作机遇而不是威胁，当作伙伴而不是对手，积极拓展两国共同利益，造福两

国和世界人民。

中美两国的稳定繁荣都离不开对方，相互依存程度前所未有。目前，中美之间有近5000亿美元的双边经贸规模，互为第二大贸易伙伴。中国连续10年成为美国增长最快的主要出口市场。两国间有90多个政府间交流机制，在许多国际和地区问题上进行着协调合作。同时，中美又是社会制度、历史文化、发展阶段存在显著差别的两个国家，发展两国关系必须正视矛盾和差异，秉持和而不同、求同存异的理念，让中美两国之间的合作始终大于分歧、分歧在互谅互让中逐步化解、互信在积极互动中不断增强。

中美构建新型大国关系，需要着眼长远。中美两国拥有近17亿人口，经济总量占全球1/3，构建共进共赢而非你输我赢的中美关系，将为两国人民的未来谋得更大福祉，让"中国梦"和"美国梦"都能梦想成真。中美构建新型大国关系，将为世界的和平发展发挥重要作用，对于找到一条不同文明、不同发展程度的大国和谐相处之路、推动建立更加公正合理的国际秩序都具有重要意义。

中国有句老话，叫知行合一。西方人也常讲，光有愿望是不够的，还应当行动。中美两国元首已就探索构建中美新型大国关系达成重要共识，接下来需要"众人划桨开大船"，两国地方、民间、企业等各界人士应积极投身其中。无论前方有何种艰难曲折，中美有责任为两国人民的福祉，为世界和平发展，扎扎实实地一步步走下去。

（2013年6月7日）

欧盟，别逞一时之快

欧盟对中国光伏产品反倾销调查初裁，是滥用贸易救济措施的不公正之举。我们铺好了谈判桌，手中也有足够的牌可以打

欧盟对中国光伏产品反倾销调查初裁，至少传递出两个负面信息：第一，欧盟缺少承认基本事实的勇气，也没有学会通过对话解决问题。时代变迁和实力消长，并未消除某些欧洲人根深蒂固的居高临下心态；第二，欧洲的决策机制出了问题。多数成员国明确反对情况下，欧盟委员会贸易委员德古赫特能在如此复杂敏感的问题上呼风唤雨，这是不正常的。

尽管欧盟裁定的临时反倾销税率从此前建议的47.6%降低到目前的11.8%，但是事情的性质没有变。就此，我们有必要说几句话：第一，这是滥用贸易救济措施的不公正之举，中国对此表示坚决反对。欧盟的决定不仅损害中国合理利益，也是向国际社会发出的错误信号；第二，欧盟需要拿出诚意，同中国业界坐下来好好谈，通过磋商找到双方都可以接受的、合理的、双赢的方案；第三，中国不愿意打贸易战。但是，贸易保护主义做法不可能不遭到反击。如果某些人一意孤行，最终结果恐怕也是其难以承受的。

中国光伏产品具有价格竞争力，这不是中国的过错。众所周知，这种竞争力源自光伏产品原材料价格下降和中国产业进步，同倾销和补贴不相干。凭臆想和武断采取"双反"措施，没有根据，也站不住脚。围绕有关

光伏产品的贸易摩擦，中国展现了足够的诚意和建设性。欧盟展开有关反倾销和反补贴调查后，中方立即启动应对和交涉。除了政府层面的工作，中国机电产品进出口商会也代表业界同欧盟耐心沟通，说明情况。

与德古赫特最初的"斩钉截铁"姿态相比，欧方出台的措施明显有所收敛。或许，一些成员国及欧盟机构领导人对欧盟贸易主管官员进行了"约束"。然而，11.8%的临时反倾销税同样是有害的。由于欧洲进口商需要缴纳相应的保证金，"双反"风波一起，中国光伏产品价格已应声上涨近20%。据测算，如征收15%关税，欧洲对光伏产品需求就将减少85%。难怪有人发出质疑：欧方是不是想让中方光伏产品对欧出口在旷日持久的谈判进程中消弭殆尽？

中方对下一阶段谈判的艰难性有充分估量，也不抱不切实际的幻想。我们会尽最大的努力，争取最好结果，同时也会做好应对最坏情况的准备。我们铺好了谈判桌，手中也有足够的牌可以打。

中欧贸易规模巨大，出现摩擦是正常的，关键是如何妥善处理。中欧关系这些年的发展历程表明，相向而行，加强合作，没有迈不过去的坎。不尊重彼此利益关切，缺少通过对话磋商解决分歧的诚意，必然会影响中欧关系和经贸合作的健康发展。

中欧双方利益高度交融，中欧经贸关系的本质是互利双赢。

（2013年6月6日）

自信中学会借鉴和分享

> 惟有维护世界和平、促进共同发展的事业，才是前途远大、天长地久的事业

一个"中国梦"，道出了中国人的心声，奏响了时代强音。为未来勤奋学习，努力工作，不断推进改革开放事业。生活条件不断改善，人生出彩机会更多，祖国明天更美好。实现中华民族伟大复兴的中国梦，从未这样切近，这样具体，这样现实。

美国著名专栏作家弗里德曼写道，美国人相信，只要努力工作就会得到报偿，未来总会比过去更好，物质生活也会越来越富足，这种信念就是美国梦。美国梦曾吸引大量移民，激励一代代人为之奋斗。

中国梦和美国梦既有相通之处，又有各自的魅力。

中国这个13亿人口大国，拥有自己的文化底蕴，拥有自己的历史使命，拥有自己的宏大追求，实现中国梦必须走中国道路。中国梦是国家梦、人民梦，也是个人梦。中国梦不是个人主义之梦，更不是脱离国情之梦。

一个参加中国版"达人秀"的小女孩说，她的梦想是给姥姥买辆代步车，希望姥姥永远年轻。在北京朝外大街地下通道，一位中年男子用图片介绍骑车环游见闻，宣传低碳生活。他的梦想是祖国更强大，中国人周游世界更方便。在中国五千年文化血脉里，孝心亲情是家庭观念的核心，实

现个人价值很难脱离社会发展，国家强盛和个人命运休戚与共。

中国梦和美国梦依托不同的国情背景，又共生于经济全球化和社会信息化时代。中国深度参与时代变革，又以自身发展推动世界发展。中国在联合国、二十国集团、世界贸易组织等多边机制中发挥重要作用，成为国际体系的积极参与者、建设者、贡献者。实现中国梦，立足于国人实干兴邦，离不开各国互利合作，中国人愿意同世界各地的追梦者一道把蛋糕做大。

有人说，中国梦的提出，正值美国梦开始动摇之际，是不是中国人要动美国人的奶酪？也有人问，美国的亚太地区再平衡，是不是为了对付中国？中国和美国，最大发展中国家和最大发达国家，中美两国共同讲述的故事，总是牵动着世界的神经。

时代潮流浩浩荡荡，所有国家都是挑战机遇兼有。新兴市场国家蓬勃发展，并不意味着发达国家走向衰落。胸怀梦想，既要对自己的实力、活力、创造力和适应力保持足够自信，也要进一步培育合作共赢意识，学会借鉴和分享。

加快转变发展方式，打造经济升级版。未来5年，中国的内需潜力将进一步释放，中国将进口10万亿美元左右的商品，对外投资规模将达到5000亿美元，出境旅游有可能超4亿人次。中国梦是中国的福祉，也是世界的红利。

中国梦是对和平、繁荣、幸福的追求。惟有维护世界和平、促进共同发展的事业，才是前途远大、天长地久的事业。中美拥有广泛共同利益和促进世界和平发展的共同责任。太平洋足够宽广，中美两国亦当拥有足够的智慧、勇气和耐心共同探索构建新型大国关系。

（2013年6月5日）

伊拉克,血腥冲突当止

> 伊拉克各方必须坚决反对一切恐怖袭击和暴力冲突,切实保护平民的安全,为维护和促进国家的稳定与发展作出共同努力

联合国伊拉克援助团6月1日发布公告说,伊拉克5月死于恐怖袭击和暴力冲突的人数达到1045人,创近5年来单月新高,频发的袭击和冲突让这个国家有陷入内战的危险。伊拉克安全形势再次恶化引起了广泛关注和担忧。

伊拉克恐怖袭击和暴力冲突在过去几个月迅速上升,直接原因是伊拉克愈演愈烈的教派冲突。一直以来,逊尼派和什叶派之间的矛盾都是伊拉克面临的最严重挑战之一。伊拉克战争结束后,积压已久的教派矛盾在新的现实条件下发酵,并在伊拉克国家重建过程中围绕权力分配问题集中爆发。

以什叶派为主导的伊拉克现政府成立后,约占伊拉克人口18%的逊尼派人士一直存在失落情绪。2011年12月,驻伊美军撤出之后,伊拉克内部逊尼派与什叶派之间的矛盾呈公开化态势。来自逊尼派的伊拉克副总统哈希米出逃国外即是一个明证。过去数月,伊拉克国内安全局势的恶化也是在这个大背景下发生的。

除此之外,叙利亚战争的"示范效应"不容小觑。叙利亚内战主要是逊尼派反政府势力与以阿拉维派为主体的叙利亚政府之间的较量。受叙利

亚局势影响，伊拉克逊尼派对政府不满人士日益倾向于以武力进行反抗。

教派冲突升级，恐怖主义组织在伊拉克扩大影响的土壤也随之出现。安巴尔省地方武装与基地组织之间存在着联系。作为"基地"组织在伊拉克的分支，"伊拉克伊斯兰国"组织与不久前被联合国安理会列为恐怖组织的"叙利亚胜利阵线"之间关系密切。这些极端主义势力伺机行动，屡屡策划绑架、爆炸等恐怖行动，大大增加了伊拉克的安全风险。

伊拉克战争开打距今已有10年，驻伊美军完全从伊拉克撤出已1年半，不断上升的安全风险仍是伊拉克发展道路上的最大障碍。暴力化趋势使得伊拉克内部教派矛盾不断加深，完成国家政治整合更是困难重重。与此同时，安全缺失也让伊拉克经济建设难以开展，人民生活无法摆脱艰难状态。

针对伊拉克恐怖袭击和暴力冲突造成的巨大伤亡，联合国秘书长伊拉克问题特别代表马丁·科布勒指出："这是一个令人伤心的纪录，伊拉克领导人必须行动起来，停止这些不可接受的血腥冲突。"战争后遗症环环相扣，完成从动荡到发展的转变、最大限度实现和解，的确十分艰难。但是，对伊拉克来说没有别的选择。仇杀只会累积更多的仇恨。长期动荡，不仅葬送国家前途，也将冲击地区安全稳定，加大全球范围内的反恐压力。

（2013年6月3日）

输送武器只会加剧叙利亚危机

靠输送武器、搞力量平衡来打造对话环境，不仅缺乏现实感，甚至是在玩火

虽然经过拉力赛式的谈判，欧盟各国5月27日最终还是没能延长将于本月31日到期的对叙利亚武器禁运。尽管欧盟留了一定"缓冲期"，现阶段不会向叙输送武器，但是有关国家希望围绕武装叙利亚反对派来做文章的危险苗头再次显露得很清楚。

叙利亚危机持续两年多，已经夺走超过7万人的生命，饱受战火之苦的叙利亚人民渴望和平。但欧盟在解除武器禁运方面做的文章，使得第二次叙利亚问题国际会议还未召开已经被"笼罩上阴影"。俄罗斯外交部副部长谢尔盖·里亚布科夫称，欧盟的做法实际上是在加剧冲突，降低调解叙利亚局势的成功几率。

解除对叙利亚武器禁运的主要推动者是英国和法国。数月来，英、法两国一直力主向叙利亚反对派武装提供武器。英国外交大臣威廉·黑格是这样解释的：英国愿意看到叙利亚内战通过外交途径解决，但是西方必须对叙利亚政府施加压力，如此才能使叙利亚政府坐到谈判桌前，现在欧盟决定解除对叙利亚反对派武装的武器禁运，正好"起到了这样的目的"。然而，这种说法就连荷兰和德国等欧盟成员国也难以接受。荷德等国认为，给叙反对派输送武器会增加暴力冲突的发生。

靠输送武器、搞力量平衡来打造对话环境，不仅缺乏现实感，甚至是在玩火。叙利亚问题延续至今，原因之一就是有关国家一直难以真正停止"拉一派、打一派"的做法。一旦交战双方在战场上杀红了眼，很难停止暴力冲突。因此，外部国家在介入叙利亚问题时，必须把敦促停火止暴放在优先位置。战争规模升级将增加人员伤亡，武器也有可能落入极端主义势力手中。

应该说，国际社会对政治解决叙利亚危机有原则共识。根据去年6月叙利亚问题"行动小组"日内瓦外长会议公报确定的精神，国际社会有义务督促叙危机各方停止流血冲突，开启政治对话，组建叙利亚所有社会力量参与的过渡管理机构。这个共识来之不易，各方理应为之作出努力，促使叙利亚内战双方真正坐到谈判桌前。

俄罗斯和美国反复磋商后提出召开叙利亚问题国际会议，中国也表示愿意参与该会议，为政治解决叙利亚问题创造机会。新的对话窗口出现之际，欧盟理应为政治对话创造条件，发挥建设性作用。

（2013年5月30日）

欧盟"双反"措施打错了算盘

在刚刚结束的欧洲之行中,李克强总理在瑞士经济金融界人士午餐会上明确表示,欧盟的对华"双反"措施"损人又不利己",中方坚决反对。中国领导人就涉华贸易争端的鲜明立场,在国际上引起了强烈反响。

国际金融危机和欧洲主权债务危机发生以来,国际贸易保护主义明显抬头,而中国成为最大的受害者。这绝非耸人听闻,据统计,最近5年全球40%的贸易保护主义措施是冲着中国来的。最新的例子正是从"自由贸易"的鼻祖——欧盟传来的多个"坏消息"。

5月24日,欧盟27个成员国就欧委会对华光伏产品征税建议案进行了投票。虽然投票结果并不公开,但不少报道认为,欧盟将对中国光伏产品征收高达47.6%的反倾销税。6月初,欧盟将就此正式宣布初裁结果。8月7日前,欧盟还将对涉华光伏反补贴案进行初裁,12月上旬前对涉华反倾销、反补贴两案进行终裁。无独有偶,在没有收到欧洲企业投诉,而且多数国家和企业表示反对的情况下,欧委会原则性决定对中国华为、中兴等公司的无线电通信设备发起所谓自主"双反"调查。

欧盟在贸易保护主义上采取的"大手笔"令人侧目,也引起了中方强烈反应。据统计,针对中国光伏产品"双反"调查的金额超过200亿美元。在中国光伏企业本已处境困难之际,欧盟的举措无异于雪上加霜。中国商务部明确反对欧盟滥用贸易救济措施。

国际社会也担忧不已。他们普遍担心欧盟的做法可能引发中欧贸易战。而贸易战一旦打响,尚未完全走出金融危机和欧债问题阴云的全球经济,恐将再蒙上一层厚厚的"双反雾霾"。

值得注意的是,欧委会这种"保护"本土企业的举动,在欧洲获得的并不是鲜花掌声,反而是政界、业界和媒体较多的质疑和反对声。既然附和者寡,反对声众,欧委会为什么还要在对华"双反"问题上一意孤行呢?有学者分析指出,理由无非有二:一是台面上的,即"维护欧盟的利益";二是欧盟机构的"小算盘",即提高机构在欧盟内的权威和影响力。

这两个理由都站不住脚。经济全球化时代,中欧经贸合作的本质是互利双赢。对中国光伏产品课以重税,将导致欧洲生产的太阳能原材料及配件产业受挫,大幅推高欧洲光伏产品价格,冲击欧盟的低碳发展和绿色能源战略。据瑞士一研究机构测算,如果欧盟对中国光伏产品征收20%关税,三年内仅欧盟五大国就将有10万人失业。如惩罚性关税提高到60%,则将有24万人失业,造成287亿欧元损失。这显然不符合欧盟的利益。

至于要提高欧盟机构的地位,最好的办法应该是为中欧关系发挥"正能量",努力让欧盟民众从中欧务实、互利合作中获得实惠。正如英国《金融时报》社论所言,"欧委会贸易委员德古赫特这次挑错了战场和对手"。不久前,德古赫特曾撰文说,自由贸易的共识对全球持续繁荣非常重要,他非常期待与中方进行合作。希望德古赫特言行一致。

中国人通过自己辛勤劳动,努力实现中国梦,讲的是友好合作,求的是互利共赢,但不会接受不公平的贸易安排,也不可能允许自身的合法权益受到损害。

(2013年5月29日)

创新，中国出口的外溢效应

市场经济的永恒法则是竞争，积极应对外来竞争并主动进行改革的国家才会走向成功

两位中国学者新近发表的一份研究报告表明，中国出口所引起的竞争具有"创造性破坏"的性质，从而成为周边国家"向上提升"的良性力量。进一步的研究还发现，与最终品相比，来自中国的中间品出口对周边国家创造的影响更为强烈。

此前外国学者发表的报告，为上述结论的客观真实性提供了佐证。斯坦福大学的尼科拉斯·布鲁姆及其合作者针对欧洲12个国家所作的研究发现，在1996—2007年期间，中国出口引发的竞争在这些国家技术进步中贡献率高达15%。世界银行经济学家莱昂拉多·伊阿卡翁等对中国出口在墨西哥所产生的效应进行了分析，发现竞争显著地推动了墨西哥大型企业的技术进步。

有关中国出口，有一套典型说辞：从数量上看，中国出口产生"挤出效应"；从价格上看，中国出口形成价格压力；从就业和收入分配上看，中国出口导致发达国家传统制造业衰退加剧，失业增加，整个社会的收入分配趋于恶化。

在全球经济不景气的背景下，这套说辞所引发的强烈情绪不难想象。不过，缺乏实证支撑的鼓噪终归站不住脚。世界知名经济学家参与的多个

研究项目均表明，说中国出口是"麻烦制造者"没有根据。有学者甚至用"小题大做"、"庸人自扰"这样的词汇来形容那些夸大中国出口负面影响的研究。

片面夸大中国出口在数量、价格、就业和收入分配方面的负面效应，一个重要原因就是更多地关注中国出口的短期影响。在决定一个国家经济成长和国民福利的创新和技术进步方面，已有许多研究证明中国出口有力地带动贸易伙伴国技术进步，并加快其创新速度。

中国出口的创新溢出效应不仅在美国、欧盟等国存在，而且也存在与中国处在相同发展阶段、具有相似的产业和出口结构的国家中。中国出口对发展中国家企业创新所产生的影响，类似于"鲶鱼效应"。中国出口"激活"了技术领先和有品牌的企业的"生存欲望"，让它们有更强的动力通过创新来占领市场，从而覆盖创新所用的成本并获得净收益。很明显，来自中国的竞争产生了"奖优罚劣"的效应，有利于这些国家经济结构的改善。

来自中国的竞争压力"淘汰了落后、鼓励了先进"，有利于世界经济"向上提升"而不是"向下沉沦"。中国出口不是"洪水猛兽"，而是一尾具有"创造性破坏"功能的"鲶鱼"。只有以积极的心态对待不断扩大的中国出口，才有希望化挑战为机遇进而推动结构升级。

市场经济的永恒法则是竞争，消极回避竞争会损害一国的长期竞争力。在经济全球化时代，固守狭隘的利益诉求，借贸易保护主义来规避竞争，没有前途可言。历史经验表明，积极应对外来竞争，主动进行改革，一个国家才会走向成功。

（2013年5月28日）

中非从来都是命运共同体

共同的历史遭遇、共同的发展任务、共同的战略利益把中非紧紧联系在一起

25日,非洲联盟(其前身为非洲统一组织)举行特别峰会,庆祝非洲统一组织成立50周年。中国一贯坚定支持非洲联合自强和一体化进程,中非合作为非洲发展复兴提供了正能量。中国政府和人民始终坚定支持非洲在联合自强的道路上步子迈得更大一些,推动非洲和平与发展事业不断跨上新的台阶。

中国坚决支持非洲国家独立自主的探索,中非双方于2000年成立的中非合作论坛,不但全面强化中非合作关系,而且有力推动了非洲大陆的发展。自2000年以来,中国不但免除非洲国家数以百亿人民币计的各类债务,而且不断增加援助和优惠贷款,从而使非洲国家减轻负担,增加发展后劲。近十几年来,中非贸易年均增长30%以上,去年已达近2000亿美元,有力拉动了非洲产品的出口,非洲的资源优势正在转化为发展优势。

据统计,自2007年以来,中国对非投资增长率高达28%,仅在最近5年间,中国对非洲直接投资新项目就达152个。中国的投资在一定程度上解决了非洲国家资金短缺,有力推动非洲经济发展。为了贯彻"授人以渔"的原则,中方每年为非洲国家培育数以千计的各类专业人才。此外,中国帮助非洲国家进行各种基础设施建设,大大推进了非洲各国或者各区

域之间的交流。

"患难见真情"是中非关系的突出特征。任何一方在对方面临困难时,都能即时伸出援手,无论本身力量强弱,有多大劲就一定会使出多大劲来。在非洲各民族争取民族独立和解放的斗争中,中国在自身经济基础十分薄弱甚至十分困难的情况下,对非洲民族解放运动给予了坚定支持。

相互尊重是中非关系的珍贵品质。中国与非洲国家的关系已经成为国与国关系的典范。某些西方国家因中非关系超越了它们与非洲的关系而惴惴不安,断言中国是靠经济手段才拉住了非洲,它们根本没有认识到中非关系的根基所在。如果某些西方绅士也能像中国人一样,把非洲人视为自己的朋友和兄弟,不再用殖民者的眼神去打量非洲,他们也可以从非洲获得同样的"礼遇",非洲也可能会因此而减少一些麻烦。

中非从来都是命运共同体,共同的历史遭遇、共同的发展任务、共同的战略利益把中非紧紧联系在一起。这决定了双方关系历久弥新的时代特性,也为双方携手共进、走向未来创造了巨大空间。对非洲朋友的"真"、对非合作的"实"、中非友好的"亲"、解决合作中问题的"诚",是新形势下中国发展对非关系的座右铭,是中非兄弟情谊的真谛所在。

(2013年5月27日)

"数字鸿沟"不能越来越深

> 国际电信联盟的最新数据表明,全世界大约2/3的人口、约45亿人仍无法使用互联网

互联网的广泛运用推动了经济全球化进程,给发展中国家带来新的发展机遇。但是,随着"数字鸿沟"不断加深,发展中国家在改善生存环境、提升自身地位方面,正面临一系列新的挑战。

数字鸿沟是指信息富有者和信息贫困者之间的差距。国际电信联盟公布的最新数据表明,发达国家能够使用固定宽带互联网服务的人口已占其总人口的77%,而发展中国家只有31%。更为严重的是,全世界大约2/3的人口、约45亿人至今根本就没有机会使用互联网。

数字鸿沟带来两方面的失衡。一是造成更多的信息穷人。信息资源的匮乏意味着远离创造财富的机会。二是国际舆论场上的实力对比更加悬殊。信息传播技术的进步有可能让强者愈强、弱者愈弱。

全球财富分配的不平衡同信息分配不平衡有着内在的联系。贫穷不仅仅是财富的稀缺,同样也意味着信息的短缺。互联网运用水准,在相当程度上决定着一国经济结构中的知识分量。数字鸿沟加剧经济发展方面的差距,甚至有可能给人们客观真实地把握当今世界造成负面影响。

近些年来,全球消除贫困进程取得显著进展,甚至比许多经济学家的预测还要快很多。联合国千年发展目标规划到2015年把世界上的赤贫人口

比例减少一半，发展中国家在2010年已经提前实现。国际货币基金组织和世界银行甚至计划2030年基本消除全球范围内的极端贫困。但是，虚拟世界的贫富差距与真实世界的贫富差距是相通的，要让消除贫困更具可持续性，必须缩小数字鸿沟，因为数字鸿沟的加大会让那些已经脱贫的人们重新返贫。

数字鸿沟不能越来越深，尤其是要根除信息享有"穷者愈穷、富者愈富"的恶性循环。为此，需要打破发达国家的垄断，实实在在地向发展中国家提供技术和资金支持。让更多的人不被信息边缘化，不仅有利于缩小南北发展差距，也将对全球经济再平衡产生积极作用。

（2013年5月23日）

中欧贸易需要宏大视角

> 欧盟委员会应从更宏观的角度来审视整个中欧贸易，倾听更为理性的声音，而不被局部的利益所左右

5月19日，德国政府和经济界纷纷表示，反对欧盟对中国光伏产品征收反倾销重税的初裁建议案，要求通过谈判和对话解决欧中贸易争端。

此前，近千家欧洲光伏企业发表公开信，指出这一决定"将严重阻碍欧盟太阳能产业发展，还会让欧盟整个太阳能电池价值链受损"。瑞士预测研究所也发表报告说，因为对中国光伏产品的"双反"措施，仅德国就可能在3年内最多减少8.47万个工作岗位，德国将因此成为欧洲受影响最严重的国家，全欧盟可能失去24.2万个就业岗位。研究认为，虽然惩罚性关税可能给欧洲太阳能设备制造商带来某些优势，但由此产生的工作岗位仅为其他领域失去的工作岗位的1/5。事实是明摆着的，欧盟如果执意在6月初按计划制裁中国光伏产业，不仅中国企业受损，欧洲企业也将深受其害。

今年一季度，欧元区和欧盟国内生产总值环比分别下滑0.2%和0.1%，目前欧元区失业率已突破12%，青年失业率更高达24%。在自己内部困境的时候，把矛盾转嫁到外部，这是不明智的保护主义之举。

欧盟制裁中国光伏产业，还没有做出最终决定，正处于征求成员国意

见阶段。在中欧本次贸易争端中，无论是反对制裁的企业，还是主张制裁的企业，主要都来自德国。作为个体，这些企业各有各的理由，但是作为欧盟委员会，理应用更宏大的视角审视整个中欧贸易，倾听理性声音，而不被局部的利益所左右。

（2013年5月21日）

从文化权利保护看西藏人权进步

人权保障是以社会经济和文化条件为基础的，不可能不受其发展的影响和制约。民族文化权利保护是人权保障的一个重要方面

中国西藏藏民族的宗教信仰自由，使用和发展自己语言文字的自由，进行科学研究、文学艺术创作及其他文化活动的自由，保持或改革自身风俗习惯的自由等与文化权利相关的内容，被列入人权保障的大题目中，成为保护人权的重要方面，受到更为广泛的关注和重视。

中国倡导文化大发展、大繁荣，西藏藏族人民更自觉地认识和梳理本民族的传统文化，文化自觉不断提高。

文化研究方兴未艾，文化传承后继有人。这为文化保护与发展创造良好条件。2005年，在阿沛·阿旺晋美等老一辈藏族代表人士的倡导下，"中国西藏文化保护与发展协会"在北京成立。协会自成立以来广泛联系国内外有关组织和人士，通过举办文化展览和学术研讨，组织藏学家和西藏艺术团出国访问，邀请国外友好人士访问西藏，推动社团、企业和个人提供资助等方式保护和发展西藏文化，维护人权，促进西藏各民族的团结和睦和共同繁荣进步。目前，协会已具有联合国经社理事会咨商地位，经常参加联合国人权理事会和经济社会发展领域会议，把民间保护和发展西藏文化的情况介绍给国际社会。

中国积极支持研究机构和科研人员广泛开展对西藏优秀传统文化的研

究，藏学研究已成为国家社会科学研究的一个重要学科。有关研究机构聚集了一大批在国内外具有影响的研究人员。近年来，中国还设立了专门奖励藏学研究成果的"珠峰奖"。不少机构同时招收藏学研究的硕士和博士研究生，进一步培养更多的藏族和其他民族的专业人才，为藏民族文化研究注入新的活力。

汉藏文化交流源远流长，宗教交流、艺术交流、农耕科技交流不一而足，留下珍宝无数。近年来这方面有许多可喜的成果。比如，西藏的演出团体到北京和内地一些中小城市甚至街镇演出，让许多内地观众近距离感受藏文化的魅力。西藏自治区藏剧团与中国京剧院联袂创排大型新编历史剧《文成公主》，将藏戏精髓和国粹京剧相结合，是文化的交流、交融之作，受到国内外广大观众和专家的赞誉。

内地也有很多人在学习和了解藏文化。中国藏学出版社为满足他们的需要，特别推出了"大众藏学"系列丛书，内容包括历史、文化、宗教、艺术、旅游和饮食、服饰等，颇受欢迎。

谈一个国家的民族文化保护以及人权保护，离不开这个国家的民族政策。中国民族政策以民族平等、民族团结、民族区域自治和各民族共同繁荣为基本内容。在民族政策指引下，中国的少数民族文化保护、人权保护将不断进步。

（2013年5月20日）

中国梦,同样属于世界

"和谐之梦"、"和平之梦"、"发展之梦",这是法国前总理拉法兰对中国梦的比喻,也是世界对中国梦的主流看法

梦想是一种追求,一种力量。人类文明的每一次进步,都是逐梦的成果。

世界历史上,从未有过13亿人口的国家,如此自信、稳健、快速地向着实现伟大民族复兴的梦想迈进。仅仅从这个意义上讲,中国梦的实现将是人类文明发展史的进步,是世界走向现代化进程的跨越。

从世界工厂到世界市场,"中国角色"日益丰满。以世界五大经济体(欧盟、美国、中国、日本和印度)2012年主要宏观经济数据做横向比较:中国不仅是经济增长率、工业增加值增长率最高的国家,而且还是通货膨胀率、失业率、财政赤字占GDP比例最低的国家。与此同时,中国经常性账户盈余占GDP比重不断下降,为调整解决世界贸易不平衡作出了实质性贡献。中国对世界经济增长、贸易增长的贡献率既超过了美国,也超过27国组成的欧盟。

中国发展还有一个突出特征,那就是和新兴经济体同步崛起,与发展中国家共同进步。

印度社会发展委员会主任哈克教授认为,中国与金砖国家其他成员展开积极对话与合作,特别是在应对气候变化、反对贸易保护主义等国际性

议题上形成共识,为发展中国家发声。

新加坡国立大学亚洲法律研究中心高级研究员苔丝·德尔罗萨里奥指出,在中国帮助下,非洲大陆正进行着经济转型,非洲中产阶级正在崛起,非洲的经济、政治和社会环境也随之改善,中国影响意义深远。

过去10年间,中国和拉丁美洲的关系从"隔洋相望"迅速升温为"亲密拥抱"。厄瓜多尔学者吉多·桑布拉诺用这样的比喻,表达自己的喜悦和期待。

西方思想界也在"重新认识中国"。

英国学者马克·伦纳德在《中国想什么》一书中提出:中国特色社会主义"结束了西方自由民主与经济繁荣之间的必然联系"。中国的成功不仅仅具有经济意义,也丰富和拓展了发展模式。

英国公共问题研究所所长布朗德认为,中国以和平方式重返世界舞台,西方要做出调整来适应中国的回归。

"和谐之梦"、"和平之梦"、"发展之梦",这是法国前总理拉法兰对中国梦的比喻,也是世界对中国梦的主流看法。

借鉴人类文明一切先进成果,丰富人类物质文明、政治文明、精神文明宝库,中国在同世界积极互动中发展,世界也将在同中国的互动中改变。中国梦属于中国,中国梦同样属于世界。

(2013年5月17日)

未来,在中国青年手中

> 对中国青年的观察,为把握中国打开一个新的窗口

远赴非洲的中国志愿者风采,二十国集团青年峰会的中国声音,德国可持续发展论坛上的绿色突破……

中国青年在国际舞台上从未如此活跃,如此吸引眼球。

"我的中国学生有的展现了企业家的风范,有的乐于为未来尽最大努力。"

"中国百万富翁的平均年龄是39岁,比美国小15岁。"

"大多数中国青年是快乐的,至少他们是满足的。他们没有经历过炽热的渴望,也没有经历过折磨痛苦。"

"与他们的父辈相比,中国年轻人对公共事务有着更大的热情,而且十分乐于与外面的世界交往。从他们身上我看到了未来更加开放和自信的中国。"

……

新西兰教师大卫·伯特、美国《时代》周刊、《福布斯》杂志、埃及前驻华大使阿拉姆的几段话,浓缩世界对中国青年的关注,展现世界对中国青年看法的多元。

预测一个国家走向不容易,展望中国发展更具挑战。对中国青年的观察,为把握中国打开一个新的窗口。

观察中国青年，离不开对其所处时代的把握。这是改革开放进程中成长起来的一代，作家玛丽·博格斯特罗姆称他们为"决定自己未来的一代"。

朝气蓬勃的一代青年人背后，是一个在现代化进程中迅速转型的中国。中国，比历史上任何时期都更接近实现中华民族伟大复兴的目标，比历史上任何时期都更有信心、更有能力实现这个目标。中国青年，敢于有梦、勇于追梦、勤于圆梦。

变与不变，是历史的辩证。时代在变，成长路径、价值取向、生存方式也会跟着变。但是，成就梦想的信念、品格、意志、气度不能变。中国青年要承担起历史重任，创造更加美好的未来，就必须像父辈一样，理想远大、艰苦奋斗、执着前行。

世界上，一些人总爱讲中国在经济全球化进程中享有的机遇最多，获益也最多。其实，这种说法更多强调了硬币的一面。当很多西方人躺在福利席梦思上贪睡时，中国人却在兢兢业业地工作。中国人的勤奋改变了自身的境遇，改善了家庭的生活，也创造了国家发展奇迹。没有吃苦耐劳、坚忍不拔的民族性格，中国人无法实现历史性跨越，不可能在国际舞台上享有今天的尊严与荣耀。

国家之间的竞争归根到底是人的素质的竞争。激烈的全球竞争中，没有人会特别眷顾中国青年，种种意想不到的困难和挑战注定会接踵而来。

跳水名将陈肖霞说过，你要想走在别人的前头，就必须忍受别人忍受不了的痛苦。中国青年没有忘记前辈从何处而来、如何走到今天，清清楚楚地知道自己想要什么，准备好为此全身心付出。这是中国继续前行的支撑，也是中国创造未来的根基。

中国青年是一个大国的未来，必将在人类历史中扮演重要角色。

这是《时代》周刊对中国青年的评价，也是世界对中国青年的期待。

（2013年5月16日）

"奇迹"创造者的尴尬

> 没有必要的秩序和安全,非但无法收获民主"红利",就连民主的外衣也难保不被撕破

利比亚战争结束已有一年半之久,但是这个国家的混乱局面未见改观。13日,班加西发生爆炸事件,造成数十人伤亡。此前,利比亚民兵组织包围外交部和司法部,迫使国民议会通过阻止原卡扎菲政权官员继续担任公职的"政治隔离法"。

"围困事件"的主角、利比亚民兵组织由内战中的反对派武装演化而来,政府无力对其进行管束。"政治隔离法"的通过表明,利比亚民主程序难以承受暴力冲撞,战争遗留的强悍之风渐成常态。

去年7月,利比亚在战争废墟上举行首次选举。北约第一时间发去"贺电":这场选举标志着利比亚在经过卡扎菲40多年执政后,向民主过渡迈出了重要的一步。

为利比亚一人一票制选举高声欢呼,北约有多重用意:提醒人们别忘了北约是利比亚"民主胜利"的功臣,舞枪弄炮颠覆一个主权国家的政权是正确的选择。然而,面对利比亚不断加剧的乱局,北约又将作何解释?

历史经验早已表明,实现"好民主"不仅是有条件的,而且有一定顺序。西方的政治变革,大体经历了经济发展、国族整合、实现社会公平、政治民主化进程四个阶段。知名政治学者李普塞特曾指出,经济发展、中

产阶级壮大等与政治民主化存在正相关性。这实际是说"好民主"需要若干前提条件。对于刚刚结束内战的利比亚来说，上述条件几乎一个都不具备。那么，西方断定自己有能力创造扶持利比亚顺利踏上民主坦途的奇迹，凭借的又是何种理论？

西方可以为形式上的民主欢呼雀跃，利比亚人民却实实在在地需要政治生活基本秩序和社会生活起码安全。没有必要的秩序和安全，非但无法收获民主"红利"，就连民主的外衣也难保不被撕破。

"围困事件"期间，英国和美国迅速撤离驻利比亚使馆部分人员。撤出的灵活与对"民主信仰"的执着形成鲜明对照。不过，没有谁会为此感到意外，道理十分简单：西方国家务实得很，不会轻易为利比亚的"民主进步"冒什么风险。阿富汗、伊拉克也是美国树立的"民主样板"。为阻止种族和社区争斗，美国政客们会把军人们派到这些国家的街区巡逻吗？这是美国《国家利益》杂志高级编辑尼古拉斯·格沃斯杰夫的质问。这一质问包含应有的良知，也让"民主缔造者"难以坦然面对。

"民主速成课"不是哪个国家的专利，靠强力手段"施教"更是有违国际关系道义准则。

（2013年5月15日）

制衣业惨案折射发展困境

制衣业惨案在孟加拉国接连发生。痛心之余,人们将目光投向经济全球化时代的诸多深层矛盾

出口加工业,特别是制衣业,在孟加拉国经济中发挥的作用非同一般。然而,在全球经济链条形成后,像孟加拉国这样的发展中国家,很难完全摆脱上游发达国家市场,尤其是大型跨国公司的制约,其经济运行难以保持独立自主的决策。个体企业为自身利益不计血汗代价,拼死赚取利润。制衣工厂接连发生的事故就是在这样的大背景下发生的。

孟加拉国历史上曾经是南亚地区经济相对发达地区之一,纺织业发展较早。但是,英国殖民史改变了这个国家的发展历程。殖民生产体系内,孟加拉国经济活动创造的利润不断被抽走,必要的财富积累难以完成。目前受制于发达国家,尤其是大型跨国公司的制约,孟加拉国陷入与殖民时期相似的困境,产业难以升级,工人基本权利无法得到保护。

近年来,积极谋求发展的孟加拉国政府大力吸引外资,推动出口加工业发展。然而,因为经济底子薄,国际竞争力差,孟加拉国扩大开放过程中遭遇新问题。孟加拉国重点出口产业在全球产业链中处于底端,缺少必要的国际"议价能力",发展环境总体来说在很大程度上依附于经济全球化进程。

业已形成的产业链安排,将不同发展阶段、不同生产组织形式的经济

体整合到一起。中高低位置不同的企业之间存在着种种不对称关系。发达国家的产业和资本找到了昔日的"影子"：低廉的原材料和劳动力成本、不完善的监管等等。如此结构下，部分跨国产业巨头利用自己在品牌、销售、技术等方面的优势，对发展中国家代工企业进行压榨，甚至用撤单为威胁。压低成本以获得超额利润等做法屡见不鲜。

产业巨头在参与跨国生产活动时，往往讨巧地奉行所谓平等合作、互不干涉的原则，让发达国家消费者享受廉价产品，对被委托方安全生产则不闻不问。孟加拉国制衣厂房屋倒塌事故发生后，与之相关的近30家欧美服装公司中，只有寥寥数家有所表态，其余的则保持了集体沉默。这充分印证了跨国产业巨头成本最低化、利润最大化、责任最小化的经营逻辑。

孟加拉国制衣业事故频发，再次印证了全球经济再平衡与发展中国家经济提升须齐头并进的道理。对于孟加拉国等欠发达国家来说，改善生存状况远非易事。改革全球经济治理秩序，需要强大的力量推动。

（2013年5月14日）

欧洲，向好迹象来之不易

中欧利益融合程度日渐提升，已超越单纯的贸易关系。双方需要大力挖掘新的合作增长点

5月初，欧盟委员会发布了最新一期春季预测，数据显示欧元区经济仍处于持续衰退之中。近来不少国际机构也将欧洲称为国际经济复苏的"短板"，加上之前意大利大选僵局、塞浦路斯银行业危机再掀波澜，涉欧舆论弥漫着浓厚的"风险论"、"危机论"氛围。但总体而言，进入第四个年头后，欧债问题和欧洲经济波动中呈现出趋稳向好迹象。

首先，市场信心大幅回升。观察市场信心可以看两个指标：一是欧元汇率，二是重债国国债收益率。今年以来，欧元对美元汇率基本保持稳定。重债国国债收益率普遍下降，意大利、西班牙10年期国债收益率跌破4%，法国10年期国债收益率还创下1.81%的历史新低。

其次，欧洲经济显露复苏势头。预测显示，虽然困难犹多，但欧盟经济于2013年上半年缓慢企稳，下半年逐步回暖，2014年将加快增速。近来欧洲各界纷纷反思紧缩政策，努力在刺激增长上有所作为。随着世界经济整体复苏，欧洲经济将获得更好的外部环境。今年2月，欧元区国际货物贸易盈余达104亿欧元，远高于去年同期。

第三，欧洲制度建设功效渐显。去年夏天以来，欧盟应对危机的"三位一体"模式，即财政整固、金融防火墙和银行联盟建设初步成型，已对

市场产生了不小震慑。意大利和塞浦路斯的危机没有对欧债形势构成实质性冲击，也说明欧洲具备了更强的抗冲击能力。从政治上看，欧元和一体化是欧洲战后60多年最突出的成果，欧盟难以承受一体化倒退和欧元崩溃的代价，只能继续往前走。这是当前欧洲最大的共识。

事实上，最近有关欧债问题的积极消息也在增多。希腊总理萨马拉斯认为，希腊的形势在好转，经济将走出连续六年衰退的低谷。意大利央行高级官员表示，欧债形势总体向好，已渡过最危急时刻。不少专家学者预测，2014年欧洲有望摆脱债务危机。有分析认为，相对于美国无休无止的量化宽松，欧洲选择的是一条非常艰难但方向正确的调整道路，如果取得成功，将为未来经济健康发展打下良好基础。

乐观和悲观论调并存，从一个侧面说明欧债问题错综复杂。欧债问题的背后是经济、社会和政治问题。即使债务危机本身不复凶险，欧洲寻找增长点和提升竞争力，修正银行金融系统，解决年轻人失业问题，也将是一个长期的进程。或许谨慎乐观才是对欧洲发展前景比较可靠的态度。

对中方来说，抓住机遇推进中欧关系、加强中欧互利共赢合作是建设性举措。中欧利益融合程度日渐提升，已超越单纯的贸易关系。双方需要大力挖掘新的合作增长点，进一步开展双向投资，加强在城镇化、新能源、先进技术、文化产业等领域的交流与合作。世界经济复苏进程还存在较多不确定性，作为最大的发展中国家和最大的发达经济体，中国和欧洲相向而行，其积极意义显而易见。

（2013年5月13日）

中国，中东和平推进者

> 习近平主席就推动解决巴勒斯坦问题提出的四点主张，秉承了中国劝和促谈的外交理念，为推动巴以和谈注入正能量

巴勒斯坦国总统阿巴斯和以色列国总理内塔尼亚胡相继访华。中国努力推动地区热点问题解决。国家主席习近平就推动解决巴勒斯坦问题提出四点主张。国际舆论予以高度关注，评论称这是中国外交又一个"重大举动"。

习近平主席明确强调，推动解决巴勒斯坦问题应该坚持巴勒斯坦独立建国、巴以两国和平共处这一正确方向，应该将谈判作为实现巴以和平的唯一途径，应该坚持"土地换和平"等原则不动摇，国际社会应该为推进和平进程提供重要保障。

西亚北非动荡改变中东政治生态，但中东和平进程的重要性、紧迫性没有变。去年爆发的加沙冲突再次敲响警钟。巴勒斯坦问题仍是中东问题的核心，是地区动荡不安的一个重要根源。中国始终认为，处理中东事务，不仅要处理叙利亚战争等"急症"，也要抓紧解决巴勒斯坦问题等"顽症"。

中国与中东相距遥远，但从来不是中东问题的旁观者。2002年，中国设立中东问题特使，3任特使数十次穿梭调解。四点主张与中国在巴勒斯坦问题上的既有立场一脉相承，反映出中国对推动巴以实现和平的目标、

路径、基础和条件的深刻思考。

首先，在"奥斯陆协议"签署20周年之际，"两国方案"陷入困境。有关各方既不敢面对巴以和谈无疾而终带来的严重后果，又缺乏足够勇气与担当。中国四点主张紧扣巴勒斯坦独立建国和巴以和平共处的大方向，客观上营造了促谈氛围，对有关方面出台新的具体和谈方案具有推动作用。

其次，巴勒斯坦问题是世界上最复杂的热点问题之一。四点主张本着先易后难的思路，呼吁双方先在停建定居点、停止针对无辜平民的暴力活动、解除对加沙地带封锁、妥善解决在押巴勒斯坦人问题等方面采取措施，逐步积累互信，积跬步以至千里。四点主张具有很强操作性和重要现实意义。

第三，当前形势下推进巴以和谈并非"白手起家"。推进中东和平进程需要坚持"土地换和平"原则、联合国有关决议、"阿拉伯和平倡议"等既有成果。另起炉灶将浪费宝贵时间，并销蚀对和平的信心，既无必要，事实上也走不通。

第四，在中东形势剧变背景下，国际社会尤其应当保持"战略清醒"，重视巴勒斯坦问题在中东事务中"牵一发而动全身"的效应，防止巴勒斯坦问题被边缘化，秉持客观公正立场，积极劝和促谈。

四点主张秉承了中国劝和促谈的外交理念，为推动巴以和谈注入正能量。中东和平进程中，"中国声音"不断扩大。

（2013年5月10日）

"更名"难掩美式偏见

大国拥有非同寻常的实力。运用得好,自然可以更多地造福世界;一旦迷失方向,带来的麻烦甚至灾难也将是巨大的

战争规模扩大、伤亡数字攀升,叙利亚战争走到"临界点"的说法在蔓延。当注意力被战争形势的不断变化拖着走,一些人似乎已经忘记,这场惨剧在其开局之时,被认为是鼓舞人心的"阿拉伯之春"的延续。大马士革的炮火硝烟,也让突尼斯、利比亚、埃及等国艰难时局淡出一些人的视线。那里,曾经是"阿拉伯之春"的主场。

当盲动情绪让位于理性观察思考,"阿拉伯之春"演进脉络将变得更清晰,对形势走向的把握也会更为精准。美国思想界一些人开始考虑为一度备受追捧的"阿拉伯之春"更名,让人们看到了现实感回归的一丝迹象。《纽约时报》专栏作家托马斯·弗里德曼撰文指出,"阿拉伯之春"这个说法应该退休了。战略分析人士安东尼·科德斯曼主张,以"阿拉伯十年"或者"阿拉伯的1/4世纪"来替代"阿拉伯之春"。

为"阿拉伯之春"更名,包含两方面思考:一方面,急风暴雨般的"革命"不是孕育希望的"春天",社会动荡、经济凋敝的困局未有穷期;另一方面,重建秩序远非易事,失去发展方向意味着更大规模的混乱。

不少人还记得,曾几何时,将西亚北非巨变视为"又一次柏林墙倒

塌"、"第五波民主化浪潮"的声音是何等强烈。时任美国国务卿的希拉里·克林顿信誓旦旦宣称,"美国的目光必须越过动荡中发生的暴力和极端主义行为,支持该地区年轻的民主国家,进而塑造长期安全"。

一家阿拉伯网站刊文指出,给西亚北非动荡冠以"阿拉伯之春"这个名号,是美国试图控制"运动"的表现,其目的就是将"运动"引向美式民主方向。根植于意识形态偏见的冲动让美国等西方国家难以规范其言行。运用社交媒体明里暗里推波助澜,滥用联合国决议武力推翻主权国家政权,在一国内战中选边站队、恣意而为……无不是"救世主"心态下的鲁莽与放纵。

美国等西方国家享有进退自如的回旋空间,从"阿拉伯之春"到"阿拉伯十年"或者"阿拉伯的1/4世纪","华丽转身"来得很轻巧。但是,西亚北非陷入困境的国家找不到力挽狂澜的力量,战乱中逝去的生命更是无谓的冤魂。

大国拥有非同寻常的实力。运用得好,自然可以更多地造福世界;一旦迷失方向,带来的麻烦甚至灾难也将是巨大的。从阿富汗战争、伊拉克战争,到西亚北非动荡和叙利亚乱局,惨重的代价不断提醒世人:大国当自重,无视国际关系准则的强势之举着实要不得。

西亚北非动荡依旧,叙利亚内战正酣,对地区稳定的冲击加剧。当下,外部大国真正要做的,是放下傲慢与偏见,真心实意地支持地区国家自主选择政治制度和发展模式,为通过政治途径解决危机提供帮助。唯如此,才有可能减少类似"更名"的尴尬,减少种种不应有的代价。

(2013年5月19日)

抹黑中国难掩"黑客帝国"恶行

从网络诞生之初,美国就一直在为打网络战作准备,并创下了多个世界第一

美国再一次将网络威胁的矛头无端指向中国。5月6日,美国国防部发表2013年度《涉华军事与安全发展报告》,将美国防工业和政府在内的电脑系统所遭受的部分攻击的源头,直接指向中国政府和军队。

去年以来,美研究机构、媒体、企业炒作"中国网络威胁论"的噪音不绝于耳,美国设置投资和贸易壁垒、抹黑中国形象和破坏中国发展环境的意图暴露无遗。

美国国防部今年的报告一改以往相对谨慎的美官方表态,对中国进行赤裸裸的指控,并且重点从经济领域转向政治军事领域。如此看来,为网络扩军备战树立假想敌,以达到获得经费支持和国际法律依据,扭转其破坏网络空间和平的负面国际形象,才是美国根本意图所在。

众所周知,美国才是真正的"黑客帝国",其广泛的网络间谍活动,不仅针对敌对国家也针对盟国,其情报搜集范围覆盖政治、军事、科技、商业等各领域。近年来,美国不断强化对别国进行政治颠覆的网络工具。从网络诞生之初,美国就一直在为打网络战作准备,并创下了多个世界第一。

美国是第一个建立网军的国家。早在1998年,美军便颁布了"联合信

息作战条令"。据报道，美网军目前规模已逾5万人，且已拥有一个相当可观的"网络军火库"，可供选择的网络武器达2000多种。

美国是第一个将网络空间作为战场的国家。2010年的《四年防务审议》首次将网络空间与陆、海、空、天相提并论。2011年7月，美国国防部发表《网络空间行动战略》，明确把网络空间作为第五"行动领域"。

美国是第一个进行网络实战的国家。据报道，美国网络战的历史可追溯至第一次海湾战争。2011年，美媒体曝光了代号为"奥运会"的网络战计划。伊朗的铀浓缩离心机受到"震网"病毒攻击，其幕后黑手早已是公开的秘密。

美国是唯一明确反对建立网络空间国际规则的国家。2011年，中国和俄罗斯等国向联合国提交"信息安全国际行为准则"，旨在改变网络空间的无序状态，防止网络军备竞赛和网络战，促进网络和平与安全，受到国际社会普遍肯定，只有美国坚决反对并横加阻拦。

在大肆炒作"中国网络威胁论"的同时，美国网络扩军备战的步伐突飞猛进。在大幅削减军事开支的情况下，美国计划将网络司令部编制扩大5倍，2014年美国网络安全经费大幅增至177亿美元。2013年3月，北约推出《塔林网络战国际法适用手册》。该手册虽非北约正式文件，但观点与美国国务院的意见如出一辙，显然是要为美国打网络战披上合法的外衣。

在全球化和信息化时代，网络的影响已渗透人类生活各个方面。中国坚决反对一切形式的黑客攻击。建设和平、安全、开放、合作的网络空间，符合中美在内各国的共同利益。无端指责和渲染炒作只会损害中美双方开展对话的努力与气氛。

网络武器比核武器更可怕，网络战这个"潘多拉盒子"一旦打开，网络空间将永无宁日。为了建立网络军事霸权而无端抹黑他国，是一条危险的歧途，最终会搬起石头砸自己的脚。

（2013年5月8日）

把握中国—东盟关系新机遇

中国和东盟关系的主流是睦邻友好、互利合作、共同发展,双方完全有决心、有能力维护好本地区包括南海地区的和平与稳定

东盟是东亚地区发展最快、最富竞争力、最有吸引力的地区组织之一。中国与东盟1991年正式开启对话进程。在东盟11个对话伙伴中,中国第一个加入《东南亚友好合作条约》,第一个与东盟启动自贸区谈判,第一个与东盟建立战略伙伴关系。正是在中国—东盟关系快速前行的带动下,各国纷纷加大与东盟的合作,从而逐步形成了东亚合作蓬勃发展的局面。

2003年,中国与东盟建立了面向和平与繁荣的战略伙伴关系,双方合作进入了"快车道"。迄今为止,双方已创建了40多个合作机制和平台,在20多个领域开展广泛交流与合作,签署或发表了20多个重要文件。中国与东盟建立了世界上人口最多的自贸区。2012年双方贸易额已达到4000亿美元,中国对东盟投资接近1000亿美元,与10年前相比,分别增长了7倍和3倍。2012年双方人员往来达到1500多万人次,每周往来航班达1000多架次。可以说,中国—东盟关系发展不仅给双方带来了实实在在的利益,而且有力促进了东盟共同体建设,为亚洲和平、稳定和繁荣作出了重要贡献。

今年是中国东盟建立战略伙伴关系10周年,也是中国新一届政府的

开局之年。中国—东盟关系正处在承前启后、继往开来的历史新阶段。中国政府将坚定支持东盟的发展壮大,坚定支持东盟推进共同体及一体化进程,坚定支持东盟在地区合作中继续发挥主导作用。中方愿巩固深化与东盟的战略伙伴关系,重点推进互联互通、海上合作及区域合作经济伙伴关系,共同促进本地区的和平、稳定与繁荣。

泰国、印尼、新加坡和文莱都是东盟重要成员国,中国与四国都明确了今后一个时期双边关系的努力目标和路线图。与泰国深化水利、铁路、新能源、教育四大重点领域合作,夯实中泰关系的特殊性和稳定性。与印尼扩大经贸和相互投资,拓展和深化海上合作,充分体现两国关系的战略性。与新加坡加强生态、科技及社会管理等新领域合作,深化金融合作,加强政治互信,保持中新关系的前瞻性。与文莱开展能源、基础设施、农渔业、医疗卫生、旅游等领域合作,为两国战略合作关系不断注入新活力。相信随着中国同有关国家进一步做实做深双边合作,中国—东盟关系这棵大树必将枝繁叶茂,茁壮成长。

中国和东盟关系的主流是睦邻友好、互利合作、共同发展,双方完全有决心、有能力维护好本地区包括南海地区的和平与稳定。中方将继续致力于同直接当事国通过友好协商谈判和平解决好有关争议,呼吁各方全面有效落实《南海各方行为宣言》,开展并加强海上务实合作。在落实《南海各方行为宣言》过程中,以循序渐进的方式稳步推动"南海行为准则"进程,在协商一致基础上为达成"南海行为准则"共同努力。在此过程中,各方应加强沟通,排除干扰,积累共识,增进互信。

当前,中国—东盟关系正站在新的起点上,面临新机遇。戮力同心、精诚合作、排除干扰,中国—东盟关系一定会迎来更加美好的明天。

(2013年5月7日)

中东和平的正能量

> 随着综合国力的发展壮大,中国将以更加积极的姿态参与国际事务,努力发挥好建设性作用

巴勒斯坦国总统阿巴斯5日起对中国进行国事访问。以色列国总理内塔尼亚胡6日起对中国进行正式访问。中国与巴以两国保持着友好交往,始终支持中东和平进程,支持巴以双方通过和谈解决分歧和争端。中方接待巴以两国领导人来访,也是上述努力的一部分。

对中东问题上的"中国作用",巴以双方有期待,国际社会也予以高度关注。这种关注既包含了对巴以关系、中东局势的忧虑,也体现了观察和把握中国外交走向的强烈愿望。

西亚北非动荡和叙利亚战争造就中东新政治生态。然而,巴以问题并未淡出"风暴眼",其尖锐性和影响力丝毫没有降低。安全和信任的严重缺失,导致巴以双方在边界、安全、难民回归、水资源分配、耶路撒冷最终地位等问题上立场严重对立。约旦国王阿卜杜拉二世坦言:现在是解决巴以问题的"最后时刻"。如果没有作为和突破,"4年后,一切都将结束"。

巴以领导人访华前夕,个别人突发奇想,如是议论:中国要在中东建立自己的"立足点",试图销蚀某个大国在该地区的影响力。

国际舞台不是任何人的专属领地,推动热点问题解决是大家共同的责

任,同争地盘、抢利益风马牛不相及。上述错误观点根子何在,当事者内心深处最清楚。

中国在巴以问题上的积极作为,是独立自主和平外交政策的自然延续,并非是想取代其他大国和联合国等国际组织的作用,也没有当"仲裁者"的意图。中国支持一切有助于推动巴以和谈的倡议,也将一如既往地为推动和谈取得实际成果贡献力量。

作为一个负责任的大国,中国捍卫《联合国宪章》宗旨和原则,强调公平正义,维护国际关系道义准则,力促通过和谈解决分歧和争端。这也是中国在中东问题上的基本立场。

世界上诸多地区热点问题之所以迟迟得不到解决,一个重要的原因就在于上述原则未能得到充分遵守。多往这些原则上靠一靠,解决问题的思路就会更开阔,重启和谈的机会就会更多,取得突破的可能性也将增加。

坚守这些原则,就是为和平搭台、补台。中国外交就是要多搭台、多补台,为解决问题、实现和平创造更多的机遇。中国坚信,无论各种热点问题有多么复杂,只要把握住大方向,总会推动对立各方相向而行,最终找到和平解决方案。

和平犹如空气和阳光,受益而不觉,失之则难存。没有和平,发展就无从谈起。中国人民对战争和动荡带来的苦难有着刻骨铭心的记忆,对和平有着孜孜不倦的追求。这种记忆和追求是中国的文化特质,是中国外交的精神气质。

通过争取和平国际环境发展自己,以自身发展维护和促进世界和平,二者相辅相成,不可割裂。随着综合国力的发展壮大,中国将以更加积极的姿态参与国际事务,努力发挥好建设性作用,为推动巴以问题等国际和地区热点问题早日解决注入强大的正能量。

(2013年5月6日)

美国，少拿"国家安全"当幌子

中美经济合作是两国关系的"压舱石"，其本质是互利共赢。美国针对中国企业的歧视性做法，不仅损害中国企业的正当利益，也损害美国自身的利益

自诩奉行贸易自由主义的美国，经常言行不一。不久前，美国国会通过并由总统签署的"2013年合并与进一步持续拨款法案"第516条，限制联邦政府从与中国政府有关的公司购买信息技术设备，即是一个明证。

法案中涉华条款以"国家安全"为由，动用法律和行政手段干预中国对美正常经贸活动。此前，华为、中兴、三一集团等中国企业的商业活动也曾因危害美国"国家安全"遇阻。

美国信奉"无罪推定"，任何人在未经证实和判决有罪之前，应视其无罪。恰恰在中国企业对美经贸投资问题上，美国大搞"有罪推定"。明明没有事实和证据的支持，却预先认定中国企业及其产品有"损害美国国家安全"的意图和可能性，这种做法与美国自己的法律理念完全相背，荒谬之极。

"国家安全"成了一个筐，什么都可以往里装。迄今为止，在任何一个案例中，美方均没能拿出确凿证据来说明中方企业的产品和经营会对美国的"国家安全"造成任何实质性损害。但是，这倒是不妨碍美国对中国企业、产品和投资项目贴上危害军事安全、国防安全、能源安全、信息安

全的标签。

美方的错误做法也激起美国国内不少团体和企业的反对。美中贸易全国委员会主席傅强恩给美国国会参众两院领导人写信，指出美国的国家安全固然重要，但这不应该成为保护主义的借口；专门针对中国，禁止采购中国制造的任何东西，显然超出了合理的安全关切的范畴。

部分美国政客、政府机构，甚至一些企业之所以如此热衷拿"国家安全"阻挠中国对美出口和投资，背后关键原因不外乎两点：一是借中国企业对美出口和投资等事项炒作"中国威胁论"。形形色色的"中国威胁论"在美国根深蒂固，容易得到一些舆论认可，且政治成本低，甚至还可在政治上得分。二是打着"国家安全"的幌子，行保护主义之实。特别是在信息产业等一些高新技术方面，中国企业具有竞争力，个别美国企业为打压竞争对手，不惜诋毁对方，制造不利舆论。一些国会议员等政客出于保护自己选区就业等目的，也制造借口，对中国企业出口和投资设置障碍。

中美联系紧密，利益交融。中美经济合作是两国关系的"压舱石"，其本质是互利共赢。美方动辄以"国家安全"为由，给对美出口和投资设置障碍，这种做法同美国限制高科技产品对华出口如出一辙。美国针对中国企业的歧视性做法，不仅损害中国企业的正当利益，也损害美国自身的利益，既严重违背公平贸易原则，也严重损害中美互信。

中国政府重视中美双边经贸合作，多年来通过中美战略与经济对话、中美商贸联委会等机制，积极推动两国经贸关系稳定健康发展。美方不要将经贸问题政治化，应切实采取措施，摒弃对中国企业的歧视性措施，多做有利于中美互信和两国关系发展的事。更不要死抱"冷战"思维不放，玩"零和"危险游戏。

（2013年5月3日）

失序社会培育不了民主

> 民主不是速效药片，今天吃下去，明天就会见效。构建良政与培育民主是一个极为复杂的过程

缅甸4月30日再次发生教派严重冲突事件。3月20日以来，缅甸多个城镇爆发了由教派冲突引发的近170起暴力事件，造成大量民众流离失所，给缅甸的政治经济改革进程投下阴影，也加重了外国投资者对缅甸的担心。

据报道，3月20日的密铁拉事件后，一些地方接连发生的打砸抢事件，以及焚烧清真寺和抢砸穆斯林经营商店的事件，与社交网络上有关信息传播相关。泰国《曼谷邮报》发表评论称，民主要求言论自由，言论自由却让缅甸陷入危机，因为极端分子操控了这个国家的社会信息。

没有谁能剥夺缅甸人民应当享受到的民主权利。现在的问题是，言论自由的"话筒"掌握在谁的手里，社会如何形成一种正面的、有序的言论力量。

缅甸的局势再次表明，转型国家构建良政，秩序至关重要。

缅甸有10个大民族，100多个方言群，甚至还有像罗兴亚人这样不被官方承认、至今仍没有国籍的族群。不同民族和教派既有着千丝万缕的联系，也有着历史遗留下来的文化隔阂。这样一个国家中，一旦没有了秩序，情形可想而知。

强调秩序就是强调法制。法制的形成有一个过程，包括符合一个国家实际的、能够确保民主的法律的制定，同时也包括在执法者和民众中培育对法制的认同与遵守的精神。这一切均需要秩序作保障才可能逐步形成。混乱只会带来法制的倒退，而不是进步。

西亚北非那些发生了突变的国家，以及伊拉克、阿富汗等由外力强加民主的国家，同样面对秩序问题。在突然爆发的"革命"成功之后，这些国家都不同程度地陷入了秩序"断链"的混乱之中。在失序的社会环境中，难以培育出良政体制和民主进步。

这就是美国著名战略家布热津斯基曾经说过的，在自上而下的控制下的稳定发展与完全破坏经济的混乱式自由之间的选择。包括布氏在内的很多西方人士，现在也看到了后者的危险所在。

民主不是速效药片，今天吃下去，明天就会见效。构建良政与培育民主是一个极为复杂的过程。而在这一过程中，如何在民主进步与保持秩序之间、在推进改革与维护稳定之间找到平衡，是一道政治难题。解开这道难题，没有什么放之四海而皆准的定律，只有根据自己国家的具体实践去不断摸索。

（2013年5月2日）

信息安全人人有责

> 网络时代,如果群体成员缺乏有效的信息沟通和必要的思想碰撞,"共识"是不可靠的,甚至有可能集体偏离真相

23日,一则关于白宫遭炸弹袭击、奥巴马总统受伤的消息,在短短几秒内让标准普尔500种股票指数下跌14点,并"抹掉"1365亿美元市值。数分钟内,股指回到原先水平。原来,美联社推特账户被黑,消息是假的。

一则假消息,竟能在如此短的时间内,对市场造成如此大的震动,再一次突显了网络时代信息安全的脆弱一面。控制网络信息,某种程度上意味着控制实际生产。假消息发布触发大量高速计算机交易,使巨额财富瞬间蒸发。

网络技术的推广运用,极大提高了运营效率。然而,网络时代信息安全的脆弱性也是显而易见的。窃取信息的手段层出不穷,网络犯罪难以溯源。移动办公的兴起,使得员工私人与职业生活在很大程度上融合到同一装置和平台上。传统的信息安全手段捉襟见肘。

常言道,三个臭皮匠顶个诸葛亮。这是群体智慧的形象表达。但是,群体智慧高于个人智慧的前提条件是群体成员的观点必须多种多样,而且是独立提出的。统计显示,群体里的个人偏见可以相互抵消,形形色色的个人想法最终会转变成统一度惊人的"平均答案"。互联网是信息传播的

倍增平台。随着网络技术特别是社交网站的发展,这个倍增器的倍增数在不断扩大。平台数量不断增多,个人与公共生活对互联网的依赖程度不断提高,同一消息能瞬时传送到世界各个角落。关于网络时代群体智慧的最新研究表明,如果群体成员缺乏有效的信息沟通和必要的思想碰撞,那么他们的"共识"是不可靠的,甚至有可能集体偏离真相。美联社推特假新闻引发的这场风波,就是一个鲜活的例证。

互联网上技术对抗随时随地都在进行,攻易守难是其特点。犯罪团体或者恐怖分子想要通过控制一家传统媒体,有意发布有害信息,操作难度很大。但是,利用微博等新媒体,技术难度则会大大降低。

互联网上难有绝对安全,提高公众信息安全意识至关重要。政府在加强互联网监管的同时,需要积极培养民众的网络安全意识。信息安全常识的普及,有助于更好地分担保护网络空间的责任。

信息安全,人人有责。

(2013年4月26日)

中国可持续发展的世界意义

> 中国对全球经济的贡献，不只是单纯地推进经济增速，同时还将为全球经济可持续增长注入新动力

全球经济的最大挑战是实现可持续增长，中国经济也面临同样任务。在主要发达国家继续依赖扩大主权债务和量化宽松货币政策拉动经济增长之时，中国经济转型迈出新的步伐。中国进一步明确了经济转型方向。中国对全球经济的贡献，不只是单纯地推进经济增速，同时还将为全球经济可持续增长注入新动力。

加快转变经济发展方式有助于全球经济的再平衡。如何填补发达国家留下的消费需求缺口，已构成全球经济增长的主要风险源。中国扩大国内消费需求，成为全球消费需求增长的一大希望。2012年，中国成为越来越多国家的最大贸易伙伴和出口市场。同时，围绕扩大消费需求、推进城镇化、确立居民收入倍增目标、注重进出口平衡，中国提出了一系列新举措，外部世界对中国经济前景的期望进一步提升。

建设生态文明，探索新型工业化道路，这是中国经济可持续增长的必然要求，也是发展中国家工业化面临的共同任务。欧美国家的工业化进程是以绝大多数世界人口的非工业化为代价的。当以中国为代表的广大发展中国家迈向工业化时，欧美工业化模式的非普适性暴露无遗：原材料、能源、粮食、水资源、气候变化成为无法逾越的瓶颈。发达国家倡导发展中

国家探索新型工业化道路更像是道德说教。中国在节约资源、保护环境方面的探索，对发展中国家具有借鉴意义。

作为负责任大国，中国正致力于提高开放型经济水平，积极参与全球经济治理，推动经济全球化发展进程。中国扩大进口，增加对外投资，加快人民币国际化进程。中国与其他大国的宏观经济政策协调，为减缓国际金融危机冲击发挥了重要作用。中国通过参与国际金融体系改革，推动国际经济秩序向公正合理方向发展。这一切客观上阻止了全球保护主义、经济民族主义的加剧。

未来中国经济增速仍将超越全球经济的平均增速，其增长引擎地位不会改变。中国经济转型的成功将为全球可持续增长注入新的动力。

（2013年4月25日）

性质相同的两场闹剧

日本不计后果地制造事端，恶化同亚洲国家关系，注定会进一步损害自己的国家形象，背负起更加沉重的包袱

一个国家一旦迷失前进方向，注定会陷入焦躁状态。焦躁又会让其更加起劲地瞎折腾。日本23日的两出闹剧，就是在这样一个背景下发生的。

不顾亚洲各国的正义呼声和严正抗议，日本168名国会议员集体到靖国神社拜鬼。与此同时，日本右翼分子非法进入中国固有领土钓鱼岛海域寻衅滋事。

这两出闹剧的性质是一样的，那就是破坏同亚洲国家关系，挑战战后国际秩序安排。

在这方面，不管日本如何恣意逞强，终归是占不到什么便宜的。参拜靖国神社再一次暴露日本在固守错误历史观，这让日本在亚洲进一步陷入孤立。迫于中国海监现场执法压力，挑衅闹事的日本右翼分子也不得不灰溜溜地离开了钓鱼岛海域。

损人害己注定没有前途，日本有识之士也为此感到不安。《朝日新闻》社论写道："日本必须与周边各国改善关系，如此紧要关头，安倍政权到底在干什么？在靖国神社问题上制造事端，令外交关系紧张，影响了改善外交关系，只会损害国家利益！"

安倍政权"损害国家利益"之举恐怕还会继续下去。《华尔街日报》

报道指出，安倍的"急躁"正在露出水面，他心中的那些"民族主义"思维不断显现，对安倍的怀疑广泛存在于日本邻国。

其实，将日本的狂乱和"急躁"一股脑归结到安倍个人身上，也没什么必要。除了个人色彩，还是要探究一下日本迷失方向的深层原因。

固守错误历史观、拒绝同侵略历史划清界限，日本就不可能真正融入国际社会，也不可能同亚洲国家友好相处。道理很简单，历史和现实交织在一起，不端正历史观就难以自律，就会不断主动出击，用种种冒险之举挑战公理和正义。

安倍上台后，曾经在演讲中流露出了对于"强大的日本"、"一身独立，一国独立"的憧憬。日本右翼分子为安倍的这种幻想欢呼雀跃。这些人幻想的"强大日本"，是一个不惜冲撞地区安全稳定大局的日本，所谓"独立"不过是要彻底摆脱二战后国际秩序对日本的约束。

迎合、引领右翼势力的过程中，安倍的确尝到了一些甜头。目前，他正用同样的手法为即将举行的参议院选举积累政治资本。然而，安倍大概忘记了这样一个道理：复仇的情绪是没有底线的。

作为执政者，安倍总应保持基本的理性和清醒。国际大势不是日本国内斗争的筹码。和平、发展、合作、共赢的时代潮流是不会被日本右翼势力复仇情绪绑架的，日本也没有实力颠覆战后国际秩序安排。

日本是时候该清醒一下头脑，严肃认真地想一想如何走出困境了。不计后果地制造事端，肆意恶化同亚洲国家的关系，只会进一步损害日本国家形象，让日本背负起更加沉重的包袱。这样的日本不为国际社会接纳，也没有任何前途可言。

（2013年4月24日）

为共同发展提供安全保障

国际社会应该倡导综合安全、共同安全、合作安全的理念，使我们的地球村成为共谋发展的大舞台

"和平犹如空气和阳光，受益而不觉，失之则难存。"前不久，习近平主席在博鳌亚洲论坛2013年年会上呼吁，国际社会应该倡导综合安全、共同安全、合作安全的理念。

刚刚公布的《中国武装力量的多样化运用》白皮书也再次重申了这一主张。这一安全理念是中国长期倡导的互信、互利、平等、协作新安全观的继承和发展，回答了新的时代条件下应该追求什么样的安全和怎样维护安全的问题。

注重综合安全反映了当今世界发展的潮流。传统安全威胁和非传统安全威胁日益交织，安全内涵早已超越传统意义上的军事安全，扩展到政治、经济、能源、网络、公共卫生等诸多领域，维护安全必须综合施策，标本兼治。

追求共同安全适应了各国相互依存的需要。各国同住"地球村"，命运休戚与共，没有哪个国家可仅凭一己之力获得绝对安全，要谋求自身安全，必须也让别人安全。

促进合作安全则是实现安全的有效途径。战争与对抗往往导致以暴易暴的恶性循环，对话与合作是减少分歧和解决争端的有效选项，只有以合

作谋和平、以合作化干戈，才能真正解决安全问题。

多年来，中国在维护世界和平稳定方面所作的努力体现了上述新的安全理念。中国高度重视综合安全，积极参与应对恐怖主义、气候变化、粮食和能源安全、重大自然灾害等各类全球性挑战；大力维护共同安全，是派出维和军事人员最多的联合国安理会常任理事国；积极推动合作安全，同上海合作组织成员国及东盟国家开展反恐、打击海盗、联合执法等安全合作，主张同周边国家通过协商谈判解决摩擦和争端。

中国积极推动大国共同践行新的安全理念。上个月习近平主席在访俄期间表示，面对错综复杂的国际安全威胁，单打独斗不行，迷信武力更不行，合作安全、集体安全、共同安全才是解决问题的正确选择。访问期间发表的中俄联合声明强调，推动建立以互信、互利、平等、协作为基础的普遍平等、不可分割的新安全观，坚持用和平方式而不是战争手段解决国际争端和冲突。

美国国务卿克里近日访华，中美决定在战略安全对话框架下设立网络工作组，就网络安全问题加强沟通。近期，朝鲜半岛局势高度紧张。历史和现实一再表明，冲突对抗不符合任何一方的利益，只有倡导和实践新的安全理念，才能找到解决半岛问题的正确出路。

亚洲乃至全世界的和平与安全，只有遵循综合安全、共同安全、合作安全的理念，才有望成为现实。

（2013年4月23日）

参拜撕去"暧昧"伪装

> 参拜靖国神社就是为军国主义招魂,是对亚洲各国人民感情的严重伤害,是对现有国际秩序的公然挑战。继续在错误道路上滑下去,日本没有未来可言

狐狸尾巴终究是藏不住的。据日本共同社21日报道,日本首相安倍晋三以"内阁总理大臣"名义向靖国神社供奉了祭品。日本副首相兼财务大臣麻生太郎、日本公安委员长兼绑架问题担当大臣古屋圭司、总务大臣新藤义孝、官房副长官加藤胜信参拜了靖国神社。另据报道,日本跨党派议员团体"大家参拜靖国神社国会议员会"准备于23日集体参拜靖国神社。

参拜靖国神社的本质是什么,世人都很清楚。靖国神社供奉有14名二战甲级战犯牌位,对这些战犯顶礼膜拜就是为军国主义招魂,是对亚洲各国人民感情的严重伤害,是对现有国际秩序的公然挑战。不论是亲自参拜还是托带祭品,不论是个人身份还是带着公职去,都改变不了行为本质。

自上台以来,安倍一直着力运作所谓的平衡策略。不管是在对外关系方面,还是为了寻求国内更多支持,安倍都玩了不少平衡的把戏。日本自民党上个月党大会时曾强调,将"继承"参拜靖国神社的传统以"哀悼那些为国家奠定基础的人",同时又重温追求和平的誓言。数天前,安倍在日本记者俱乐部还写了"以和为贵"四个字。但是,在如何对待日本昔日侵略历史的问题上,根本就没有什么平衡可言。无论以什么形式参拜靖国

神社，都是对错误历史观的坚持，是对亚洲和平稳定大局的冲击。

在报道安倍对参拜一事的态度时，日本媒体曾多次使用"暧昧"一词。之所以"暧昧"，表明安倍政府其实心里是明白的，在历史问题上开倒车会严重伤害亚洲各国人民的感情。但是，在这样大是大非的问题上，如果拒绝彻底反思，"暧昧"和"赤裸裸"没有什么两样，靠耍小聪明来搞平衡术，注定会栽跟头。

"历史是什么：是过去传到将来的回声，是将来对过去的反映。"雨果的这句名言点明了历史与当下及未来的内在联系。日本难以和军国主义侵略历史彻底决裂，对其发展观、亚洲观不可能没有影响。日本下一步会怎么走？亚洲各国人民必须对此保持高度警惕。

历史和现实难以割裂，扭曲的观念注定导致极端的行动。英国《经济学家》杂志不久前撰文谈到了这种危险：安倍的"现实主义"是肤浅的，他的历史观也是一种修正主义历史观，他认为战前日本没做什么恶事，战后日本也并没从和平安排中受益多少，一旦他真的获得了改变战后体制安排的足够权力，必将进一步恶化地区局势。

只有正视过去，才能开辟未来。继续在错误道路上滑下去，日本没有未来可言。

（2013年4月22日）

活力亚太世界引擎

"活力亚太,世界引擎",这是即将举行的第十九届亚太经合组织(APEC)贸易部长会议的主题。这一主题突出体现了当今世界经济的鲜明特点

当前,世界经济形势复杂多变。主要发达经济体复苏乏力,严重拖累亚太地区的经济增长。发达经济体推行的一些反危机政策,不是同舟共济,而是同舟共"挤",对外转嫁危机。贸易和投资保护主义有可能进一步加剧。

自亚太经合组织成立以来,贸易投资自由化和便利化与经济技术合作,一直是该组织前行的两个轮子。在当前形势下,推动两个轮子齐头并进,难度很大,但必要性丝毫没有减弱。让亚太经济保持强劲活力,除了靠这两个轮子转动起来,没有别的路径。任何一个经济体,无论大小,都会有各种各样的困难,但没有理由因为自己的困难制造麻烦,理应更多地为推动两个轮子转起来出力。两个轮子停转,甚至倒转,受损的将是大家。

亚太地区是世界经济主要引擎。国际金融危机爆发以来,以购买力平价计算,APEC成员对世界经济增长的贡献率达61%。创建一个更自由、更便利的贸易投资环境,无论是对激发该地区的增长活力,还是开发未来的经济发展潜力,至关重要。全球经济进入深度调整期,整体复苏艰难曲

折,更需要有能够着眼于整个区域、着眼于全球、着眼于未来的眼界与胸怀。亚太经济今天的活力,越来越多地源自于合作共赢,同时也创造了更多合作共赢的机会。亚太经济未来的活力,也将依赖于不断加深的合作共赢。

APEC作为多边贸易体制的积极支持者,应呼吁各方拿出政治诚意,推动多哈回合"早期收获"谈判。此次贸易部长会议的一项重要任务是,继续推进贸易投资自由化便利化,并通过提出新的步骤和措施抑制区域内贸易保护主义的态势,为推动区域互联互通和贸易投资自由化便利化取得新进展做好铺垫。各方应保持市场开放,共同反对种种形式的保护主义,通过对话和协商妥善解决经贸分歧。推动全球经济尽快全面复苏,亚太引擎如何发力,关键还要看合作能否进一步加深,贸易与投资能否更加自由、便利。

近年来,世界经济增速下滑,全球贸易保护倾向上升。中国遭受各种各样的贸易保护主义冲击。为此,中国政府和企业也在积极采取措施,加以应对。中国的发展受益于多边贸易体制,中国也始终坚定维护多边贸易体制推动全球贸易自由化的主渠道地位。中国重视和发挥各个区域贸易安排的作用,为不断提升亚太地区市场开放水平,促进区域经济一体化作出了卓越贡献。中国一直是APEC贸易投资自由化便利化的积极倡导者。今后5年,中国进口规模有望超过10万亿美元,对外投资规模达到5000亿美元。中国愿与各经济体加强合作,共同推动亚太地区经贸交流,进而实现本地区持久繁荣。

(2013年4月19日)

"被遗忘"的恐怖袭击

> 宗教极端主义、种族隔阂、战乱、低效国家机器……世界上许多地区恐怖袭击正在成为常态。任何一起恐怖袭击都不应被遗忘。关注、鼓励和支持不应有地域特征

波士顿爆炸事件发生前后,世界其他地区同样并不太平,仅在索马里、伊拉克、巴基斯坦,针对平民的恐怖袭击就造成更为严重的伤亡。CNN评论称,在"爱国者日"发生的波士顿爆炸事件,把"最棒的一天"变为恐怖记忆;而对索马里、伊拉克、巴基斯坦平民来说,他们曾经有过的"最棒的一天"也许早已埋藏在记忆的最深处。

恐怖袭击应该受到最强烈的谴责。鞋子、背包、汽车、飞机、手机、手提电脑、化肥、打印机、高压锅、陶瓷、铁钉、钢珠……恐怖分子将日常物品变成杀戮的武器。在他们的洗脑和操控下,甚至连人都能变成炸弹。任何人和任何物品都可以是怀疑的对象,保障安全的难度可想而知。

信任感是人类社会的肌理脉络。一旦恐怖袭击成功将信任感摧毁,交通、课堂、集市、表演等基本活动都会停滞,等待人类社会的,只能是封闭、内顾、萎缩、衰败甚至消失的命运。本杰明·富兰克林说过,"不惜牺牲自由以图苟安的人,既不配享受自由也不配获得安全"。

爆炸发生后,波士顿人喊出"再来一次马拉松"这样的口号,让人鼓舞。恐惧也许一时一刻能占得上风,但顽强坚韧、对信任的坚守、对开放

的信仰，必将战胜恐怖主义。

还有其他更多理由，让美国人对最大程度消除恐怖袭击阴影感到乐观。美国总统承诺联邦政府站在波士顿人身后，医院和执法机关全力投入抢救和调查工作，新闻媒体将三位遇难者的名字深深印入受众脑海中。波士顿人有强大的国家作后盾，但索马里、伊拉克、巴基斯坦遭受恐怖袭击的平民，如何获得同样的信心和乐观？

宗教极端主义、种族隔阂、战乱、低效国家机器……世界上许多地区恐怖袭击正在成为常态。恐怖袭击没完没了地发生，尽头似乎只存在想象中，乐观和希望刚刚冒出绿芽就被现实无情地踩躏。在恐怖阴影的笼罩下，持续的恐惧、焦虑、无助、失落、无安全感，扰乱人们的正常生活。贫穷和绝望一同发酵，使人迷失信仰，甚至产生极端思维。更大范围恐怖袭击的土壤不断扩展。在这样的制度环境和社会环境中，用进一步开放和更多的自由对抗恐怖，不过是遥不可及的梦境。

西方强势媒体将目光聚焦波士顿，似乎只有那里的恐怖袭击才是真实的，只有那里的恐怖袭击才是最恶毒的。严峻的现实再次提醒人们，信息传播量的不对称，暗含着恐怖袭击在世界各地频发的诱因。任何一起恐怖袭击都不应被遗忘。关注、鼓励和支持不应有地域特征。

（2013年4月18日）

"价值观外交"结不出好果子

任何一个国家或集团,要想在亚洲立足,必须首先想明白能为地区和平、稳定、发展出什么力。以制造事端、挑动对抗为乐,只能是自取其辱,最终出局

4月15日,日本和北约签署"共同政治宣言"。安倍推行"价值观外交",早就不是什么新鲜事,此次新的是拉上了北约这个军事政治集团。日本和北约基于"价值观"和"共同安全挑战"的"政治牵手",将给亚洲安全格局增加什么变数,值得高度警惕。

亚洲是当今世界最具发展活力和潜力的地区之一。发展仍是亚洲的头等大事,亚洲稳定需要共同呵护、破解难题,亚洲合作需要百尺竿头、更进一步。逆时代潮流而动、无视发展大势的"作为"是损人害己的盲动,只能给亚洲添乱。

日本的"价值观外交"再一次暴露出战略混沌。日本曾经发动侵略战争,将亚洲带入深重灾难。今天的日本,尚未清理军国主义历史残余,居然打出"价值观"旗帜。不管用什么华丽的辞藻来包装,安倍"价值观外交"同日本历史上玩过的种种把戏没什么区别。正如日中协会会长、自民党高官野田毅所言,安倍"价值观外交"目的在于构筑对华包围,是"包含敌意的行为,而不是外交"。

蚍蜉撼树何易。企图用"价值观外交"构筑对华包围圈,不过是日

本的臆想，不可能阻挡中国发展。日本试图在亚洲合作大局中打入一个楔子，注定引发亚洲国家的强烈反感，捞不到任何好处。不管同什么样的军事政治集团联手，试图为一己之私搞乱一个地区，到头来不会有什么好果子吃。历史上，日本在这方面不是没吃过大亏。

　　冷战结束后，北约一直在寻找继续生存发展的"抓手"。北约先是要转型为一个以"价值观"为基础的政治联盟，后来又提出针对全球安全环境变化的"新概念"，为北约的全球军事干预寻找依据。按照这一"新概念"确定的路线图，北约不断向亚太地区渗透、扩张。北约近年来不断尝试进入亚洲，并越来越多地显示出战略意图，早已引起亚洲国家的警惕。

　　北约秘书长拉斯穆森访日之际，正是朝鲜半岛安全局势紧张之时。北约和日本不是认真反思一下朝鲜半岛问题的历史教训，不是切实推动局势转圜，而是煞有介事地谈论"大好时机"和"集体自卫权"。话语体系充斥着冷战遗风和火上烧油的躁动。估且不谈道义底线，身为朝鲜半岛近邻的日本至少要冷静地想一想，半岛局势失控对其来说将意味着什么。

　　无论是日本用"价值观"为北约开路，还是北约急于"抓住时机"进入亚洲，都不能无视世界大势、无视亚洲新的政治经济格局。任何一个国家或集团，要想在亚洲立足，必须首先想明白能为地区和平、稳定、发展出什么力。以制造事端、挑动对抗为乐，只能是自取其辱，最终出局。

（2013年4月17日）

收获扩大开放的红利

当前世界经济面临艰难复杂的局面,要走出困境、实现复苏,搞贸易保护主义是南辕北辙,推动自由化便利化才是正途

中国和冰岛两国政府4月15日发表《关于全面深化双边合作的联合声明》,并签署自由贸易协定。这是中国同欧洲国家签署的第一个自贸协定,意义重大。

中国和冰岛,一个是世界上人口最多的国家,一个是欧洲人口密度最小的国家;一个是世界上最大的发展中国家,一个是世界上最小的发达经济体之一。经济发展模式、经济规模和经济制度如此不相同的两个国家,能够在全球经济面临艰难复杂的局面下,达成自贸协定,共同应对挑战,这不仅再次表明,幅员人口、历史文化和发展水平的差异不是发展国与国关系的障碍,而且对中欧经贸关系发展具有重要的示范作用,表明合作共赢力量所在。

和平发展、合作共赢事业没有终点,只有一个接一个的新起点。当前世界经济增长依然乏力,只有通过深化合作共赢,才能推动世界经济复苏。只要携起手来,各国就能共同找到更多的化解危机和困难的办法。

自国际金融危机爆发以来,中国在关键时刻给予陷入债务危机的欧洲国家以力所能及的支持,充分体现了同舟共济、携手共进的合作精神。中国通过签署本币互换协议、经国际货币基金组织予以支持等实际行动扮演

了患难之交的角色，中冰关系实现了健康快速发展。

扩大开放能带来红利，这不仅是中国过去几十年的亲身体验，对任何国家也都是适用的。冰岛作为一个小型发达经济体，能够与世界上最大的发展中国家共同建立自由贸易区，这本身就表明了冰岛敢于改革、勇于开放，坚持自由贸易的决心与勇气。

坚持贸易与投资自由化便利化是帮助一国走出危机、实现复苏的正途。冰岛正是靠着这样一种开放精神，较快地重整旗鼓，从危机中走出。开放让冰岛充满信心地与中国携手合作。

坚持改革开放同样也是中国经济能够从容应对国际金融危机的力量所在。开放有助于完善资源配置，促进产业升级和经济增长，提高人民福利。中国的成长路径表明，坚持改革、不断开放，就可以更多地从经济全球化中获益，就能够在世界经济舞台上站立得住。开放让中国充满信心地走向世界。

受欧债危机影响，欧盟和欧元区经济持续低迷。随着全球贸易回暖，欧洲经济整体复苏的内外条件更为有利，一些欧洲国家竞争力正在回升，但离真正走出困境、重回强劲增长轨道还有距离。中冰自贸协定的签署证明，当前形势下，摒弃贸易和投资保护主义，消除壁垒，通过互利合作实现共赢，才是欧洲的明智选择。经济全球化时代，任何一个国家的发展，都不可能是内向封闭的发展，只有为世界提供更多的发展机遇，自身才有可能获得更大的发展动力。

（2013年4月16日）

切实推动半岛局势转圜

中国对朝鲜半岛当前的紧张势态有严重关切。关于朝鲜半岛问题，中方的立场是一贯的、明确的

朝鲜半岛紧张局势急剧升级已有时日。目前非但看不到缓解的迹象，有关各方还在不停地放狠话。用"凶险"二字描述眼下这种状况毫不为过。无论是历史经验还是现实常识，都在提醒人们，一根弦在高强度下绷得太久总要出事，不管是蓄意为之还是擦枪走火，一件小事都有可能让局势急转直下，甚至彻底失控。

维护朝鲜半岛和平稳定需要标本兼治，但无论是"治标"还是"治本"，都需要一个基本的环境。一旦局势乱成一锅粥，有关各方只会在对抗冲突道路上越走越远，建设性主张也将失去发挥作用的现实空间。从这个意义上说，给朝鲜半岛问题降温，采取切实有力的行动推动高度紧张的局势转圜，是眼下最急迫的事情，也是大局所在。

要阻止进一步恶化局势的冒险行动，有两件事必须做。

第一，发出严厉警示，强调基本理性。在半岛和本地区挑事生事，会损害各方利益，也无异于搬起石头砸自己的脚。越是关键时刻，越是需要保持冷静清醒。由着性子来或许可以逞一时之快，但真的惹出大麻烦，到头来还是输不起。

第二，不能幸灾乐祸，更不要火上浇油。一旦朝鲜半岛局势彻底失

控，进而陷入灾难性局面，任何一方都不可能置身事外，也不会有"把握主动"的机会。各方保持冷静克制，推动局势缓和，既是对朝鲜半岛和平稳定大局负责，也是对自身利益负责。

朝鲜半岛是中国近邻。中国对朝鲜半岛当前的紧张势态有严重关切。中国反对任何一方在这一地区的挑衅言行，不允许在中国的家门口生事。这一表态是严肃的，也是坚定的。

关于朝鲜半岛问题，中方的立场是一贯的、明确的。中方坚定维护朝鲜半岛和平稳定，坚持推进半岛无核化进程，主张通过对话协商以和平方式处理和解决问题。无论形势发生什么变化，这个方向都要坚持，都不能变。道理很简单，阻止半岛安全局势恶化，实现半岛长治久安，没有别的道路可走。

妥善处理朝核问题符合各方的共同利益，也是大家的共同责任。中方愿与有关各方共同努力，为继续推进六方会谈进程、全面均衡落实2005年9·19共同声明中规定的各项目标发挥建设性作用。

朝鲜半岛不堪恶性循环，切实推动半岛局势转圜刻不容缓。

（2013年4月15日）

"分速"发展不能分台对垒

分速发展可能会是一个持续的全球性现象，给各国的影响则不是定数。如果任由"拆台补阙"的做法蔓延，很有可能带来冲突，减少各国发展机会

国际货币基金组织总裁拉加德10日演讲指出，世界经济正呈现"三速复苏"格局：亚洲和撒哈拉以南非洲是"高速"增长地区，美国、瑞士和瑞典等发达经济体组成全球"中速"增长版图，欧元区和日本则是拉加德眼中的增长"短板"。

"三速复苏"不只是指各区域经济车轮前行的速度不同，而且是经济差别"比以往更加显著"。这既反映出目前困扰各经济体复苏的问题有所不同，也反映出各经济体政策趋向和力度，以及决策环境的不同在加大。尤其是发达经济体内部出现了分化，相对于新兴经济体，整体复苏动力不足。

"三速复苏"是经济现象，也是全球格局的真实反映。经济全球化促使各国联系紧密、利益交融，将大家的命运联系在一起。但是，增长速度分化，却有可能让一些经济体更多着眼于自身利益，尤其是那些传统上比较强势的发达经济体会借用自己的优势地位，采取转嫁危机的做法。

金融危机爆发以来，一个突出的现实是，发达经济体保护主义趋向有所抬头，其经济政策对新兴市场国家和发展中国家的经济产生负面溢出效

应的可能性在增加。美联储量化宽松政策力度不断加大，一向谨慎的欧洲央行采取长期再融资操作和直接货币交易，英格兰银行和日本央行纷纷扩大或延续资产购买计划……这些政策的出台意在刺激本国或本地区经济复苏，但同时具有很强的单边性，向全球释放了流动性，增大了国际资本流动易变性，压缩了其他国家宏观政策空间，并为大宗商品和资产价格上涨埋下隐患。如果应对不当，很有可能为下一场危机埋下种子。

如何防止"分速"在某些国家造成"拆对方台、补自己阙"的做法，是防止新风险出现的关键所在。具体来讲，需要在两方面做出努力。一是在确定刺激复苏的政策时，不能只考虑自身利益，而要更多关照全球经济的平衡发展；发达经济体应更多通过自身努力而不是转嫁危机来解决难题；要兼顾他国合理关切，互通有无、优势互补，在追求本国利益时兼顾他国合理关切，在谋求自身发展中促进各国共同发展。

二是在全球经济治理层面加强合作协调，更多关照那些在国际经济秩序上仍处于弱势、但增长速度又很快的新兴市场国家和发展中国家，"拆除"制约这些国家发展的外部障碍，让它们的声音更响亮；稳步推进全球经济治理体系改革，为世界经济稳步复苏提供保障。

分速发展可能会是一个持续的全球性现象，这种现象给各国带来怎样的影响则不是定数。如果任由"拆台补阙"的做法蔓延，分速发展很有可能带来冲突，减少各国发展机会。

面对全球经济分速发展的局面，中国除了积极倡导合作共赢，也需要对相关风险有所防范。一方面，我们必须加快转变经济发展方式，提高消费对经济增长的拉动作用，使出口结构更加多元；另一方面，我们需要积极推进产业结构升级，推动自主创新，进而提升自身经济竞争力。

（2013年4月12日）

打压中国国企，救不了西方经济

无端给中国国企下绊子，实际上是一种保护主义做法，既不符合自由贸易精神，也有悖经济全球化大势

国际金融危机爆发以来，"去全球化"和保护主义思潮在美国等西方国家有所上升，打压新兴市场国家和发展中国家企业成为惯用招数，中国国企频频遭遇压制。

某些西方国家的高官和智库屡屡发表攻击中国国企言论，抱怨中国国企"依靠政策扶持"、"不公平竞争"、"不透明、效率低"。为了一己私利而肆意编造，在事实面前终究站不住脚。改革开放30多年来，特别是中国加入世界贸易组织十余年来，中国国企进行了深刻变革，全方位与国际市场接轨。中国国企完成多元化转型，不少已经上市，其中一些还是在美国上市的。对中国改革稍有研究的人，不应忽略这一基本事实。

细看西方国家企业发展史，不难发现国企在各国发展进程中发挥了重要作用。美国的铁路公司、田纳西河流管理局等就是有名的例子。二战后至上世纪70年代，发达国家兴起凯恩斯主义，强化政府对经济的干预，西欧国家一度出现"国有化"运动。根据经合组织数据，2008年欧元区国家国有经济占国内生产总值比重平均为10.8%。国际金融危机以来，美国等西方国家不断强化对市场和企业的干预。美国政府接管"两房"，英国政府注资苏格兰皇家、哈利法克斯和劳埃德三大银行等，均

属临时性国有化。

国企并非中国独有，企业所有制性质与垄断、效率、透明度也没有直接关系，国有经济并不意味着垄断，私有经济也不意味着自由竞争。但是，一些人唯独对中国国企泼冷水、扣帽子、下套子，如此双重标准只能将其虚伪内心暴露在世人面前。

国际金融危机使西方深陷政治、经济、社会综合危机，结构性、制度性问题充分暴露，而新兴市场国家和发展中国家经济整体竞争力上升，中国发展更是备受关注。西方国家一些人对此深感忧虑，试图通过打压中国国企起到敲山震虎乃至釜底抽薪的作用，维护自由资本主义体制，压迫新兴市场国家服从其主导的规则。

无端给中国国企下绊子，实际上是一种保护主义做法，既不符合自由贸易精神，也有悖经济全球化大势。国企和民企都是平等的市场参与者，都在为本国经济发展做贡献。正如中欧国际工商学院全球策略执行总监、荷兰人奈斯安所说，"国有企业和民营企业是推动经济发展的双引擎，只有一个则孤掌难鸣"。面对经济不景气的现实，西方国家的一些人与其费尽心思打击别国国企，不如转变观念，以开放的心态共谋发展。

（2013年4月11日）

历史问题，只能"零容忍"

> 在一定条件下，极右思想和极右组织蠢蠢欲动，纳粹主义有可能死灰复燃。历史启示后人，对此必须当头棒喝

3月31日，英超"桑德兰"俱乐部任命意大利人迪卡尼奥为新主帅。该俱乐部副主席戴维·米利班德第二天宣布辞职。

这不是一条普通体育新闻。迪卡尼奥坚称自己是"法西斯主义者"，后背上赫然画着墨索里尼肖像，在足球比赛中曾行纳粹礼。很明显，担任过英国外交大臣的米利班德坚持"政治正确"，第一时间与俱乐部"划清界限"。

很多欧洲媒体把这一事件与不久前发生的希腊球星乔治·卡蒂迪斯事件联系起来，因为卡蒂迪斯在一次比赛中行纳粹礼，希腊足协作出了终身禁止他代表希腊参赛的决定。

历史给人们留下沉痛教训。希特勒的纳粹党当初之所以能够上台执政，一个重要原因就是，利用世界经济危机爆发后，德国严重失业和普遍贫困引起的动荡形势，以貌似革命的姿态蛊惑人心。此后，纳粹党扶摇直上，横扫欧洲，带来毁灭性的灾难。

在一定条件下，极右思想和极右组织蠢蠢欲动，纳粹主义有可能死灰复燃。历史启示后人，对此必须当头棒喝，把危险消除在萌芽状态。当前，欧洲经济危机难解，社会思潮复杂，极右势力乘虚而入。分析卡蒂迪

斯事件时，德国《世界报》注意到希腊极右翼党步入政坛的背景，提醒希腊须"加大反极右、反仇外的力度"。

对纳粹思想、纳粹举止零容忍，凝聚欧洲主流社会对历史的深刻反思，更体现了防止纳粹幽灵再现的警醒。二战前，德国拜仁足球俱乐部主席是犹太人库尔特·兰道尔，希特勒上台后将其关进集中营。战后，拜仁俱乐部主赛场"安联球场"外的一条马路以库尔特·兰道尔名字命名。去年，还隆重举行过库尔特·兰道尔纪念牌揭幕仪式。这一切不仅是对俱乐部前主席的缅怀，也是提示后人切勿忘记那段令德国蒙羞的历史。

为什么欧洲各国对"希特勒"保持如此高的警惕？英国作家威尔斯有句名言：历史是教育与灾难的竞赛。模仿希特勒并不是什么玩笑或噱头，事关历史观，是非常严肃的政治问题。遏制与纳粹相关的任何符号起死回生，是对历史教训的深刻铭记，更是捍卫来之不易的和平。

在国际金融危机背景下，如何防止极右思想泛滥，是一个全球性的严峻挑战。一些极右党派借经济危机、就业问题屡屡抛出排外主张，甚至公开宣扬种族歧视。更有人身居高位却干着逆历史潮流而动、为侵略历史翻案的勾当。对此，国际社会不能有丝毫含糊，必须予以强有力的揭露和批判。对历史正义的捍卫，就是对人类未来负责。

（2013年4月3日）

欧洲需要"进步主义"?

对传统政治手段的"颠倒运用",导致传统政党在选举中落马。激进政党步入政坛后难以提出建设性主张,政治机器卡壳加剧

为摆脱持续了一个多月的组阁困境,意大利总统纳波利塔诺日前任命10名不同领域专家起草了一份能使各党派认同的政策建议。纳波利塔诺坦承,意大利正处于困难时期,政治和经济不稳定状况有损国家形象,其负面影响范围更广。

这一切不由得让人们想起国际货币基金组织早些时候发出的警告:如果欧盟国家缺乏政治领导力,金融动荡将进一步加剧。

对于深陷欧债危机的国家来说,"紧缩"成为一项不得已的普遍性政策。而削减公共开支和增加税收的组合,恰恰是对传统政治手段的"颠倒运用":对左翼政党来说,增加税收是为了扩大公共开支,尤其是增进具有普遍性的福利;对右翼政党来说,减公共开支需与减税同步。"强烈的反差"导致广大选民对主流政党的怀疑,毕竟前者更多地生活在现实中,没有谁喜欢"多付出、少获取"的政策。

近年来,诸多国家的执政党在选举中落败,个别国家出现谁执政谁下台的局面。一些长期执政传统大党甚至被挤出主流政党行列。一些中小激进左翼政党和右翼民粹主义政党表现活跃。政党政治失衡的直接后果是政治低效运作,甚至是政治瘫痪。

除欧债危机大背景外，一些分析人士还将目光投向欧洲一体化进程中的"不均衡受益"和"国家利益让渡"两大因素。

一些社会的边缘化群体是这一进程中的失落者。在经济繁荣时期，一些边缘化群体的失落情绪得以掩盖。在这些边缘群体看来，现今的"救市"措施是一种劫贫"济富"或者"救富"行为。投票给激进政党成为发泄情绪的方式。激进政党步入政坛后难以提出建设性主张，政治机器卡壳加剧。

欧洲央行主导各国货币政策大权，但各国又掌握着自己的经济政策大权。欧洲国家靠政党治理，但欧洲事务主要是靠欧盟行政机构治理。两个层面的治理不同步，既削弱了欧洲的整体实力，也削弱了各国政党的执行力。

走出政党政治的出路何在？

一种观点认为，熬过欧债危机，一旦经济恢复增长，欧洲政党政治也将恢复常态。另一种观点认为，走出困境呼唤"进步主义"。保守主义和进步主义的区别在于：前者谈恐惧，后者讲希望；前者要惩罚，后者要变革；前者谈紧缩，后者讲改革；前者只想拯救银行，惧怕人民，后者一心为人民，想要拯救人民。

第二种观点显然更具反思精神。问题在于这种观点的政策内核是什么？变革的勇气和社会支撑何在？

（2013年4月2日）

别拿岛国心结作茧自缚

今日亚洲,已经进入了一个新兴市场国家迅猛发展的时代。这不是哪个国家高兴不高兴就能改变的事,借历史问题发泄情绪只能自寻烦恼、自毁形象

据日本媒体报道,日本首相安倍晋三确定,将不会在今年4月下旬春季例行大祭期间参拜靖国神社,改为向靖国神社供奉祭品,但不排除于今年秋天前往参拜靖国神社的可能性。

靖国神社问题事关日本是否能够正视和反省过去那段侵略历史,是否尊重包括中国在内的广大受害国人民的感情,没有搞小动作、耍小聪明的空间。日本只有正视过去,才能开辟未来,处理好同外部世界的关系。

日本在历史问题上无法走出泥淖,有复杂的历史背景和自作聪明的现实盘算,同时也同日本对外部世界的判断有关。日本是个岛国,一直有强烈的生存危机感,惯于用狭隘的心态看周边、看亚洲、看世界。这种危机感甚至一度成为推动日本发动侵略战争的一个因素。迄今,在日本仍有一些人顽固认为,周边强国崛起必然引发争夺甚至战争,战争是日本争取岛国生存权的一种手段。二战结束后,美国迅速将日本拉进了自己的冷战同盟圈,使日本失去了全面反思的机会。日本带着狭隘的岛国心结发展起来。这种心态使日本很难以一种开放的心态面对外部世界。

几十年来,日本同亚洲国家的关系有所改善,这并非如一些日本人

所认为的那样，主要是日本巨额援助在发挥作用。必须强调的是，上世纪70年代，日本出现了重新重视亚洲的思潮。比如，福田赳夫担任日本首相时，就推出了"福田主义"。福田向东盟国家承诺日本决不会再度成为军事大国，并表示愿意将力量集中在对世界和平的贡献上，以"和平、心与心、对等"为原则开展与东盟的合作。今天日本很多企业在东盟的发展，实际上仍然是在享受"福田主义"的红利。

但是，这种政策变化仅仅停留在内阁政策层面，并没有形成全社会对"亚洲观"的深刻反思。日本要真正融入亚洲，平等对待亚洲国家，尤其是不再以一种零和思维来看待周边国家发展，没有这种反思显然是难以实现的。否则，即使日本已经从周边国家发展中获得了不小的收益，但它在内心深处仍然会有一种强烈的防备感。

以狭隘心理观望外部世界，是不大可能真心拥抱亚洲的。这也是现在一些日本人嚷嚷着要修改和平宪法，以及试图借助美国力量来制衡亚洲国家发展的一个思想根源。

今日亚洲，已经进入了一个新兴市场国家迅猛发展的时代。这些国家的发展是亚洲的幸事，是亚洲发展的历史必然。这不是哪个国家高兴不高兴就能改变的事，借历史问题发泄情绪只能自寻烦恼、自毁形象、作茧自缚。

摆脱岛国心结的束缚，重塑亚洲观，以更加开放的心态融入亚洲的发展之中，对日本来说是明智的选择。

（2013年4月1日）

共谋合作同促发展

"金砖国家与非洲：致力于发展、一体化和工业化的伙伴关系"，德班会晤主题传递出金砖国家希望深化同非洲合作的强烈信息

26日至27日在南非德班举行的金砖国家领导人第五次会晤吸引着全球目光。这次会晤创造了两个"首次"：金砖国家领导人会晤首次在非洲大陆举行，其间还将举办首次金砖国家同非洲领导人对话会。共商合作大计，将发展中国家团结合作提高到新的水平，金砖国家和非洲领导人重任在肩。

金砖国家和非洲都处于快速发展进程中。"金砖国家与非洲：致力于发展、一体化和工业化的伙伴关系"，德班会晤主题传递出金砖国家希望深化同非洲合作的强烈信息。

12年前，高盛经济学家吉姆·奥尼尔首创"金砖"概念，意在强调巴西、俄罗斯、印度、中国发挥的作用越来越大，其在全球经济治理中扮演着更重要的角色，经济全球化将更加均衡。

这种看法不断得到验证。以金砖国家为代表的新兴市场国家发展速度大大超出预料。国际货币基金组织预测，2013年新兴市场国家经济增幅将达到5.5%。据此测算，新兴市场国家整体占全球经济比重将上升至50.82%，首次超过发达国家。与此同时，非洲也成为"希望的大陆"、"发展的热土"，成为全球经济增长最快的地区之一。非洲雄狮正在加速

奔跑。

　　金砖国家和非洲依靠自己的力量，在西方经济不给力的情况下，通过提升内需和扩大基础建设，保持了较强的发展"弹性"。这些国家相互之间的贸易和投资不断增加，呈现出加强合作、相互拉动的良好势头。一大批新兴市场国家和发展中国家经济快速发展，成为维护世界和平、促进共同发展的重要力量，并在应对国际金融危机、推动全球经济增长方面发挥了重要作用。

　　新形势下，金砖国家与非洲加强团结合作，是大势所趋，有助于提升合作水平，增强整体实力，推动全球经济治理体系向更加公正合理的方向演进。

　　中国期待德班会晤深化金砖国家伙伴关系，完善金砖国家合作机制，加强各领域对话和合作，挖掘务实合作潜力，向国际社会传递团结、合作、共赢的积极信息。中国支持金砖国家同非洲加强对话和交流，构建伙伴关系，维护共同利益，实现共同发展。

（2013年3月27日）

中非关系与时俱进

> 中非同属发展中国家,共同的历史遭遇、共同的发展任务、共同的战略利益把中非塑造成了命运共同体

"中国发起的中非合作论坛机制给非洲国家提供了获得资金、技术、技能和市场的渠道","中国投资通常与技术支持相配套","中国投资对发展经济起到了非常重要的作用"……

坦桑尼亚总统基奎特对中国记者的一席肺腑之言,道出了中非关系历久弥坚的真谛所在:相互尊重、平等相待、相互支持、互利共赢是中非关系的特点,中国在致力于自身发展的同时,一直为非洲和平与发展提供力所能及的帮助。

中国国家主席习近平就任以来首次出访就包括坦桑尼亚等非洲国家,充分表明了中国新一届领导集体对非洲大陆和中非关系的重视。推动中非关系全面均衡向前发展,造福中非人民,是中国独立自主和平外交政策的重要组成部分。

中非同属发展中国家,共同的历史遭遇、共同的发展任务、共同的战略利益把中非塑造成了命运共同体。随着中非新型战略伙伴关系的确立和发展,中非关系进入全面快速发展的"黄金时期"。中国重视同所有非洲国家发展友好关系,无论大小、强弱、贫富,不管是资源富集国还是资源贫瘠国,中国都平等相待,积极开展互利共赢的务实合作。中非合作带来

了非洲国际地位的提高，并推动国际社会加大对非关注和投入。

"积土为山，积水为海。"与时俱进、开拓创新，不断夯实务实合作成果，是中非关系保持旺盛生命力的关键。根据中非合作论坛第五届部长级会议成果，中国将在5大重点领域支持非洲和平与发展事业：扩大投资和融资领域合作，为非洲可持续发展提供助力；继续扩大对非援助，让发展成果惠及非洲民众；支持非洲一体化建设，帮助非洲提高整体发展能力；增进中非民间友好，为中非共同发展奠定坚实民意基础；促进非洲和平稳定，为非洲发展创造安全环境。这五大举措回应了非洲亟待应对的发展挑战，将不断充实中非新型战略伙伴关系的内涵，为中非关系取得新的更大发展打下坚实基础。

撰写《龙的礼物——中国在非洲的真实故事》一书的美国学者黛博拉·布罗蒂加姆认为，中国发展领域的成功以及长期对非援助和经济合作的实践，给予了中国在非洲稳定的存在、信誉和坚实的基础。

中非携手前进、共同发展，不仅成为带动双方发展的重要引擎，增强了发展中国家的整体实力，也为世界繁荣和稳定做出了重要贡献。

"兄弟同心，其利断金。"作为好兄弟、好朋友、好伙伴，中国和非洲的情谊跨越了山海的阻隔，经受了时间的考验，愈久愈坚。无论国际风云如何变幻，中国都会一如既往做非洲和平稳定、繁荣发展、联合自强、平等参与国际事务的支持者和促进者。

习近平主席对非洲的历史性访问，必将进一步深化中非合作，翻开新时期中非友谊的崭新篇章。

（2013年3月25日）

积极参与北极合作

北极的和平、稳定与可持续发展符合国际社会的共同利益。中国的经济社会发展深受北极变化影响，重视参与北极合作理所应当

近年来，国际社会加大了对北极的关注，中国作为近北极国家，也在积极参与北极事务国际合作，共同应对北极变化带来的机遇与挑战。

北极陆地领土的主权属于北极国家，北极海域的绝大部分也是北极国家管辖海域，中国尊重北极国家在北极问题上的重要利益和主要作用。同时，北极问题也涉及跨区域或全球性问题。北极地区的自然变化会对北极以外地区产生影响；长远看，北极航道的开通和北极开发也将对全球航运、贸易甚至能源供应产生重要影响。这些问题都涉及到北极和非北极国家的利益，需要各方携手应对。

由北极八国组成的北极理事会是关于北极环境和可持续发展等问题的最重要区域政府间论坛。近年来，理事会通过成立常设秘书处、制定有法律约束力的文件强化工作机制，在北极事务上发挥着日益重要的作用。同时，一些国际条约和机制也为非北极国家参与北极合作提供了依据。例如，1920年《斯匹次卑尔根群岛条约》明确了缔约国（中国于1925年成为缔约国）国民自由进入、平等经营北极的权利；海洋法在确定各国关于北极海洋划界、海洋利用的权利和义务方面的地位得到各国普遍承认；此外，国际海事组织在北极航行有关规则制定方面也发挥着重要作用。

多年来，许多非北极国家都在加大对北极的关注与投入。例如，法国、英国、德国等6个国家早已成为北极理事会的观察员。日本、韩国等东亚国家也较早开展北极研究、利用北极航道，印度、新加坡等远离北极的国家也在申请成为北极理事会观察员。

作为近北极国家，中国的经济社会发展深受北极变化影响，重视参与北极合作理所应当。中国积极参与北极国际科学委员会等多边机制的工作，并自上世纪９０年代以来开展了5次北冰洋科学考察，在斯匹次卑尔根群岛建立了科学考察站"黄河站"。中国已经参加并正在认真履行与北极环境保护有关的国际公约和文件，在控制温室气体和控制持久性有机污染物排放等方面取得了切实成绩。

为进一步加强与有关各方的交流与合作，中国于2006年申请成为北极理事会观察员，自2007年起以临时观察员身份参加了历年理事会会议，并按要求及时提交和更新观察员申请材料，展现了对理事会的尊重以及为理事会工作做贡献的意愿和能力。许多北极国家对中国参与北极事务持欢迎和开放态度，并通过与中国签订合作协议、设立科研项目等方式深化与中国的北极合作。

北极的和平、稳定与可持续发展符合国际社会的共同利益。中国将一如既往地依据国际法积极参与北极合作，在北极事务上发挥建设性作用。

（2013年3月22日）

自由放任助长媒体丑闻

> 英国要出台监管媒体的举措,与后金融危机时代西方资本主义制度自我调整的趋势是一致的

英国媒体的大规模道德沦陷令监管呼声日益增加。3月18日,英国3个主要政党就成立新闻监管机构达成协议。尽管此举遭到一些英国媒体的反对,但加强监管看来已是大势所趋。

"新闻自由"一直是英国这个老牌"媒体帝国"最感自豪的传统,英国甚至没有相关的新闻法规,媒体监管基本依靠自律。现在英国政府要改一下这个传统,肯定会让一些"自由"惯了的人不那么舒服。

是什么导致英国这个传统难以为继?恰恰是这个传统得以生存的另一面,即资本主义自由市场经济。商业化给了英国媒体自由发展的可能,但它也使媒体及其从业者在商业化的道路上越走越远,没有哪家英国媒体可以完全摆脱商业化的影响,真正自由地发展。所谓自由,不过是商业化下的自由而已。即使是不靠广告收入而直接靠电视税生存的英国广播公司(BBC),在激烈的新闻同业竞争中,也必然会在编排新闻时考虑到商业化的因素。

英国的媒体人也不可能孤立于商业化之外。现代媒体在英国出现最早,但这不能保证其从业人员会自然而然地具有最可靠的职业道德。在昔日媒体云集的舰队街上班的人一点也不比在金融城上班的人受商业化的影

响少，英国媒体接连爆出的道德丑闻就是例证。

如果我们把视线扩大到媒体之外的其他领域，就可以看到，资本主义自由市场经济今天的发展，与以往已经有很大的不同。市场这只无形的手，对整个社会阶层的构成以及财富划分的影响之大，已经远远超越了制度与管控的能力界限，也在前所未有地腐蚀着道德的约束力。

商业化在成为经济发展动力的同时，也使贪婪疯狂到了极致。2008年发端于西方的国际金融危机让人们看到，资本主义自由市场经济监管的严重滞后，会使贪婪产生出多么大的毁灭性力量。这或许就是为什么在金融危机之后，西方学者多谈的是如何加强宏观管控，而不再去侈谈什么资本主义道德的优越感。

商业化也是目前西方媒体的一个突出特征。当媒体业成为增长最快的行业之一时，商业力量也在史无前例地对媒体产生巨大的影响。在资本主义自由市场经济体制下的媒体，不仅不会因此具备更强大的贪婪免疫力，反而会更易受贪婪的侵蚀。美国著名学者麦克切斯尼说，商业至上原则已经从经济领域渗透到当代新闻事业中来，多数记者和编辑就是以此作为主导价值观的。

英国要出台监管媒体的举措，与后金融危机时代西方资本主义制度自我调整的趋势是一致的。如果继续放任所谓的自由，放弃"看门人"或"守夜人"的责任，损害的将是英国的整体形象。英国的媒体监管无论以什么方式来运行，其目的是明确的，即寻找到一种能够维系体制和行业健康运行的平衡。在一个信息爆炸和传播手段多样化的时代，这无疑是一个动态过程。

（2013年3月21日）

德班会晤传递积极信息

> 中国追寻百年强国梦想,也将同世界各国一道,推动建设持久和平、共同繁荣的和谐世界

金砖国家从一个代表新兴市场力量的名词转变为引领新兴市场国家合作的实质性机制,日渐成为带动世界经济增长、完善全球经济治理、促进国际关系民主化的正能量。

中国是金砖国家机制积极参与者。中国与其他金砖国家一道,为推动全球经济治理体系向更加公正合理方向发展不懈努力。金砖国家都面临着抓住时代机遇发展自身的任务,都有实现国家富强的梦想。中国期待即将在南非德班举行的金砖国家领导人第五次会晤向国际社会传递团结、合作、共赢的积极信息。

中国是最大的发展中国家,一直以促进发展中国家共同进步为目标。非洲是发展中国家最集中的大陆。无论国际风云如何变幻,中国都会一如既往做非洲和平稳定、繁荣发展、联合自强、平等参与国际事务的支持者和促进者。发展中国家有着相似的历史、命运与发展阶段,更共同拥有充满希望的未来与梦想。发展中国家互利共赢的合作之路必然会越走越宽广,不断结出累累硕果。

实现中华民族伟大复兴的中国梦,不仅要把我们自己的事情做好,也要处理好中国和外部世界的关系。中国同世界的关系发生了历史性变化,

中国的发展离不开世界,世界的发展也同样离不开中国。中国人是讲爱国主义的,同时我们也是具有国际视野和国际胸怀的。中国将在力所能及的范围内承担更多国际责任和义务,为人类和平与发展作出更大贡献。中国将坚定不移走和平发展道路,也希望世界各国都走和平发展道路。

100年前,世界正处于第一次世界大战前夕,西方列强为争夺殖民地与资源而展开你输我赢的零和游戏,如今的广大发展中国家许多尚未诞生;100年后的今天,新兴市场国家与发展中国家共同参与塑造互利共赢的国际新秩序,秉持共同梦想不断前行。

天行健,日月常新;地势坤,沧海横流。一个新的时代正在到来。中国追寻百年强国梦想,也将同世界各国一道,推动建设持久和平、共同繁荣的和谐世界。

(2013年3月20日)

唱响"金砖"声音

> 金砖国家合作平台正努力把发展中国家的声音带到国际社会，推动国际关系体系向更合理、更均衡方向发展

由巴西、俄罗斯、印度、中国和南非组成的金砖国家即将在南非举行领导人第五次会晤。2009年在俄罗斯叶卡捷琳堡举行首次金砖国家领导人会晤，到今天走完一轮，承前启后，意义重大。

金砖国家合作是经济全球化和国际关系民主化的客观要求，顺应和平、发展、合作的时代潮流。长期以来，国际社会较少听到来自发展中国家的声音。金砖国家人口占世界总人口的42%，国内生产总值约占世界总量的21%。金砖国家合作平台正努力把发展中国家的声音带到国际社会，推动国际关系体系向更合理、更均衡方向发展。令人鼓舞的是，世界银行、国际货币基金组织已增加新兴市场和发展中国家的份额和投票权，更多地反映它们的诉求。

金砖国家均处在经济社会发展的重要阶段，面临相同相近的问题和挑战，寻求互利合作、实现共同发展是金砖国家的一致目标。金砖国家国情不同，在不同领域拥有各自优势，这为实现经济优势互补、互惠合作提供了良好机遇。特别是金砖国家经济和社会转型正步入关键期，工业化、城镇化发展方兴未艾，基础设施建设加快，国内消费市场不断扩大，为深化合作开辟了广阔空间。近年来，金砖国家间投资贸易关系均

取得快速发展。据中国商务部有关数据，2011年，金砖国家间贸易总额超过3200亿美元，是10年前的6倍。广大发展中国家也对同金砖国家开展合作寄予厚望。

作为新兴市场国家整体实力上升的体现，金砖国家合作平台自形成以来，西方对其始终不乏贬低唱衰之声。唱衰的理由是金砖国家在社会制度、发展模式、价值观、地缘战略等方面存在差异，将妨碍金砖国家深化合作。但事实上，近年来，金砖国家在经济、金融、贸易、发展等诸多领域的务实合作不断深化，内涵不断丰富，形式日趋多样。这些合作符合各方共同利益，在各成员国有良好的经济、社会、民意基础。

西方唱衰"金砖"，是西方面对金砖国家快速发展产生的紧张与焦虑的反应，也从反面印证了金砖国家影响力的迅速提升。金砖国家深知，无论是出于共同战略利益考虑，还是自身崛起和发展的需要，他们都需求同存异、团结一致、携手共进。只有深化彼此理解与互信，加强国际事务协调，唱响"金砖"声音，才能有效维护自身发展利益，在国际格局和秩序演变中赢得主动。不久前在印度召开的金砖国家安全事务高级代表会议成果突出，展现了各方通过对话交流进一步提升政治互信的共同意愿。

从领导人会晤到部长会议，从政府部门到智库、地方等非官方交流，金砖国家已经形成多层次、宽领域的合作架构。随着合作日益紧密深入，金砖国家合作平台建设水平也会"水涨船高"，进一步增强金砖国家内部凝聚力和外部影响力。金砖国家合作基础牢固，潜力巨大，前景广阔。

（2013年3月19日）

中国，互利共赢倡导者践行者

> 中国走和平发展道路，其他国家也都要走和平发展道路，各国都走和平发展道路，各国就能够共同发展，国与国就能够和平相处

中国人民爱好和平。我们将高举和平、发展、合作、共赢的旗帜，始终不渝走和平发展道路，始终不渝奉行互利共赢的开放战略，致力于同世界各国发展友好合作，履行应尽的国际责任和义务，继续同各国人民一道推进人类和平与发展的崇高事业。

一个伟大的国度以更加昂扬的姿态屹立于世界东方，一个负责任大国再一次向世界作出庄严承诺。

走和平发展道路，是中华民族优秀文化传统的传承和发展，是中国根据时代发展潮流和国家根本利益作出的战略抉择。中国是个负责任国家，努力把自己的事情办好的同时，也要处理好同外部世界的关系，既争取更加有利的外部环境，也努力为世界和平与发展作出更大的贡献。

改革开放30多年来，中国一步步从国际舞台边缘走到国际舞台中心。这是一条同历史上的大国崛起截然不同的道路。在打开国门同世界接轨的过程中，中国遇到过麻烦，也经历过摩擦，某些势力甚至试图进行围堵。但是，中国坚定不移地走和平发展道路。中国的事业是向世界开放学习的事业，是同世界各国合作共赢的事业，也是得到世界人民支持的事业。

刚刚闭幕的两会让世界再次看到，中国的奋斗目标有多么清晰，中国

的和平发展道路有多么明确。世界繁荣稳定是中国的机遇,中国发展也是世界的机遇。和平发展道路能不能走得通,很大程度上要看能不能把世界的机遇转变为中国的机遇,把中国的机遇转变为世界的机遇,在中国与世界各国良性互动、互利共赢中开拓前进。

同大国崛起必然引发战争的历史观一样,国强必霸是依据西方大国崛起历史得出的一个结论。它迄今仍制约着一些人对国际关系体系演进的看法。与此同时,冷战时代霸权切割摆布世界的阴影仍未散尽,一些国家尤其是中小发展中国家,担心霸权重返会使它们成为牺牲品,或者又一次面临划线站队的两难抉择。然而,更需要看到的是,和平发展已经成为时代潮流,21世纪注定不会再次成为霸权时代。

中国走和平发展道路,其他国家也都要走和平发展道路,各国都走和平发展道路,各国就能够共同发展,国与国就能够和平相处。

中国有13亿多人口,实现现代化还有很长的路要走,需要持久的国际和平环境。即使中国发展强大起来,中国也不会称霸,因为中国在近现代历史上的惨痛遭遇中有深刻感受。"己所不欲,勿施于人",这是中国人的信条。

(2013年3月18日)

中国,逐梦的步履更坚实

今年的两会非同寻常,各国媒体对中国的观察更加细腻,对中国的理解和把握逐步加深

《中国通过了"强国考试"》,中亚网一篇关注两会文章的标题不仅形象,也很有代表性。

随着两会接近尾声,国际舆论越来越热衷于给两会"打分",探求两会对中国下一步发展的意义。一种普遍的看法是,两会直面新问题,寻找新思路,更加清晰地勾勒出强国梦想的轮廓。

"两会将十八大确立的大政方针贯彻到实际的行动纲领中去";"党的思想只有转变成国家意志,党的领导才有展开的空间"……

十八大开启全面建成小康社会新征程,"中国梦"激荡13亿人民族复兴新期盼。从十八大到两会,世界实实在在看到中国共产党的主张、中国人民的意愿如何凝聚为国家意志,真真切切感受到"空谈误国,实干兴邦"有多么深入人心。

今年的两会非同寻常,各国媒体对中国的观察更加细腻,对中国的理解和把握在逐步加深。

美国学者古德诺有句名言:"政治是国家意志的表现,行政是国家意志的执行。"国家意志要能够立得住、走得远、行得通,不仅需要正确的决策和强大的执行力,更需要全民族共同奋斗的精神力量,而这种精神力量首先缘自解决现实问题、规划发展路径的共识。

墨西哥国立自治大学经济系教授恩里克·杜塞尔看到,两会代表、委

员热议的话题切中要害，真实反映了民众心声，两会的"亲民性"越来越突出。

新加坡南洋理工大学中国项目协调员李明江认为，两会代表、委员具有强烈责任感，注重借助媒体的力量让改善民生的主张引起全社会的关注。

越南北江省越中友好协会会长阮光举指出，人民选举自己的代表来行使国家权力，代表肩负人民的期望和嘱托，代表人民的利益。人大代表和全国人民为实现和谐、小康、幸福的社会理想一道努力……

"两会是扩大民众共识，增强社会凝聚力的一个极好平台。"一位非洲学者的话在一定程度上概括了人们对两会的观察。

不断增添的凝聚力无疑是一种宝贵的资源，也是世界给两会打高分的重要原因。

国家好，民族好，大家才会好。宏大的命运共同体不能没有梦想的牵引，两会让"中国梦"更加清晰、更有感召力，也让中国人逐梦的步履更加坚实。

（2013年3月17日）

选贤任能是治国理政之要

> 一个国家的政治能否凝聚人心，能否有决断力和执行力，很重要一点就在于能否把真正优秀的人选到重要岗位

从十八大到两会，中国政治生活牵引着国际社会的目光。

中欧国际工商学院董事李世默说，事实证明，这个自信的、崛起的大国最高权力交接是平稳、周密且有序的。可以预见，中国不仅不会崩溃，还会像神州大地上奔驰的高铁一样继续快速前进。雅虎网站财经频道总编辑亚伦·塔斯克写道：中国领导层的平稳过渡及其调整经济的努力与华盛顿持续的功能紊乱形成了鲜明的对比。如果国家是股票，"中国股"无疑是领先的。

一个国家的政治能否凝聚人心，能否有决断力和执行力，很重要一点就在于这种体制能否把真正优秀的人选到重要岗位。这也是世界各国普遍面临的重大课题。选人用人机制是否科学、合理，事关政党兴衰成败和国家前途命运。一种体制，如果最终不能把最优秀的人才推举到最关键的位子，如果让党派利益捆住领导人手脚而无法有所作为，这种体制显然出了问题。

经过长期探索，中国形成了富有成效的选人用人机制，努力做到选贤任能，使德才兼备者脱颖而出，走上领导岗位。这正在成为全球范围内的普遍共识。加拿大籍学者贝淡宁说，中国式贤能政治的优势非常明显。

只有那些表现卓越的人才能走上高位。领袖们不是浪费金钱和时间投入选战,而是努力提高自己的知识和才干。

不仅如此,被选拔上来的"好苗子",还必须经过时间的考验和实践的锤炼。正如李世默分析的那样,在中国,一位干部的职业生涯中,从积累基层经验开始,到进入高层领导序列,其间一般要经过二三十年的工作历练。因此几乎所有高层领导人,都有在中国社会各领域主持工作的丰富管理经验。值得一提的是,作为地方政府的省,在幅员上要超过世界上大多数国家;作为中央部门的部,在预算上要超过一般国家的政府。

在相当一部分研究中国问题的外国专家学者看来,中国领导人有决心、有勇气、有能力率领全国人民实现"中国梦"。中国共产党内部的选贤任能择优机制的竞争性,可能超过世界上所有的政治组织。这也是为什么,这个建党90多年、执政60多年的"资深政党",依然葆有创新的激情和旺盛的活力。

"中国特色选举制度"的成功不只是挑战了西方传统政治理念,更丰富了人类社会选举政治的理论和实践。

(2013年3月15日)

中国周边紧张吗？数据说话！

和平、稳定、合作、发展是中国周边地区的大势所在。中国的发展顺应了这一大势，也是这一大势能够形成的重要推动力

一些西方媒体对中国周边局势的报道，总会给人造成一种紧张感，似乎这是一个布满冲突与危机陷阱的地区，中国与周边国家的关系是那么的脆弱多变……这是真实的中国周边局势图景吗？数字最有说服力。

外交部部长杨洁篪在两会期间表示，2012年，中国与周边国家贸易额达到1.2万亿美元，超过了中国与欧洲、美国的贸易之和。在国际金融危机的背景下，中国对亚洲经济增长贡献率超过50%。

这是一个伴随中国发展而蒸蒸日上的地区，这是一个充满发展热情与机遇的地区。发展不仅改变着区域内部的关系，也改变着这一区域在全球政治经济格局中的地位。发展是各国最紧迫的现实需求，也符合各国的根本利益。美国、欧洲纷纷调整策略，更加重视这一地区，就是为了分享这一地区的发展动力。

在亚洲史无前例的发展大潮中，中国的拉动作用越来越突出。马来西亚总理纳吉布不久前指出，过去10年间，世界已经见证了一种新的模式，那就是中国资源的需求推动贸易和影响力的新模式，现在中国的创新和内需将被证明是全球经济强有力的推动力。

和平、稳定、合作、发展是中国周边地区的大势所在，中国的发展既顺应了这一大势，也是这一大势能够形成的重要推动力。中国的稳定发展为亚洲国家共同发展创造了良好平台。澳大利亚资源公司首席执行官、金融专家斯托伊科维奇女士认为，中国的发展是一种和平的发展，不仅对地区和全球经济增长大有裨益，而且对全球稳定与发展具有十分重要的作用。

中国周边地区，尤其是东亚经济的高速增长，显示了整个区域经济开始出现的结构性变化。和过去相比，这一区域国家经济增长的最大变化之处在于，它不再是主要依靠向欧美扩大出口而带动的增长，而是更多受益于区域内经济体投资和消费的增加，以及各经济体之间相互投资和贸易的拉动。

这意味着世界经济格局的重心正在从西方向东方转移。而这一过程早在2008年国际金融危机爆发后就已经开始。亚洲地区，尤其是东亚越来越成为世界经济增长的新引擎。新加坡国立大学李光耀公共政策学院院长马凯硕对亚洲发展前景有着动人的描述：亚洲复兴的内在趋势在2013年将进一步巩固；2012年，亚洲有约5亿中产阶层。到2020年，这一数字将增至17.5亿；在本世纪第二个10年，东方仍将如旭日般冉冉上升。

（2013年3月13日）

"中国报告"何以引来非洲之思

寻找对华合作新机遇,思考中国成功故事的深层原因,同样包含着非洲国家探索本国发展道路的信心

从政府工作报告中,把握中国发展走向;在5000多名代表委员的热议中,感知"中国梦"的脉动。观察两会,万里之遥的非洲朋友有自己的视角。

尼日利亚《今日报》告知非洲读者,在世界第二大经济体、全球最富活力的中国,两会议题关乎未来发展。

中国同非洲有相似的历史遭遇和共同的发展梦想,都处于快速发展阶段。从患难兄弟到发展伙伴,全球最大的发展中国家与发展中国家最集中的大洲握手、拥抱,世界为之瞩目。

"对于非洲人来说,中国和中国人现已成为一个响亮的名字,让非洲人仰慕和愉悦的名字。""中国强盛之梦正一步步成为现实,非洲摆脱贫困之梦也不再遥远。非洲期盼与中国一起腾飞。"尼日利亚记者卡莫拉菲的话,与近日南非总统祖马的一次表态相互呼应。后者警告发出嫉妒噪音的西方,不要阻拦非洲国家与中国拥抱。

拥抱中国带来的发展机遇,现实最有说服力。肯尼亚《星报》援引一项调查结果指出:与中国和金砖国家有经贸联系的肯尼亚企业,比同行更容易赚钱。中国是最受商家欢迎的出口市场之一。

"中国经济现在正面临新的转型,需要平衡国内需求和国外需求,实现更为均衡的发展。两会所透露的信息显示,中国经济正在向这方面努力,更加重视对发展质量的追求。"南非学者科菲·库阿库的分析体现了一种观照。透过两会,非洲朋友在探寻对华合作新机遇。

观察两会,非洲朋友还有更宽阔的视角——对中国成功故事深层原因的思考。

坦桑尼亚前驻华大使查尔斯·阿西利亚·桑嘎说:"中国坚持走中国特色社会主义道路,立足本国国情,不照搬、不盲从外国制度,值得其他国家学习和钦佩。"马里前计划、财政和经济协调部长库亚特认为:"中国政治体制同西方相比有其优越之处,体制的严密性和纪律性保证了社会和谐与国家稳定,有利于长治久安。""中国在不断进步,以独特的方式与节奏推进民主政治建设。从两会可以看出,中国在不断尝试做出改变,以提高人民的生活水平,使民众共享国家发展成果。"

"不盲从"、"不照搬"、"体制的优越之处"、"不断做出改变"……非洲朋友的两会视野里不仅有中国经济吸引力,同样包含着探索本国发展道路的信心。

(2013年3月11日)

邻居好，无价宝

> 走和平发展道路不只是中国一家之事。中国的机会多了，大家的机会也会更多。大家都走和平发展道路，亚洲的明天就会更好

看形势，同样要看大局、看主流、看长远。这意味着既要现实和清醒地分清世界局势的"变"与"不变"，也要以智慧和定力面对种种挑战。

正如政府工作报告所言，中国始终不渝地走和平发展道路。这不仅是对时代潮流的自觉顺应，也是符合历史文化传统的必然选择。"实际行动证实了的语言是最好的语言"，这句阿拉伯谚语用在中国身上，恰如其分。

处理好同周边国家的关系，不仅关系中国发展进程，也将给地区乃至世界形势带来重要影响。近年来，中国始终把周边外交放在重要位置，坚持与邻为善、以邻为伴的周边外交方针，努力同周边国家共同营造一个和平稳定、开放包容、合作共赢的地区环境。中国周边环境中的复杂因素确实比以前增多了。综观全局，中国周边形势继续保持基本稳定，中国同周边国家的关系继续取得进展。

由于历史原因，中国同某些周边国家有领土纠纷。中国坚持走和平发展道路，但决不能放弃我们的正当权益，决不能牺牲国家核心利益。论实力，中国是强大的，但中国"不逞强"、"不秀肌肉"，坚持通过协商谈判妥善处理和解决争议。

中国维护地区和平稳定的意愿是真诚的，希望并创造条件让更多国家分享发展机遇。这是因为中国看到了，只有合作才可能共同发展，才有利

于种种复杂问题的解决。邻居好，无价宝。中方将继续坚持与邻为善、以邻为伴，坚持睦邻惠邻。

走和平发展道路不只是中国一家之事。中国的机会多了，大家的机会也会更多。大家都走和平发展道路，亚洲的明天就会更好。东亚要成为一个和平稳定地区，只能选择合作。只有加强合作，才有可能创造出一种适应形势发展变化的牢靠的安全机制，才能保持良好发展势头。东亚在整个国际关系体系中的地位在提升，地区形势的全球影响日渐突显，在这个问题上同样要有大视野。

（2013年3月10日）

"中国有自己的方式"

> 横向比较有助于一些人摈弃偏见,更加客观理性地观察中国发展变化,加深对中国发展道路的理解和认同

"我国改革已步入攻坚阶段,必须进一步解放思想,全面推进经济、政治、文化、社会等领域的改革,不断把改革引向深入。"政府工作报告中关于改革的论述,引起国际舆论的广泛关注。德国《柏林日报》说,改革和变化仍是中国未来的"主旋律"。

应该说,世界对这一主旋律并不陌生,对改革在中国发展进程中的重要意义也有清醒认识。早在几年前,一位西方学者就讲过这样一段话:"中国作为一个国家和一个民族的竞争优势,就在于它愿意适应任何必要的以及能够给自己带来利益的变革","没有其他任何一个国家像中国一样进行如此大规模的调整和适应,也很少有民族有它这样的事业心和雄心壮志"。

今年,国际舆论透过两会对中国改革的观察更加精细。

新加坡《联合早报》道出了其中一个原因:处于经济与社会转型变革期的中国,高层人事变动及政府机构改革的步骤将影响中国未来10年治理的整体结构。

在全球经济复苏乏力背景下,中国经济转型成功不仅事关自身发展,也将为全球经济可持续增长注入新动力。可以说,对中国改革的关注已不

再仅仅是一种"旁观"。

值得注意的是，国际舆论聚焦中国改革时还生发了不少感慨。

美国康奈尔大学教授、布鲁金斯学会高级研究员艾斯瓦尔·普拉萨德在《华尔街日报》上发表文章，肯定中国推动发展模式变化的稳健和成效。这位学者指出，尽管存在这样那样的问题，中国政府还能够逐渐朝正确的方向推动这艘巨大而快速的经济航船，这一点就是显著的成就。英国《金融时报》写道：胸怀5年、10年甚至20年规划的中国领导人，多么具有远见。

这种感慨显然有其现实指向性：不少西方国家陷入经济困境，但势在必行的变革难以推动，个别国家甚至出现政治瘫痪，迷失了前进的方向。

现实是最好的教材。这种横向比较有助于一些人摈弃偏见，更加客观理性地观察中国发展变化，加深对中国发展道路的理解和认同。

欧洲外交政策协会中国问题研究学者柯尼西说，中国的政府管理和西方有很多不同，按照西方政治思路去评判中国是不合理的。过去10年，中国政府的管理至少保证了这样一个大国稳定向前发展，"这就说明政府所做的一切合乎中国国情的需求"。德国《时代周报》也指出，中国仍将是改革的国家，必须行动的压力巨大，但中国不会按西方的标准去实践，中国有自己的方式。

发展是硬道理。对中国这样一个发展中大国来说，这不仅关乎硬实力的增强，也意味着软实力的提升。

（2013年3月8日）

两会也是世界的故事

> 对不少外国老百姓来说,"两会视角"还是中国经济发展将给自己带来多少好处

亚太股市5日普遍上扬。市场人士分析称,中国政府工作报告传出利好消息,投资者受到鼓舞。两会举足轻重的全球影响力,由此可见一斑。

市场的"鼻子"是最灵敏的,往往可以以极快的速度捕捉到利好或利空。5日的利好消息主要由两个因素构成:一是中国将继续加快转变经济发展方式,促进经济持续健康发展;二是中国将继续实施积极的财政政策和稳健的货币政策。二者均表明中国经济可持续发展前景明朗。

在全球经济复苏乏力的大背景下,这样的利好消息实在是令人振奋。"中国好,世界就好"——这很容易让人们联想到英国牛津大学卡尔·格斯教授所著的一本同名畅销书。

两会牵引全球目光,各国媒体的观察视角有很多,中国经济走势仍是焦点。对于不少外国老百姓来说,最关心的还是中国经济下一步对世界经济产生的拉动作用有多大,能给自己带来多少实实在在的好处。

"中国消费市场对全世界的影响,犹如墨水滴入水面,随着涟漪的扩大,影响层面愈来愈广,愈来愈广……"卡尔·格斯教授的这段话很形象,寓意也很深远。

过去五年,中国宏观经济总体上保持增速平稳较快、物价相对稳定、

就业持续增加、国际收支趋于平衡的良好态势，国内生产总值年均增长9.3%，中国在全球经济中的地位和影响力进一步提升。当越来越多的人搭上中国这趟快速发展的列车，他们未来的福祉就与中国的发展联在一起。这就是当今中国与世界关系最真实的写照。

"关注中国的变化，也是关注世界的变化"。

两会成为世界各大媒体的热词，这一切都给美国学者约翰·奈斯比特的"中国大趋势"提供了新的注脚。

两会，再次彰显中国故事的热度和魅力。

（2013年3月6日）

雷锋精神助推"中国梦"

世界满怀好奇探究"中国奇迹"动力源。只要看一看雷锋精神如何深入人心，就不难找到答案

雷锋不仅属于中国，他火一般的热情和精神感召力超越了国界。

"学雷锋日"到来前，巴基斯坦一家网站发表文章称，雷锋虽然个头不高，但是执着坚强，古道热肠，具有很强的乐观主义精神。巴基斯坦《新闻报》引用中国学生的话说，学习雷锋就是学习帮助他人的中国传统美德，助人是快乐之本。

在墨西哥学院教授莉莉亚娜·阿索夫斯卡眼里，雷锋是一名朴实坚定的共产党员，是一面旗帜。民众对雷锋的爱戴，也表明对中国共产党的真心拥护。这是中国改革不断推进的雄厚根基。

不过，也有个别西方学者将雷锋精神解读为"把人视为机器"。这不仅是一种曲解，也是对人类精神文明价值的漠视。综观世界各国发展史，无不凝聚着无私忘我的奉献。一个国家，没有一点精神是立不起来的，更不可能走在时代的前列。

国际金融危机暴露出自私、贪婪的顽症。哈佛大学教授弗格森指出，"西方社会已经远远背离了面向未来的自我牺牲理想"。私利的无限放大，是一些西方国家迟迟难以摆脱危机的深层原因。西班牙ESADE商学院教授奥古斯都·索托说，雷锋精神所包含的优秀品质，是当今世界各国都

需要的。面对诸多考验，我们需要团结一心，共渡难关。

"人的生命是有限的，可是，为人民服务是无限的，我要把有限的生命，投入到无限的为人民服务之中去。"韩国中国政经文化研究院理事长李映周认为，雷锋精神同中国共产党执政理念一脉相承。执政为民，中国共产党将带领中国人民走向民族复兴，早日实现"中国梦"。

世界满怀好奇探究"中国奇迹"动力源。只要看一看雷锋精神如何深入人心，就不难找到答案。无论是经济日新月异，还是崭新的城市在地震废墟上拔地而起，每一个"奇迹"后面，都有无私奉献汇聚的力量。雷锋精神已成为中国人精神世界的一座丰碑，内化到对"中国梦"追寻中。

国家好，民族好，大家才会好。"学雷锋日"同两会在美好的春天相约，不只是时间的巧合，更是精神气质的契合。在人民这座大山面前，每个人都是一棵小草。在民族复兴的伟大事业里，每个人都是一颗永不生锈的螺丝钉。

（2013年3月5日）

两会彰显中国软实力

"今年两会格外重要,这是中共十八大后的第一次两会,十八大提出的施政纲领将贯彻到实际行动中。"

"两会将进一步落实和深化十八大精神。这充分体现了中国政治体制内在的科学性与合理性,体现了中国政治的稳定性和连续性。"

"从十八大到两会,中国共产党执政理念、路线、方针同中国民众意愿、诉求联系在一起,形成一种默契互动的特殊机制,这完全符合中国国情。"

南非、西班牙、哈萨克斯坦人士的上述看法展示出对中国发展进程的精准把握,对中国政治体制的高度评价。世界关注两会,不只是要把握中国政策走向,也在探寻中国成功故事背后的"制度奥秘"。

"两会汇聚民众和各党派声音,发扬民主";

"两会代表委员的结构是民主的重要体现";

"中国变得更加包容、更加开放,两会将更多地释放中国民众的能量"……

透过今年的两会,世界聚焦中国共产党的领导力和中国社会的凝聚力,也敏锐捕捉到令人鼓舞的新气象。

美国《外交》杂志双月刊前不久载文指出,中国从不将自己的政治制度包装成普世通用的典范。"中国模式"的意义在于,从实践上证明了良政的模式是多元的，各国都能找到适合本国的政治制度。历史不会终结于西方民主制度，一个更精彩的时代正缓缓拉开帷幕。

同十八大一样，两会是中国政治生活的重要一环，两会再次彰显中国软实力。

（2013年3月4日）

"期待伟大的事件发生"

当中国从国际舞台边缘走到中心,中国发展不再是中国人自己的事情。世界越来越多地用更加宏大的视野来观察中国

"在欧美仍陷于经济危机之际,全球都把目光投向中国。"两会召开前夕,德国新闻电视台发出这样的声音。

在各国媒体眼中,今年两会非同寻常。实干兴邦,中国全面建成小康社会步入关键阶段。《华尔街日报》认为,中国领导人释放强烈改革信号,将调整经济结构作为首要经济任务。中国追求经济增长"质量",将为未来增长奠定扎实基础。中国将如何继续前行?中国将给世界注入怎样的正能量?来自世界各地的记者云集北京,努力借两会把握中国政策的"风向标"。

"两会是国际社会洞悉中国内政外交和经济走势的最佳窗口。作为一名研究中国问题的学者,如果不用心学习两会出台的报告、领会两会的精神,很快就会同中国发展进程脱节。"墨西哥学院亚非研究中心教授莉莉亚娜·阿索夫斯卡的话颇具代表性。

观察中国的视角有很多,但有两点无法绕过:一是推动中国持续增长的动力在哪里,二是深化改革开放的动力是否强劲。同十八大一样,两会为世界把握这两点提供重要平台和难得契机。西班牙《环球亚洲》杂志社社长伊万·马涅兹认为,"两会是中国民众政治生活中的大事,是参政议政的具体体现。两会议题和决议,都是国际社会关注的焦点。"

很显然,这种关注源自中国发展的外溢效应,源自不断增强的全球影

响力。欧洲学者柯尼认为，放眼全球，各国媒体如此关注一个国家的内部事务讨论，并不多见。这显示出中国作为一个全球经济引擎的重要性，世界非常想知道未来中国的各项政策。当中国从国际舞台边缘走到中心，中国发展不再是中国人自己的事情。世界越来越多地用更加宏大的视野来观察中国。

"未来10年是中国经济成功转型、实现小康社会的关键期"，"中国复兴的时刻一步步走近"……看中国，在某种程度上也是看自身、看世界。不难想象，透过纷繁复杂、挑战严峻的国际时局，将目光投向稳健前行的中国，世人会有怎样的感慨和期待。泰国《民族报》一篇文章写道："尽管我们还无法辨识中国走怎样的新路，但可以肯定，亚洲各国政府和人民期待伟大的事件发生。"

（2013年3月3日）

适应实际，政治才可持续

一种政治体制有没有效率，要看它能否最大限度凝聚社会共识。而活力则表现在对时代的顺应中实现自我调整的能力

意大利议会选举让我们再次看到，政治体制对一个国家的可持续发展有多么重要。

长期以来，西方学者普遍认为，政治体制的可持续性是一个国家能否强大的关键所在。他们对西方政治体制的可持续性有着高度的认同，并将此视为西方的根本优势。而意大利的选举则告诉我们，关注政治体制的可持续性，还有两个重要方面不能忽视：效率与活力。

一种政治体制有没有效率，要看它能否最大限度凝聚社会共识，能否激发迎难而上的勇气与魄力。而活力则表现为与时俱进的精神品质，在对时代的顺应中实现自我调整的能力。

欧洲一些国家近年来的选举有一个共同的结果，即部分选民胜利了，发展前景却更加迷茫。一场意大利部分选民满意的选举，要让整个欧元区心惊胆战地准备好"再次迎接动荡"，还有什么可持续性而言呢？

欧债危机在一些国家引发的经济和社会动荡，显露出欧洲的政治体制出了问题。意大利学者蒂托·伯里和路易吉·吉索在英国《金融时报》发表文章说，只有对选举机制进行改革，才能集中精力解决意大利的深层次经济问题。现在的问题是，如何确定这种改革的路径？又有谁能来推动这

种改革？

欧洲接二连三的选举呈现的是民意的纷乱，以及政治家沦为"选票的绵羊"。长期以来，这种体制看似确保了稳定、民主和自由，却让欧洲一点点地失去活力。一旦问题达到积重难返的程度，再进行体制改革无异于给自己动大手术。这也是当下欧洲人最大的焦虑和困惑。体制的改革不是件容易的事情。改革的成功既要得到大多数民众的支持，同时还需要拥有战略胆识的领导人，二者相辅相成。

一些人宁肯花费几年甚至几十年的工夫去总结西方体制的成功之道，而不愿意花费一些时间去比较研究一下经济全球化背景下西方政治体制弊端所在，以及体制改革的动力与出路。更令人不解的是，体制问题已经严重干扰了一些西方国家的发展进程，却仍有人不遗余力地做"政治传销员"。就连某些西方学者都看不下去了，将这一现象嘲讽为近乎于宗教崇拜的情结。

发展路径多样化是人类文明多样性的应有之义。适应本国实际的政治体制才具有可持续性，而这种可持续性离不开效率和活力的支撑。

（2013年3月1日）

欧洲亟需找回行动力

政治无论如何不能变成空头支票的游戏，体制性的恶性循环将加重危机。结束混乱，"钥匙"归根到底在于政治家的信仰力，在于选民的理性选择

失业率超过11%，年轻人失业率高达36%，2013年经济总量可能缩减1%……陷入困境的意大利亟需一个"负责任的政府"推进改革。然而，意大利议会选举结果让这个国家、欧洲乃至世界各国的期望落空了。选举结果不仅导致欧美、亚太地区股市下跌，更重要的是削弱了人们对尽快消除欧债危机、实现世界经济复苏的信心。

耐人寻味的是，没有谁站出来为加剧危机的政治瘫痪负责。意大利最具影响的几大政治派别均称自己在选举中成为"赢家"。这再次显现了欧洲政治面临的一个尖锐问题，关键时刻，政党利益和国家整体利益并不完全一致。

意大利议会选举造成的困局集中暴露了一场制度性危机。选民们在一场接一场的选举中逐渐失去对国家发展前景的信心，甚至将非理性选择当作发泄不满、表达愤怒的手段。一些政治家显然在利用选民的焦躁情绪。由于货币主权的让渡，欧元已经不仅是货币的符号，而且还包含了特定的政治含义和责任。竞选纲领中不切实际的承诺可以赢得选票，但因为与欧元区的改革方向反其道而行之，这些承诺将会给欧元以及欧元区经济带来

动荡。

英国《金融时报》评论称，意大利大选结果从某种意义上来说体现了民主，而民主导致混乱是家常便饭。

结束混乱，"钥匙"归根到底在于政治家的信仰力。到底是为了执政而执政，还是基于对民众当下利益和长远利益的综合考量来决定行动方向，这是一个带有根本性的问题。"钥匙"同时也在于选民的理性选择。没有谁愿意过紧缩生活，但寄希望于依靠政治家不靠谱的承诺来改变经济前景，到头来只能面对更漫长的紧缩，并祸及欧元区经济。欧债危机演变表明，欧元区国家在行使本国的"小民主"和"小自由"的权利时，如果能正确对待超国家货币欧元所涵盖的大民主和大自由，欧元区的形势就会趋稳，反之则是动荡。

负债累累的欧元区国家能否痛下决心改革，能否振奋精神苦干一番，是摆脱危机的关键。选择强制性紧缩等政策也是文化的重塑，是一种长期以来成就欧洲发展大业的拼搏苦干精神的回归。欧洲需要反思，而反思的关键在于，欧洲是怎样一步步地跌落到今天这样的困境的？

政治无论如何不能变成空头支票的游戏，体制性的恶性循环将加重危机。

（2013年2月28日）

别把网络当战场　切勿损人又害己

处于全球互联网中心地位的美国,理应和各国一道,以构建和平、安全、开放、合作的网络空间为己任,而不是使网络空间沦为新的战场。否则,到头来只能是损人亦不利己

借一家咨询公司的报告,美国开始炒作新一轮中国黑客威胁论,企图抹黑中国。先是媒体鼓噪,又有所谓安全专家声称中国黑客"黑"遍华盛顿几乎所有重要机构,白宫则不失时机地公布了《美国政府缓解窃取商业机密行为战略》,一些人士还不负责任地主张美国政府"就此事与中国对抗"。一连串事态发展就像电视连续剧,耐人寻味。

美国炒作黑客威胁源头的报告,内容极不专业,为同行所不齿。美国网络安全专家杰佛雷·卡尔指出,上述报告方法不严谨,有"凡事先指责中国"的偏见。其实,以这种不专业的方式指责中国并不新鲜。前两年,以汽修、烹饪著称的中国某技校就曾被美国指责为黑客大本营。

事实上,美国才是名符其实的黑客帝国。据美国媒体报道,美国早在2002年就组建了世界上第一支网络黑客部队。2011年,美军正式成立了网络司令部。伊朗铀浓缩等基础设施遭受"震网"等高级病毒攻击,其幕后黑手也已是公开的秘密。美国军方和情报机构每年都高调出席黑客大会,全球顶尖黑客云集五角大楼。美媒体一向对此津津乐道。英国《经济学家》杂志日前刊文称,美国不是网络间谍领域的新手。法国网络监控部门

官员称，去年法国大选期间，美国曾用间谍软件侵入时任法国总统萨科齐的电脑。2012年，中国遭受的境外网络攻击中，源自美国的攻击数量高居榜首。

炒作中国黑客威胁、人为制造所谓"网络窃密"议题的背后，除面对中国发展的焦虑，就是要为美国发动网络攻击正名。美国大力推进网络战能力建设，拓展网络军事同盟，主张网络威慑，试图推动国际社会就网络战制定规则，为其"先发制人"的网络攻击战略披上合法外衣。开辟网络战场，增加了国家间在网络空间爆发冲突的风险，是当前网络安全问题的主要症结，无助于各国在网络安全问题上的合作氛围和国际社会促进网络安全的共同努力。

中国是网络攻击的受害国。近年来，中国同包括美国在内的30多个国家和地区建立了双边执法合作体系，在打击网络犯罪和黑客攻击方面有较为完善的机制。令人遗憾的是，美国媒体和一些人士对此选择性失明。

就本质而言，和形形色色的各类中国威胁论一样，中国黑客威胁论也是美国一些人士"妖魔化"中国图谋的一部分。处于全球互联网中心地位的美国，理应和各国一道，以构建和平、安全、开放、合作的网络空间为己任，而不是使网络空间沦为新的战场。否则，到头来只能是损人亦不利己。

（2013年2月27日）

美化侵略历史,不入流!

阻碍日本成为"正常国家"的,正是日本自身。一个公然美化侵略历史、否定世界反法西斯战争胜利成果、挑战战后国际秩序安排的国家,不可能融入国际关系体系

日本首相安倍访美期间,在华盛顿智库发表演讲宣示,日本永远不做"二流国家","一个强大的日本回来了"。

安倍的愿景与日本战后追求"正常国家"的夙愿一脉相承。历史是一面镜子。明治维新使日本步入强国之路。然而,强大起来的日本迅速走上侵略道路,给亚洲国家和人民带来深重伤害。由于对日本的侵略历史清算不彻底,日本政治右倾化的根子未除。从政客不时"失言"美化侵略历史、公然参拜靖国神社,到推动修宪、行使集体自卫权等"长期目标",日本急欲摆脱战后国际秩序束缚的企图昭然若揭。

日本经济持续低迷、政治人物对国家前进方向缺少理性设计。在此背景下,国际社会对日本"回来"后究竟会干点什么,保持着警惕。早在2006年,时任美国驻日大使托马斯·希弗指出:按照靖国神社的历史逻辑,日本侵略中国和偷袭珍珠港纯属"迫不得已",是为了从西方殖民主义者手里"解放亚洲";仿佛战犯不是东条英机,而是罗斯福!这种曲解历史的观点"非常令人不安"。同年,美国民主党资深参议员兰托斯则更加尖锐地指出,日本患有历史健忘症,"参拜靖国神社无异于在德国纳粹

头子坟前敬献花圈", "否定历史的人必定会重演历史,这种行为必须停止"。

日本似乎始终就没弄明白,阻碍日本成为"正常国家"的,并非他国,而是日本自身。日本要想成为一个"正常国家",想让亚洲国家不再为"日本的强大"担惊受怕,就必须让亚洲国家相信,日本走上了和平发展道路,愿与区域内国家"一道成长"。

国际关系自有道义准则。一个公然美化侵略历史、否定世界反法西斯战争胜利成果、挑战战后国际秩序的国家,不可能融入国际关系体系。这样的国家和"一流国家"所应具有的品质毫不沾边。

对不光彩的历史进行彻底反省,自然不是一件容易的事。然而,不完成自我救赎就无法同外部世界实现真正的和解,就不可能回归"正常国家"行列。只有真正走上和平发展道路,才有可能得到亚洲国家的接纳和欢迎。否则,"强大的日本回来了"喊得越响,日本离"一流国家"就会越远。

(2013年2月26日)

"经济天使"要展文化形象

中国春节温暖世界,中国游客赢得世界的好感与尊重。与此同时,少数中国游客的"暴发户"心态和不文明做派也引发热议

春节成为世界各国的"黄金周",中国游客成为全球出境游最大动力源。无论是作为个体还是一个群体,中国游客言行举止备受关注,这是很自然的,完全可以理解。

在澳大利亚旅游业大亨查尔斯·伍德沃德看来,中国游客是澳大利亚"最豪爽的客户"。英国有媒体称只有中国人才能救世界经济,甚至将中国游客比喻为"天使"。在世界经济复苏乏力、各国消费市场亟待拉动之时,走出国门的中国游客确实很荣耀。增添中国文化色彩、顾及中国人语言习俗的服务,也足以给刚刚富裕起来的中国人带来心理上的满足。

旅游是一种经济行为,也是一种文化行为。游览过程中,中国游客开阔眼界,增进对世界的了解。与此同时,世界也通过中国游客更真实、更精准地把握中国。近距离观察特别是直接接触,最有助于消除生疏造成的误解,形成立体完整的印象,建立起自然而又亲切的关系。

应该说,中国游客把中华文明优秀传统和开放平和的精神风貌带到世界各地,给人们留下的总体印象是良好的。道理很简单,世界上没有哪个民族会仅仅因为金钱而尊重我们,向我们张开热情的怀抱。"天使"的美誉不应该仅仅是经济实力的代名词。不过,也确实有个别中国游客言行

举止有欠妥之处。近年来,一些中国游客不排队、不讲卫生、大声讲话、不遵守交通规则等行为受到外国媒体关注。泰国《民族报》近日的读者来信反映,一些中国游客的举止有违泰国风俗习惯,让人感到有点儿烦。其实,一些问题我们自己也注意到了。一条中国游客在国外随手乱扔垃圾的照片受到关注,上万网友在留言中期盼中国游客文明素质不断提高。

上述现象有些是国内不文明现象的自然外延,有些恐怕也是刚刚走出国门的中国游客无意之举。文化交流往往受一些规则制约,比如尊重对方风俗和法规。这不仅需要一种意识,同时需要预先做些功课、填补必要的知识。当然,也需要得到有提前量的善意提示。

每一个中国人都是中国形象的流动载体,每一个中国人都是"微观中国"的组成部分。世界眼里的中国形象未必像我们所期盼的那样完美,倾听批评性意见肯定不那么舒服,但有助于我们增强自省意识。从这个角度看,同外部世界的意见互动是有益的,将帮助我们不断实现自我完善。

春节出境游渐渐落下帷幕,留下的思考仍将继续。

(2013年2月25日)

厉行节约关乎国家品质

中国"反浪费"行动获得国际舆论充分肯定。厉行节约不仅是对中华民族传统美德的继承，也是在践行人类命运共同体意识

消费是人类生存的一个重要方面。当代社会，正常的社会消费对于经济健康运行的积极作用也早已为事实反复证明。但是，当过度消费演变为浪费，当消费心态转变为消费主义，当炫耀性、奢侈性消费以及无节制的物质享受成为社会常态，深层次的道德制约就变得不可或缺。

从历史的纵向维度来看，"消费的崛起"与工业文明的发展密切相关。工业文明是一种激发人类欲望的文明，欲望转化为消费行为后又为工业文明继续演进提供了动力。德国学者维尔纳·桑巴特早在上世纪初就认为，消费的集中带动了城市早期的发展，而奢侈是拉动城市消费提升的一个重要因素，并催生了资本主义。

当然，我们在看到消费有拉动经济增长作用的同时，也不可忽视经济规律中的另一面。同贪婪一样，过度消费乃至于浪费最终也会导致疯狂。桑巴特还有这样的描述：人们浪费自己的收入，挥霍尽财产，奢侈像无底洞，吞噬了一切……这些话虽然是在百年前写下，但国际金融危机却表明，资本主义的消费观会造成严重后果。

消费与发展这对互动关系只有在一定的范围内才具有稳定性。因为地球能够为我们提供的资源是有限的，当它不再能支撑人类需求的无限增长时，消费文化下的发展逻辑也将走到破裂点。

过度消费既是现实问题，也关乎精神世界。导致人类社会发展不可持续的问题，其实与人类怎样看待赖以生存的世界相关，与选择怎样一种与世界和谐相处的道德观相关。过度消费甚至随意浪费看似是在追求一种精致奢华的生活，但抬起头来仰望星空，就会发现这种精致生活从根本上讲没有超越狭隘和自私。如果当代人的精致奢华以牺牲后代人的生存条件为基础，这难道不是一种麻木心态吗？

从世界横向比较看，一个无可回避的现实是，在一小部分人从过度消费中虚妄地寻求满足时，数以亿计的人正处于饥饿之中。全世界每年浪费和损失的粮食足够满足8.7亿饥饿人口的需求。这是一个令人震惊的数字，暴露了人类距离普遍公平的美好追求是多么遥远。

老吾老以及人之老，幼吾幼以及人之幼。这是两千多年前中国哲人孟子的一句名言。千百年来，这句话所包含的伦理深意已经深深融入中华文化的内核：以仁待人、关爱他人，仁爱之心给仁者自己带来的精神满足往往胜过华府珍馐。

（2013年2月22日）

食品安全呼唤"全球治理"

食品安全没有旁观者。如果更多国家能够认真关注欧盟解决"马肉丑闻"危机的过程，吸取经验教训，将会有助于推进全球范围内更为有效的治理，从而阻止类似问题在其他地方出现

当食品安全问题成为现代社会民众高度关注的问题，它也就具有了超越国界的特性，这是欧洲的"马肉风波"成为亚洲诸多媒体国际新闻头条的原因。关注别国的食品安全，实际上也包含着对经济全球化背景下自身食品安全问题的关注。

从经济全球化的角度来观察这次欧洲的"马肉风波"，至少有两个方面应当受到重视。一是食品安全问题所具有的跨国性。二是构建食品安全监管体制过程中的相互借鉴作用。

"马肉风波"暴露了欧盟食品安全政策和体制的软肋，折射出经济全球化迅速扩展后引发的管理跟不上市场发展的问题。目前，大型食品跨国公司、超市已经成为食品市场的主导者，大量食品生产、运输以及销售的链条不断延伸扩展，将更多地区和国家联系在一起。而在制度层面，不同国家或地区的食品安全监管又各不相同。"马肉风波"就突出显示了欧盟虽有共同市场，却没有统一的监管。各国发展水平不一，食品立法千差万别，加之食品供应链过长，一国的监管部门难以控制整个链条的每个环节，致使食品安全漏洞迭出。

在食品供应链条可能超越国界的今天，破解全球化时代的食品安全困境，仅靠末端治理显然不够，还需要强化全程监控。18日，欧洲议会公共健康与食品安全委员会就马肉丑闻展开辩论，该委员会呼吁欧盟各国在食品可追溯性方面实现更好的合作，以便建立起较为统一的监管体制。

食品危机是管理危机，更是信任危机。对卷入"马肉风波"的欧洲国家来说，不仅要解决食品安全监管问题，更要解决好"法律标准、执行标准不一"的问题。如何从制度层面突破食品法律标准不一、监管各自为政的瓶颈，是亟待破解的难题。否则，对问题企业一罚了之，可能会暂时平息风波，却依然会留下食品安全链条"带病运行"隐患。

食品安全没有旁观者。"马肉风波"之所以被全球广泛关注，就在于它是人命关天的大事，就在于经济全球化背景下的食品供应链已将世界各地的消费者联系在一起。"马肉风波"发生后，那些购买了英国牛肉罐头的亚洲人、美洲人，会很自然地质疑罐头中有没有马肉。

但是，这种密切联系并不仅仅意味着负面效应的扩大，它也会产生一种正面效应。一国一地的食品安全出了漏洞，会迅速地被全球媒体广泛报道，也会自然而然地引发各国的消费者和监管者的警惕。如果更多国家能够认真关注欧盟解决"马肉丑闻"危机的过程，吸取经验教训，将会有助于推进全球范围内更为有效的治理，从而阻止类似问题在其他地方出现。

（2013年2月21日）

开放才有竞争力

国家发展大计,需要有对未来问题的清醒认识,需要政府和民众的不断磨合。不管这一过程如何复杂敏感,有一点必须强调:国家发展前景归根到底取决于竞争力的提升

新加坡政府日前发布人口政策白皮书,提议引进外国移民以保持国家经济活力。新加坡现有人口约530万,到2030年将引进100多万移民,这的确不是件小事。

白皮书在新加坡引发巨大争议,部分民众举行了抗议活动。抗议者担心太多外国人涌入会抢走新加坡人的工作机会。这种对立反映出政府与民众考虑问题时出发点的差异。一国政府在决策时,通常更侧重于考虑整体、宏观和长远的发展,而民众更注重当下切身利益。这种差异能否缩小,取决于国家和民众的互动。

像新加坡这样的"城市国家",面对经济全球化的复杂竞争局面,只有走在亚洲和世界其他城市的前面,吸引更多的国际化人才,方有可能取得可持续的发展。事实上,新加坡能有今天这样的发展水平,外来移民功不可没。正像新加坡执政者所强调的那样,没有海外人才的贡献,新加坡无法确保其在世界经济竞争中的优势地位。

开放带来竞争与活力,创造巨大的发展机遇。历史表明,开放是一个城市拥有一流创造力的基础。而人口的规模和流动的速度则决定着城市的

财富地位。只有一个不断为人口的流动创造条件的城市，才有可能提供各种各样适合人才发展的机会，才有可能造就和吸引最优秀的人才。城市如此，国家亦然。新加坡在自己的发展历史中，体验到了竞争的好处，其本土优秀人才正是在人口的流动与竞争中成长起来的。

面对外国移民，本地人感受到工作与生存压力加大，本质上是竞争力下降的问题。与老一代新加坡人相比，新生代新加坡人是在经济比较好的环境中成长起来的，他们适应竞争的能力和意愿与前辈相比有所下降，甚至没有做好与外来人才竞争的准备。要让在舒适环境中失去锐气的人们，重新找回艰苦奋斗精神，需要一个过程。新生代更关注个人权利，更看重个人生活水平的提升。在此背景下，长远与现实、国家宏观决策与民众个体考量之间的碰撞更加强烈。类似新加坡移民计划引发的角力，在现代社会具有一定的普遍性。

国家发展大计，需要有对未来问题的清醒认识，但基于这种认识的决策未必符合一些民众的现实利益，需要政府和民众的不断磨合。这样一种动态调整过程，甚至会出现政策反复。近年来，不少外国企业和商会抱怨新加坡移民政策实际上已开始收缩，开放水平在下降，并警告这样的政策将影响外资对新加坡的投入。

吸引外来移民的问题，关乎新加坡的未来发展。新加坡资政李光耀曾强调，要以日本为"反面教材"，通过持续接收外来移民以应对低生育率的挑战。他表示，由于拒不接收移民，人口减少和经济低迷都是日本"选择"的结果，新加坡没有做出同样选择的空间。

国家发展前景归根到底取决于竞争力的提升。一旦失去了竞争力，甚至连已经拥有的发展成果、社会福利也可能得而复失。

（2013年2月20日）

落实共识需要制度保障

二十国集团财长和央行行长会议就避免采取竞争性贬值的货币政策达成共识。然而，减少国别货币政策负面溢出效应，监督机制必不可少

在全球经济复苏乏力局面下，美日等国和欧盟竞相采取宽松的货币政策刺激国内经济增长，为金融市场提供流动性。

宽松货币政策本质上是刺激经济复苏的短期手段，而非目的。全球经济低迷的深层次原因是全球失衡以及金融泡沫等因素。世界经济的复苏需要各国政府做出中长期财政计划和对本国经济进行结构性的调整。

在这方面，中国政府的努力有目共睹。中国一直致力于调整结构、扩大内需，政策效果显著，为全球再平衡作出了重要贡献。反观发达国家，由于国内政治原因，宏观经济政策存在很大不确定性。未来全球需求再平衡的关键，在于发达国家加快结构改革，通过劳动力市场改革以提高竞争力，同时还需要出台中长期财政调整计划。

全球经济失衡现象的形成，与以美元为主导的国际货币体系的缺陷有关，它助长了美国负债型消费模式和欧洲债务危机的形成，并直接导致国际金融危机的爆发。美元是主要国际储备货币，这使得美联储的货币政策具有很强的外溢性。美联储数轮量化宽松，大量地增加了美元在全球的流动性，给外汇市场带来剧烈的波动，迫使其他国家要么对美国货币政策亦

步亦趋，要么为了稳定汇率对外汇市场进行干预。欧央行和英格兰银行纷纷跟随美联储采取低利率和量化宽松政策。日本中央银行在实行量化宽松政策的同时，为了避免日元过度升值，对外汇市场进行频繁干预。

  由于这些政策具有很强的单边性，向全球释放流动性，增加国际资本流动易变性，给新兴经济体带来宏观经济风险和金融风险，并为大宗商品和资产价格上涨埋下了隐患。同时，通过货币贬值刺激增长的做法，容易引发贸易伙伴国的报复性措施。货币的竞争性贬值在历史上出现过多次，其结果是两败俱伤，无助于全球经济走出低迷。

  在探讨世界经济的复苏、实现全球经济再平衡、消除世界经济发展的隐患时，改革国际货币体系这一视角不可或缺。

  通过贬值本国货币来刺激需求和提高竞争力，也许会产生一时效果，但不具有可持续性，同时会对世界经济产生消极影响。作为全球经济治理主要平台，二十国集团就管控货币政策达成共识，反对以邻为壑式竞争性贬值，具有重要意义。然而，从形成共识到有效落实还有相当的距离。共识要变为集体行动，监督机制必不可少。

（2013年2月19日）

预测中国外交的关键

预测中国外交,关键在于能否认识到中国走和平发展道路的坚定意志。今日中国,坚守和平发展道路的实力更加雄厚。脱离了这个基本点,注定要出现误判

10年前,美国发动了伊拉克战争。10年来,美国形象受损、经济下滑。中国保持快速发展并走到世界舞台中央,成为第二大经济体。不难想像,历史学家将以怎样的笔调来描述两个大国的不同境遇。

两件事本没有因果关系,但一些美国学者却热衷于在伊拉克战争与中国发展之间寻找联系。在这些人看来,由于小布什政府将力量过多投放到中东,美国忽视了中国的崛起。奥巴马政府的"重返亚太"战略,则被视为对小布什政府这一战略失误的纠正。

关注太平洋两岸如此重要的两个大国的战略互动,有利于把握过去和未来世界局势的演变。但更需要认清的是,中国拥有自己的发展道路,从未生存在美国战略阴影下。中国发展的战略机遇期不是美国给的,也不是靠钻什么空子抓来的。

"9·11"事件发生前,小布什政府的确有过要加大对中国遏制的冲动,尤其是在台湾问题上,一度明确表示要"清晰化"。这给当时的中美关系造成了严重负面影响,加重了中美关系前景的阴霾。

中国早已走上和平发展道路。近代以来遭受战乱和贫穷的惨痛经历,

让中国人民深感和平之珍贵、发展之迫切，在坚持自己和平发展的同时，致力于维护世界和平，积极促进各国共同发展繁荣。中国的和平发展道路是中国人民找到的一条符合中国国情和时代要求的发展道路。从一开始它就不是权宜之计，不会为外力作用所动。

可以断定，即使小布什政府当时采取更侧重于遏制的对华政策，即便这一政策扩大到经济或其他层面，中国仍将坚守和平发展道路，仍会稳步前行。

反恐战争让美国不得不更加注重大国关系，其中包括加强同中国的协调。从那时起，中美关系有了进一步发展，尤其是中美在诸多层面建立了稳定的协调机制。这些新发展巩固了中美关系前行的大势，也为两国开始尝试建立新型大国关系奠定了基础。这是双方共同努力的结果，也是共赢的选择。

伊拉克战争已经１０年，美国战略东移正在实施中。中国周边局势频频生变，南海、东海争端显现，东亚局势近来又因朝鲜核试验趋于紧张。外界对中国外交走向猜测纷纷。

预测中国外交，关键在于能否认识到中国走和平发展道路的坚定意志。中国不会因外部局势的变化而动摇自己的战略抉择，同样也会尽最大的努力去化解影响和平发展的障碍，以更加积极的姿态参与国际事务，发挥负责任大国作用。今日中国，坚守和平发展道路的实力更加雄厚。脱离了这个基本点，注定要出现误判。

（2013年2月18日）

消除"萨赫勒"乱局之道

2012年初以来,马里局势风云突变。北方图阿雷格族武装叛乱再起,"伊斯兰马格里布基地组织"等极端组织趁势割据一方,马里陷入乱局。

马里问题十分复杂,既有内部因素,也有外部因素。西亚北非局势持续动荡,特别是利比亚战争溢出效应不容忽视。2011年初,利比亚爆发内战。北约等外部势力打着"保护平民"的旗号,逾越安理会决议授权,武力干涉利比亚,卡扎菲政权最终土崩瓦解。然而,武力干预非但没有给利比亚带来和平与稳定,而且给周边国家和地区带来了不稳定因素。恐怖分子、极端组织趁机获得大量武器,并依靠外部势力为颠覆卡扎菲政权所提供的物资支持和通过贩毒、人质绑架等渠道获得的资金不断坐大。这些恐怖组织在非洲萨赫勒地区不断扩散,并趁马里内乱之机渗透蔓延到马里北部,使马里问题雪上加霜。

法国出兵马里,虽在短时间内沉重打击了马里北部极端势力,但善打沙漠游击战的武装分子化整为零,恐会与法军及马里政府军长期周旋下去。西方媒体的有关报道对马里危机能否速战速决持怀疑态度,甚至不乏马里将成为非洲"阿富汗"的论调。

一个时期以来,西亚北非局势持续动荡,利比亚战争创伤尚未抚平,叙利亚战火仍在燃烧,非洲萨赫勒地区也陷入动荡。在这一广袤地区,热点问题接连而起，如何应对？这是摆在地区国家乃至国际社会面前的一个十分尖锐而迫切的问题。回顾和总结近来的形势发展，有四点值得注意：

其一，妥善解决地区问题，必须以当事国和有关地区组织为主导，充分尊重其意愿。外部可以伸出援手，提供建设性帮助，但尤其要慎用武力干预。否则，很可能重演"赢得战争，失掉和平"一幕。

其二，热点问题往往有地区和国际背景，处理起来既要就事论事，也要着眼地区和平稳定大局，统筹兼顾各种因素。恐怖、极端势力不会坐等被消灭，还会流窜到其他地区，制造新的乱局。所以，地区国家和国际社会要形成合力，共同应对，避免在一个地方灭了火，却眼看着危机转移到别的地方。

其三，不少热点问题中都有恐怖、极端势力作乱的因素。打击恐怖主义，要坚持统一标准，不能搞"双重标准"。为了一时的政治需要，对不同的恐怖势力区别对待，甚至加以利用，最终很可能激化原有的民族、教派矛盾，甚至养虎为患，伤及自身。

其四，解决地区问题要标本兼治。不管采取什么途径，通过和平谈判，通过包容性的政治进程全面、持久解决有关问题才是根本。只有这样，才能给地区国家和人民带来福音，才能从根本上促进和解，清除动乱根源。

以当事国和有关地区为主导，着眼地区和平稳定大局，反恐不搞"双重标准"，开启和平谈判、包容性政治进程。

（2013年2月8日）

阻遏网络战，美国负首要责任

建设和平、安全、开放、合作的网络空间，是国际社会的共同期待。将冲突和战争引入网络空间，不符合和平发展的时代潮流，后患无穷

据美国《纽约时报》报道，美国一份秘密的法律评估报告称，如有可靠证据证明有人将对美国发动严重的网络攻击，美国总统有权下令发动先发制人的打击，奥巴马就曾下令对伊朗的铀浓缩设施进行网络打击。1月31日，美国候任国防部长在国会听证会上就美国网络战能力和机制建设发表了长篇讲话。另据《华盛顿邮报》报道，美国国防部计划在几年内将网络司令部规模扩大五倍。种种迹象表明，美国正在朝实施网络战的方向迈出危险的步伐。

随着信息技术的深入发展，人类的生活和生存方式都在发生深刻改变，网络的影响已渗透到政治、经济、军事、社会、文化的各个方面。以互联网为代表的信息网络，极大地促进了知识、信息的传播和资本、技术、人才要素在全球的流动，促进了不同文化的相互交融和经济社会发展，使人们生活更加便利多彩，世界更加充满活力。

但是，网络在各国和全球社会生活中重要性与日俱增的同时，信息网络本身的脆弱性也日益凸显，网络违法犯罪和网络恐怖活动日益猖獗，对社会稳定和经济发展造成严重危害。尤其令人担心的是，一些国家正加快

发展网络战力量，谋求网络空间军事优势，并推动将武装冲突法适用网络空间，变相制定网络战规则，导致网络空间军事冲突的风险持续升高，对各国安全和国际和平的威胁日益明显。

无独有偶，就在美国半遮半掩地公开其网络战计划的同时，美国一些媒体也开始捕风捉影，大肆炒作所谓的"中国网络威胁论"，无端地向中国泼脏水。类似这种贼喊抓贼的巧合并不是第一次，估计也不会是最后一次，目的就是人为制造敌人，为美国搞网络战提供借口。

面对网络空间的各种风险和威胁，没有国家可以独善其身，加强国际间的对话合作，谋求共同安全才是正确出路。美国在信息技术领域处于领先地位，掌握着全球大部分互联网资源和关键基础设施，对维护网络空间和平与安全负有首要责任。美国应该清醒地认识到，带头发展网络战能力，谋求绝对军事优势，会引发网络空间军备竞赛和网络军事冲突，可能给人类社会带来不可预测的灾难性后果。

在21世纪，经济全球化和社会信息化使"地球村"变得越来越小。建设和平、安全、开放、合作的网络空间，是国际社会的共同期待。将冲突和战争引入网络空间，不符合和平发展的时代潮流，后患无穷。美国虽是网络强国，但美国社会的高度信息化，也使其面临更大的脆弱性风险，搞网络战并不符合美国自身利益。美国应该本着对自身和全人类前途命运负责的态度，三思而后行。

（2013年2月7日）

共享春节　加深理解

中国发展日新月异，新鲜故事层出不穷。一条红线就是和平发展。春节蕴含的和谐、和平、和睦、和合文化元素是一笔珍贵的财富，在共同的挖掘过程中，中国和世界加深理解，融合共赢

春节朝我们走来，春节走向世界。

春节，浓缩中国文化元素，诠释中国人思维方式。当纽约帝国大厦点亮彩灯迎接"新春"，当巴黎艾菲尔铁塔披上"红装"，当各国政要纷纷为当地华侨华人和中国人民送上祝福，春节不仅打开一个走近中国传统文化、感知现代中国的窗口，也带来把握中国未来的机遇。

世界曾经一度醉心于中国的"过去"，沉迷于大红灯笼、旗袍、二胡、京剧脸谱、春卷、糖醋排骨、针灸、舞狮等这样一些传统文化符号之中。改革开放以来，中国全面融入世界。世界更加渴望了解现代中国的故事。这不仅因为中国朝气蓬勃、蒸蒸日上的发展势头，也是为了同中国更好地相处。由旁观到务实，这是几十年来"中国观"的一个巨大变化。

传统中国有太多的"文化之谜"，当代中国有太多的"难解之处"。理解今天的中国，需要将二者衔接，需要在传统与现实之间搭一座坚实的桥梁，由远及近，由表及里，走近中国文化，深入中国文化，就会找到那些深藏未露的谜底。

为什么中国经济会突飞猛进？中国共产党开拓奋进的力量从哪里来？

"中国制造"依然强劲的动力何在？其实，所有这些与现代中国息息相关的问题，都有着深厚的中华传统文化底蕴。

中国发展日新月异，新鲜故事层出不穷。这些故事展示现代中国的成就与挑战，为中国文化增添活力，使之更加丰富多彩。这些故事贯穿着一条红线，就是和平发展。走和平发展的道路，是中华民族优秀文化传统的传承和发展，包含着历史与现实两个层面的深刻含义。

赋予古老中国文化符号以现代气息，创造更多的代表现代中国的文化符号，向世界讲清、讲透我们的发展理念，塑造真实、感人、可亲、可敬的国家形象，是我们今天向世界讲述中国故事的关键所在。

美国著名传播学专家彼得斯曾提出"手拉手"的理论。他认为，交流并不在于相互趋同，而在于相互信任、相互关爱。相互信任与关爱，需要相互理解。春节蕴含的和谐、和平、和睦、和合文化元素是一笔珍贵的财富，在共同的挖掘过程中，中国和世界加深理解，融合共赢。

（2013年2月6日）

"中国梦"播撒美好祝福

中国人走向世界,是用自己的双手去开创一片新天地。他们创造共赢机会,播撒合作种子。坚持和平发展的中国,是世界每一个角落中华儿女的可靠依托、精神家园

有一种爱与祝福携手而来,有一种眷恋让人魂牵梦绕……过年,像千丝万缕织成的中国结,将遍布全球的中华儿女的"中国梦"相连。无论是在冰天雪地的冰岛,还是在四季如夏的泰国,哪里有华侨华人,哪里就有春节,哪里就有年味儿荡漾,哪里就有割不断的思念和亲情。

"雾起在南方,雾落在南方,重重迷雾锁南洋。望远方天水茫茫,浓雾中何处是家乡……"早期的中国移民,漂洋过海,客居异邦,一首辛酸曲,一部血泪史。伴随着中国实力的增强,今天的海外华侨华人早已不是史书中描述的旧模样。

在过去30多年里走出国门的中国人,是对"中国梦"一步步接近实现拥有最深感触的几代人。实现中华民族伟大复兴,就是中华民族近代以来最伟大的梦想。怀抱着家国深情,数以千万计的中国人在异国他乡为"中国梦"贡献着自己的力量。改革开放以来,海外华侨华人在中国经济增长中扮演了重要角色,20世纪70年代末,流入中国的投资大部分来自华人。根据世界银行统计,中国收到的海外汇款总额一度高居世界各国前列。

走出去的中国人是中国与世界交融的桥梁。无论是那些胸怀远大抱负

的学子，还是那些去异乡闯荡的商人，还有那些随着中国企业走向世界而出现在全球各个角落的中国人，他们给世界带去艰苦奋斗精神，创造了发展与共赢的机会，也赢得了世界的尊重。就在去年，澳大利亚国会众议院通过动议，表彰华人为澳大利亚建设作出的积极贡献。

当中国企业开始大规模走出国门的时候，"理想"的投资地、安全稳定且有较好基础设施的经营场所，早已被来自发达国家的大型跨国公司分割完毕。为了实现发展的梦想，中国人只有一种选择——继续走出去，去那些危险度比较大的地方。

"无论你走多远，都无法走出祖国母亲的视线。"随着中国每年出境人数的急剧增加，海外华侨华人利益保护逐渐成为中国政府的高度关切。在利比亚局势动荡中，中国政府规模空前的撤侨行动，彰显了"保护海外公民安全和利益的巨大决心"。在中国外交部网站上，满满数页，近百条出国特别提醒。绑架、恐怖袭击、抢劫、政变、动乱、灾害，甚至劳务纠纷、非法移民等都被列了进来，提醒海外华侨华人注意自身安全。

即使与风险同行，中国人从不像早年西方殖民者那样抬着炮、端着枪去抢去夺。中国人走向世界，是用自己的双手去开创一片新天地。他们创造共赢的机会，播撒合作的种子。春节即将来临，看看那些在世界各地艰苦奋斗的华人，想想他们那一份"中国梦"情怀，我们为他们送上最美好的祝福。坚持和平发展的中国，是世界每一个角落中华儿女的可靠依托、精神家园。

（2013年2月5日）

新型大国关系不是空洞概念

> 构建中美新型大国关系不是一个空洞的概念。当前,两国应抓住机遇,开诚布公地进行对话,以实际行动为中美关系注入正能量

亚太地区持续快速发展,在国际政治经济格局中地位日趋突出。美国日益重视亚太,希望分享亚洲繁荣发展的成果。对此,亚洲国家是能够理解的。

近百年来,美国始终是亚太地区重要一员,没人想把美国排斥在亚太发展进程之外。美国所谓的"重返"或"转向"所暗含的"战略预置"完全是多余,甚至是有害的。事实已经证明,抱着冷战思维不放,搞强化军事同盟这一套,不符合亚太国家利益,也不符合美国自身利益。

作为亚太重要一员,中国一直致力于和平发展,为地区繁荣稳定作出了重要贡献。走和平发展道路,是中华民族优秀文化传统的传承和发展,也是中国人民从近代以后苦难遭遇中得出的必然结论。中国办好自己的事,本身就是对地区和平发展的最大贡献。中国不想当"老大",更不会争当"老大"。美国没必要杞人忧天,更不应以己度人。

中美关系走过了一条不平坦的道路,目前的合作局面来之不易,值得珍惜。中美两国自身发展任务都很繁重,同时还面临诸多地区和全球性挑战。美国大西洋理事会最近发表的报告指出,"在包括多边机构、全球金融体系、核未来、网络安全、外空、气候变化、全球资源紧缺和亚洲安全

等广泛的国际事务中，美中关系都将成为成败的关键。美中必须在塑造未来的国际体系过程中深化协作。"中美之间有很多事要谈，有很多事情可做，构建中美新型大国关系不是一个空洞的概念。

人类的生存方式和国际关系模式正在发生深刻变化。避免重蹈大国争霸的历史覆辙，良性竞争、合作共赢是中美关系的正确选择。相互猜疑，就难以建立起伙伴关系。一边说着要合作，一边摆出对抗的架势，更不是为友之道。经济上合作、安全上对抗的模式难以持久。

中美合作要顺利推进，要以相互信任为基础，尊重彼此的核心利益。中国有权和美国享有同等的尊重。企图阻碍中国维护领土主权完整和实现国家统一的努力，势必会严重伤害十三亿中国人民的感情。中美不仅要以建设性姿态管控好矛盾分歧，同时也要为存在的问题探索解决办法。只有以和平合作的思维取代冷战思维，以接触对话取代对抗遏制，中美关系才能健康发展。当前，两国应抓住机遇，开诚布公地进行对话，以实际行动为中美关系注入正能量，共同构建相互尊重、合作共赢的新型大国关系。

（2013年2月4日）

警惕叙利亚危机复杂化

叙利亚危机已持续22个月，逾6万人死亡，大量难民外逃，周边国家不堪重负

新年伊始，叙利亚危机非但没有出现缓和迹象，反而愈益恶化，其外溢效应也更加令人担心。

联合国—阿盟叙利亚危机联合特别代表卜拉希米日前向安理会递交报告称，叙利亚和平前景黯淡，这个国家正在"一点一点被摧毁"。

有消息说，1月30日，以色列战机空袭了位于叙利亚大马士革农村省的科研中心。由于历史与现实的因素，中东地区政治、安全生态十分脆弱。叙利亚在整个地区占有极其特殊的位置，被认为是地缘政治的关节点。以色列的空袭行动，有可能加剧地区局势紧张。

叙利亚危机已持续22个月，逾6万人死亡，大量难民外逃，周边国家已不堪重负。联合国数据显示，在邻国的叙利亚难民数量已超过70万，2013年叙利亚将有约400万人需要人道主义援助。联合国秘书长潘基文呼吁有关国家慷慨解囊，为迫切需要援助的叙利亚人民提供支持。

人道主义救援只能缓解少部分人的一时之痛。叙利亚冲突缘于一场深刻的政治危机，因此必须通过能够带来真正改变的政治手段加以解决。没有强有力的政治解决方案，任由冲突双方决战，叙利亚将一步步走向毁灭。

国际社会对政治解决叙利亚危机有原则共识。根据去年6月叙利亚问题"行动小组"日内瓦外长会议公报确定的精神，国际社会有义务督促叙危机各方停止流血冲突，开启政治对话，组建叙利亚所有社会力量参与的过渡管理机构。然而，有关国家出于一己之私利，看叙利亚政府"不合心意"，依然片面地与叙反对派合作，甚至还不断加大对叙利亚反政府武装的支持力度。这种有失公允、公正的做法，实际上助推了叙利亚内战规模不断扩大。在这种情况下，联合国难以发挥建设性作用。

在当前叙利亚局势下，继续玩这种两面手法是危险的，它将导致冲突进一步白热化，加大恐怖主义威胁。暴力冲突有其难以阻止的惯性，要让打红了眼的冲突双方坐下来开启政治对话进程，离不开外部力量的推动。

叙利亚危机不能没完没了地持续下去，联合国安理会有责任为此实实在在做点什么。

（2013年2月1日）

实力"撑腰",才能和平发展

> 国际关系是一个复杂的体系,不只是国家之间的经济关系。但是,世界经济结构同世界政治结构之间的互动也是显而易见的。世界格局不可能一成不变,也不可能仅仅在某一个领域孤立地变化

德国《世界报》前不久发表文章指出,2013年是一个转折点,发达国家占世界经济总量的份额将首次低于50%。国际货币基金组织早些时候发布的一份研究报告也做出过类似的预测。这样一个历史性转折,中国发挥的作用不言而喻。

"世界大企业联合会"的研究结果表明,2012年中国对世界经济增长贡献率是所有发达国家贡献率之和的2倍。世界经济正从"由欧美引领的发展模式转移至依靠中国带动"。汇丰银行的最新调查显示,去年世界经济的一个明显变化是,很多发展中国家开始从对中国的出口中获取发展动力,它们比发达国家更多地受惠于中国发展。

中国不仅是发展中国家经济增长的领头羊,也是发展中国家整体地位上升的助推器,国际贸易、金融规则改革的推动者。

世界正在进入一个分享中国发展红利的时代。需要强调的是,中国的成就是依靠和平发展、合作发展、共赢发展创造的。这一成就不仅具有经济的分量,也具有不可忽视的政治意义。世界各国走向现代化的路径是多种多样的,新的时代背景下,人类有能力打破大国崛起的陈旧历史逻辑。

东亚的情形是中国在发展过程中同外部世界良性互动的一个缩影。地区国家特别是东盟国家的良好发展势头,既有国内有利因素支撑,也受益于区域经济融合。中国因素的重要性越来越突出,所扮演的"压舱石"角色受到广泛认可。新加坡一位学者感慨道,亚洲已经进入"200年来的最好时刻"。

国际上某些势力设想着拉帮结派,搞成针对中国的"联盟"。这一"联盟"之所以没有任何前途,一个重要原因就是中国走的是和平发展道路,中国的发展给外部世界带来实实在在的好处。中国的发展也是世界的机遇,干扰中国发展也是对世界各国所共有的发展环境的破坏。刚刚过上好日子的发展中国家为什么要迎合某些人的狂想,牺牲自己的发展利益?

国际关系是一个复杂的体系,不只是国家之间的经济关系。但是,世界经济结构同世界政治结构之间的互动也是显而易见的。世界格局不可能一成不变,也不可能仅仅在某一个领域孤立地变化。

像中国这样一个大国,走和平发展道路,的确需要坚实的物质基础。没有这样一个基础,自己的腰杆硬不起来,也难以源源不断地向世界释放发展的正能量。

中国的战略意图很明确也很朴实,就是让自己的日子越过越好,也希望别人的日子越过越好。得道多助。中国的"道"归根结底在于和平发展的气度、合作共赢的追求。我们反复强调时间在中国一边,我们的确有足够的理由坚守这一自信。

(2013年1月31日)

走和平发展道路是战略抉择

时代观是一种科学判断,是一个国家的基本战略思想。中国走和平发展道路,同样有着深厚的思想文化基础。更好地统筹国内国际两个大局,坚持开放的发展、合作的发展、共赢的发展,实为正道

中国的故事也是世界的故事。中国不仅是一个拥有13亿人口的最大发展中国家,也是一个从国际舞台的边缘走到国际舞台中心的大国。中国走什么样的发展道路,不仅决定着中国的命运,也将对世界格局演进产生重要影响。

走和平发展道路,是中国根据时代发展潮流和自身根本利益作出的战略抉择。

时代观是一种科学判断,是一个国家的基本战略思想。深刻认识世界、准确把握时代,才能制定出符合人类文明发展大势、反映时代进步要求的政策,肩负起时代赋予的责任。

当今世界正在发生深刻复杂变化,和平与发展仍然是时代主题。国与国之间利益交融、休戚与共,促进世界各国共同发展是时代思维。更好地统筹国内国际两个大局,坚持开放的发展、合作的发展、共赢的发展,实为正道。改革开放30多年来,中国取得巨大发展成就,国际地位大幅提升。这一切正是通过争取和平发展国际环境发展自己,又以自身发展维护和促进世界和平良性互动的结果。

中国走和平发展道路，有着深厚的思想文化基础。有着数千年文明史的中华民族，是一个热爱和平、崇尚自由、追求正义的民族，中华文化是一种真诚的和平文化。千百年来，"和为贵"始终是中国社会思想的主线；"己所不欲，勿施于人"始终是中华民族的一个基本价值取向；"和而不同"、"厚德载物"是中国人民的宽大胸襟。渴望和平、追求和睦，作为中华民族的一种精神特质，深深地铭刻在人们的心田，融入人们的血液中。中国人民怕的就是动荡，求的就是稳定，盼的就是天下太平。正如小平同志所指出的："中国要实现自己的发展目标，必不可少的条件是安定的国内环境与和平的国际环境。我们不在乎别人说我们什么，真正在乎的是有一个好的环境来发展自己。"

中国是和平、发展、合作崇高事业的积极倡导者，也是和平、发展、合作崇高事业的忠实践行者。中国经济长期保持高速增长，综合国力迅速提高。饱受磨难的古老民族踏上了一条伟大复兴的康庄大道。和平发展道路来之不易，必须始终不渝坚持下去，永远不能动摇。

中国坚持走和平发展道路，决不能放弃自己的正当权益，决不能牺牲国家核心利益。在国际舞台上，迅速崛起的中国已经扮演，并将在相当长的一段时间内继续扮演越来越重要的角色。坚定走和平发展道路的同时，中国也需要提醒一些人：国际格局的调整，适应时代潮流的国际秩序的形成，从来都是国际关系行为主体，特别是大国互动的结果。打破对抗冲突的陈旧历史逻辑，责任不只在中国。

（2013年1月30日）

不要人为打造"双重亚洲"

建立一个以确保亚洲长期繁荣稳定为目标的新秩序,需要中美两国平等参与。对此美国不乏清醒认识,问题在于如何尽快找到足够的勇气

美国学者有关"双重亚洲"的提法引起广泛关注。

这一概念指中国主导的"经济亚洲"和美国把持的"安全亚洲"。"双重亚洲"的现实是否已经出现,人们的看法并不一致。即便作为一种趋势来讨论,结论也是大相径庭。一种观点认为,两个亚洲不可调和,将导致冲突不断。另一种观点则认为,亚洲双雄并立将构成均势,有助于缓解地区紧张局势。

对"双重亚洲"的讨论,显然是在关注中美两个大国能否在亚洲和平相处。在中国崛起以及美国亚太再平衡战略的大背景下,这个问题的答案直接关系到亚洲发展前景和地区安全机制的构建。

"经济亚洲"道出一个事实,即亚洲经济格局发生了根本性变化。中国经济的高速发展,地区一体化进程提速,使亚洲各国在贸易、投资和市场方面同中国的联系越发紧密,各国之间的相互依赖也在不断加深。与此同时,对美贸易在东亚各国对外贸易中的份额在逐步减少。美国依然是世界第一大经济体,对亚洲国家的经济影响不可小觑。但许多论者指出,这样一个以中国为中心的亚洲经济融合之势是市场驱动的结果,不仅具有明

显的趋势性，亦非人为安排可以颠覆。

"安全亚洲"表明，美国正力图通过各种安排维持其军事主导地位。与"经济亚洲"日渐明朗的前景相比，"安全亚洲"所蕴含的秩序正在演进过程中，甚至尚未破题。目前看来，美国着力打造的安全架构，沿袭的依然是二战后的老路子，即依靠盟友来加强双边、多边的安全同盟。问题恰恰就出在这里。这种老路子没有考虑到亚洲的新变化，与亚洲的经济融合进程脱节，没有什么前途可言。

关于亚洲的未来，更宜于从以下角度进行探讨。美国将继续在亚洲经济事务中发挥重要作用，中国也将在亚洲安全事务中扮演举足轻重的角色。美国经常说，欢迎一个和平繁荣成功的中国。这样的表述，往往暗含着中国要为美国维护战略主导地位出力这样一个前提。这实在缺少现实感。尽管美国仍是世界头号强国，但资源和实力的平衡正在变化，这一点在任何地方都不如在亚洲感受得那么强烈。连美国国家情报委员会的最新报告也意识到亚洲崛起引发的震撼。

既然旧有机制过时，就要有一个新的安排。建立一个以确保亚洲长期繁荣稳定为目标的新秩序，显然需要中美两国平等参与。对此美国不乏清醒认识。真正的问题在于，美国似乎还没有找到足够勇气，发自内心地认可中国大国地位，实实在在同中国一道构建相互尊重、合作共赢的新型大国关系。这也是美国亚太再平衡战略传递出过多负面信息的原因之所在。

对美国这样一个国家来说，放下身段，调整好心态，的确很难。但既然"双重亚洲"不过是一种不切实际的虚幻，还是早一些变得现实些为好。

（2013年1月29日）

有"永久责任"才有真正救赎

> 历史认识是一种现实的思想活动。不同的历史观对国家发展道路产生全然不同的影响

1月27日是"纳粹受害者纪念日"。纪念日前一天,德国总理默克尔发表谈话指出:"为了不忘记纳粹年代的罪行以及防止'黑暗篇章'再次发生,德国人民要承担永久责任。"

"永久责任"体现了德国人的自省和担当,也让人们更加清楚地看到,曾经发动侵略战争、给亚洲各国造成深重灾难的那个国家,离真正的救赎还有多长的路要走。

德国前总理勃兰特在华沙犹太殉难者纪念碑前下跪忏悔,德国前总统赫尔佐克访问波兰时请求宽恕,默克尔再次强调永久责任……德国人没有忘却自己的历史污点,反思救赎的进程在不断深入。

这一切并未损害德国人的民族尊严,反而帮助德国作为一个"正常的国家"融入国际社会。在这一漫长的进程中,德国人的民族自信心也在不断提升。

为了历史悲剧不再重演,德国制定了严格的法律。在德国,任何人在公开场合展示纳粹标记,或否认纳粹大屠杀历史,不仅会受到舆论的谴责,还会受到法律的追究。从柏林市中心纪念被害犹太人的"石碑的海洋",犹太人大屠杀悲剧成为历史必修课,到年复一年不断搞下去的纪念

活动，知耻已经成为一种文化自觉。正是这种文化自觉让德国人走出历史误区，洗刷历史耻辱，以坦荡的胸怀书写新的历史篇章。

历史认识是一种现实的思想活动。不同的历史观对国家发展道路产生全然不同的影响。一个不肯承认"历史真实"的国家，怎么可能心甘情愿接受"历史审判"？怎么会自觉接受"历史安排"？不彻底清除思想垃圾，复仇的危险就不能排除。

一个国家的历史观正确与否，决定着这个国家同外部世界的关系，决定着这个国家的发展空间。知耻才有可能获得真正的救赎，才有可能获得宽恕和信任。

历史问题关乎大是大非，这个辫子必须抓住不放。

（2013年1月28日）

克服困难　向前发展

国家责任、政治智慧和历史担当，是中日两国老一辈领导人处理两国关系的基本遵循，也是今天推动中日关系克服困难，继续向前发展的关键所在

钓鱼岛问题事关领土主权，高度敏感。中日关系因钓鱼岛问题而面临的特殊形势严峻复杂。

中国和日本互为重要近邻，分别是世界第二大、第三大经济体。处理好中日关系，将促进两国的各自发展，有利于世界经济复苏。推动中日关系克服困难，继续向前发展，是对中日两国人民福祉负责，具有积极国际影响。

中日邦交正常化40年来，两国关系经历了不平凡的发展历程。这一历程充分表明，两国间四个政治文件是中日关系的压舱石。背离和破坏这四个政治文件，中日关系航船就会在急流险滩受阻。坚持遵守这四个政治文件，中日关系航船才能够把握住前进方向。

"日本方面痛感日本国过去由于战争给中国人民造成的重大损害的责任，表示深刻的反省。"

"日方表示，遵守1972年的中日联合声明和1995年8月15日内阁总理大臣的谈话，痛感由于过去对中国的侵略给中国人民带来巨大灾难和损害的责任，对此表示深刻反省。"

在当前中日关系特殊形势下，我们有必要对上述观点予以再次强调。

国无信不立。日本应信守曾给出的承诺，正视历史和现实，以史为鉴。日本必须认识到，钓鱼岛问题和历史问题，事关公理正义和战后国际秩序安排，事关中国核心利益和中国人民的民族感情。中日关系压舱石动摇不得。

"就中国人民的心情来说，是希望同日本人民友好的，日本百分之九十几的人也是愿意中日友好的。" 这是中国领导人邓小平1987年对日本朋友讲过的一段话。中国政府重视发展中日关系的方针没有变，中国人民对日本人民愿意中日友好的判断没有变。

日本政府需要以实际行动，为推动中日关系发展做出必要的努力。

（2013年1月26日）

半岛局势呼唤智慧和勇气

作为六方会谈重要一方，为实现朝鲜半岛无核化和长治久安，中国以大局为重，坚定主张尽快重启六方会谈，做了大量艰苦细致的工作。中国作为一个负责任大国的作为有目共睹，理应得到尊重，更应得到有关各方的积极响应

联合国安理会第2087号决议引起朝鲜方面强烈反弹，朝鲜半岛紧张局势再度面临急剧升级的风险。

半岛局势复杂凶险，犹如山坡上的一块巨石，没有足够强大的力量，非但不可能推向标志着和平稳定的峰顶，连原地不动都做不到。严峻的现实再一次证实了这一点。

一旦巨石冲向深渊，将酿成怎样的灾难，世人都清楚得很。在此关键时刻，我们强调以下几点原则立场：安理会决议的权威性需要得到尊重，有关各方必须保持冷静清醒，鲁莽之举势必加剧局势紧张。

朝鲜半岛不堪恶性循环，这是探讨朝鲜半岛局势时必须拥有的基本理性。然而，一段时间以来，有关各方迷失了方向，不愿克制创造"于己有利"变化的冲动，试图在微妙的演进过程中打压对手、把握主动。

有关各方亟须对此进行一番认真反思。没有彻底的反思，缺少必要的自省乃至自责，达不成必要的共识，就无法阻止局势进一步恶化。常识告诉我们，巨石滑落不仅有极大的冲量，还蕴含着加速度。有关各方真的该

打个冷战，清醒清醒头脑了。

实现半岛无核化、实现有关国家关系正常化、构筑东北亚和平机制，是缔造朝鲜半岛和平稳定的重要方面。阻止半岛安全局势恶化须标本兼治，通过对话协商均衡解决各方关切。六方会谈就是致力于此的一个不可替代的平台。这个平台上的对话中断后，有关各方的动作幅度越来越大，威胁半岛和平稳定的冲击波越来越强，甚至一度爆发了军事冲突。

作为六方会谈重要一方，为实现朝鲜半岛无核化和长治久安，中国以大局为重，坚定主张尽快重启六方会谈，做了大量艰苦细致的工作。中国作为一个负责任大国的作为有目共睹，理应得到尊重，更应得到有关各方的积极响应。

《共同努力，促使半岛局势向"和"迈进》、《重启六方会谈是打破僵局最佳途径》、《"无条件"（重启六方会谈）就是最大前提条件》、《不要将六方会谈束之高阁》、《重启六方会谈不能一拖再拖》、《朝鲜半岛和平稳定须标本兼治》……这是2011年以来本报关注朝鲜半岛局势的部分"钟声"文章标题。令人遗憾的是，同时期有关各方的媒体不是探讨如何消除对抗，而是猜测对手在酝酿如何挑衅，鼓动主动出击打压对手。

由着性子逞一时之快容易，惹出大麻烦收不了场的结局又将如何处置？是认真想一想这个问题，拿出智慧和勇气决断的时候了。

（2013年1月25日）

菲律宾的徒劳之举

南海局势正朝着缓和的方向发展,菲律宾却背道而驰。菲律宾告刁状,企图将南海问题国际化,除了恶化中菲关系,损害菲律宾自身利益,破坏地区稳定,毫无益处可言

菲律宾日前将同中国在南海问题上的纠纷诉诸联合国有关机构。菲律宾非法侵占中国南沙群岛部分岛礁,此番却想在联合国混淆视听,自然得不到其想要的应和之声。

中国对南沙群岛及其附近海域拥有无可争辩的主权,有着充分的历史和法理依据。从维护中菲关系和地区和平稳定大局出发,中方始终致力于通过双边协商、谈判解决争议,体现了中方极大的善意和诚意。由直接有关的主权国家谈判解决争议,避免采取使问题复杂化、扩大化的行动,是《南海各方行为宣言》的一项重要原则和精神,也是中国与东盟国家达成的共识。南海争议问题应当怎么解决,菲律宾当局不是不明白。菲律宾拿《南海各方行为宣言》为自己张目,岂不是自己打自己的嘴巴?

激化矛盾,挑起事端,不可能有利于问题的解决。回顾一下黄岩岛事件发生以来局势演进就可看到,菲律宾越是想在南海问题国际化上做文章,就越是会让自己处于被动局面。正因为菲律宾知道挑事的后果,所以才心虚地一面挑事,一面表示希望仲裁不要给菲中贸易带来负面影响。菲律宾应当明白,"睦邻、安邻、富邻"是中国的周边外交政策,但中国不

可能在事关自己核心利益的领土主权问题上做出无原则让步。

菲律宾一再呼吁东盟国家支持其行为，实际情况却是屡屡受挫。近年来，中国与东盟的合作取得丰硕成果，双方经济合作更是向纵深发展，东盟国家从中国的快速发展中获益。中国与东盟的合作是大局，是主流。这也是为什么菲律宾每每在南海问题上挑事，在东盟内部都显得十分孤立。这种做法与东盟的共同利益相背离。

目前，南海局势正朝着缓和的方向发展，菲律宾却背道而驰。菲律宾告刁状，企图将南海问题国际化，除了恶化中菲关系，损害菲律宾自身利益，破坏地区稳定，毫无益处可言。

不良行为多了，慢慢就会成为积习。这点在菲律宾身上表现得很明显。不管菲律宾如何自以为是地耍小聪明，都无法改变南沙群岛及其附近海域属于中国的事实。

（2013年1月24日）

"极化",国之大害

极化或许为政治家青史留名搭建了舞台,但对国家发展所造成的危害是显而易见的。关注奥巴马第二任期作为的同时,有必要深入思考美国何以出现今天这样的极化现象

奥巴马第二任期面临的最大挑战是,华盛顿的"政治瘫痪"正在转变成为一种常态。奥巴马深知陷入政党纷争难有作为的苦楚,他选择了强势出击而不是妥协求和。

在就职演讲中,奥巴马推翻"惯例",完全没有向共和党伸出愿意加强合作的橄榄枝,多次抨击保守派的观点,并希望美国民众将之摒弃。奥巴马开出的摆脱"政治瘫痪"的药方,概括起来有两条:第一,下定决心,要和共和党斗争到底;第二,让美国民众紧密团结在他的身边。这两剂猛药很容易让人想到美国经济学家克鲁格曼对两党预算博弈的定性:这是一场阶级斗争。

奥巴马4年前首次入主白宫以来,美国极化倾向在加强。最直接的例证就是,2009年的"茶党"运动和2011年的"占领华尔街"运动,分别以明显的右翼和左翼的立场席卷全美。政治领袖的极化和社会极化有着明显的互动关系。政治领袖的极化影响民众,民众的极化反过来投射给政治领袖。在不断加深的极化氛围中,政府行动能力日益被削弱。

众多美国政治精英为奥巴马第二任期开出的药方中,大都提到变革精

神与妥协技巧的结合。靠政治智慧摆脱党派纷争进而引领国家走出困境，在美国历史上确有先例。不过，人们也注意到，美国皮尤中心2012年6月发表的一份报告显示，在过去的25年中，当前美国民众在价值观和基本信念方面的极化现象最为严重。

相互妥协求得团结，还是针锋相对加剧极化，是一个充满风险的抉择。奥巴马真的有那么强的号召力凝聚民意，最终以压倒性的优势战胜共和党吗？预算自动削减、政府开支项目到期、提高债务上限等三场财政问题上的硬仗是初步检验，2014年的中期选举将给出进一步的答案。

极化或许为政治家青史留名搭建了舞台，但对国家发展所造成的危害是显而易见的。关注奥巴马第二任期作为的同时，有必要深入思考美国何以出现今天这样的极化现象。这种现象同政党政治有怎样的关联？是否有经济全球化背景和各种社会运动的冲击？贫富差距日益扩大、工资性收入在财富分配中的比重逐步下降、信息技术进步普及推波助澜？

未雨绸缪是一种大智慧，智者善于在别人的问题中获得某种启迪。

（2013年1月23日）

衰落，美国自设的话题

> 美国不缺少力量，缺少的是把力量凝聚在一起的机制；美国不缺少办法，缺少的是落实办法的执行力

美国总统奥巴马步入第二任期。此前，美国国会两党就"债务上限"延期方案暂时达成一致，算是为其就职送了一份"大礼"。但"礼物"带不来合作氛围。用美国著名经济学家保罗·克鲁格曼的话来说，这只意味着"白宫在战术意义上略胜"，"这样的胜利一不小心就会在短短数周之内转化为失败。"

法国《回声报》更是发出预警：奥巴马能跳过与共和党人的合作吗？答案是不能。从接下来的数周开始，他必须取得共和党人的支持来提高债务上限，否则美国就没法再付账了。他的对手展开报复的时候大概到了。

在美国历史上，赢得连任的总统第二任期都不同程度地陷入各种丑闻或因决策失误而遗憾终生。奥巴马想在第二任期有所作为，必须在重振美国经济方面弄出点动静来。这也是奥巴马从美国顶级历史学家那里得到的对付"连任魔咒"的药方。为此，奥巴马必须努力扩大第一任期已经取得的成果：让经济复苏能够持续、确保医改法案付诸实行以及加强金融监管。奥巴马和他的新团队很快就要面对预算自动削减、政府开支项目到期、提高债务上限等三场财政问题上的硬战，同时还必须积蓄足够的政治资本，应对减少枪支暴力、修改移民政策、税法改革以及气候变化等诸多

挑战。

然而，形势比人强。奥巴马从2010年中期选举后陷入的"跛脚鸭"状态并没有因连任而改观。党派斗争会继续束缚奥巴马手脚。美国全国广播公司和《华尔街日报》最近的民调显示，超过七成美国民众对当前经济状况不满，仅有大约1/3的民众认为奥巴马有能力促进经济更强劲增长。

同美国国内舆论一样，世界舆论对奥巴马下一任期的疑虑也没有减少。这些疑虑有对美国经济决策失误可能对全球经济产生消极后果的担心，但更多来自于对华盛顿决策力、执行力的担心。

一旦无力走出经济困境，美国在贸易政策上是否更趋保守？因为国内麻烦缠身，美国在"亚太再平衡"时是否会更多地利用地区旧有矛盾获利？一个更加内向的美国，是否会漠视全球经济治理改革？一个发展步伐放慢了的美国，会不会对发展步伐在加快的新兴经济体产生更多担忧？这些问号绝非从天上突然掉下，在过去的一年里，它们已经或多或少地显露出了迹象。

今日美国的确面临着很多棘手的难题。但在很多国家看来，美国不缺少力量，缺少的是把力量凝聚在一起的机制；美国不缺少办法，缺少的是落实办法的执行力；美国更不缺少聪明才智，缺少的是将聪明才智更好地用于加强协作而不是为党派争利。美国是否会衰落是美国自己设立的话题，归根到底还在于美国人自己的作为。

奥巴马要避开魔咒，着实不容易。关键在于，他要运用智慧，破解美国自身面临的政治和经济结构问题。不要把麻烦推卸给别人，肩负起自己的责任，这是美国人民的期待，也是世界对美国的期待。

（2013年1月22日）

美国不要再背新包袱

中美关系向什么方向发展,不是中国一家说了算的。来而不往非礼也。美国对中国这一警句的丰富含义应有充分的了解

常言道,纸里包不住火。

美国在钓鱼岛问题上罔顾事实、不分是非,沿着错误的道路又向前走了一步。这并不出乎人们的意料。钓鱼岛问题因日本冒险挑衅行为升级后,中国一直警告美国以亚太地区和平稳定为重,谨言慎行。

并非中国对美国抱有不切实际的幻想,更不是中国不敢面对现实。做坏的准备,争取最好的结果,这是中国的战略清醒和战略定力,展示了中国的自信和气度。单凭这一点,人们就可以实实在在感受到中国作为一个负责任大国的精神气质,实实在在看到中国崛起为世界格局转换带来的正能量。

最近几个月来,面对持续紧张的钓鱼岛局势,美国始终讲两句话:在钓鱼岛最终主权归属问题上不持立场,承认钓鱼岛在日本行政管辖范围内。现在,美国又加了一句话:反对任何寻求破坏日本行政管辖的单边行动。

是什么让美国的表态发生了变化?所谓的单边行动指什么?美国又将采取什么样的措施予以反对?除了不分青红皂白地将导致局势紧张的责任推向中国,美国有勇气揭开上述问题的谜底吗?这种自相矛盾的表态明显

是在搅局，对解决问题毫无助益。

中国向来不招惹是非，但也没怕过什么事。对此，美国应该是知道的，毕竟美国同中国打交道不是一天两天了。

中美关系是当今世界最重要最复杂的双边关系之一。这一判断是中美双方都认可的，想必美国也不是嘴上说着玩儿的。面对这样一对如此重要和复杂的国家关系，美国理应表现出足够的审慎，有什么话想好再说。图一时之快，由着性子乱来，不符合美国的大国身份，有损美国的战略利益，也是对亚太地区乃至世界局势的稳定不负责任。

新形势下，中美两国要勇于面对现实，积累正能量，努力建设相互尊重、互利共赢的合作伙伴关系，开创中美构建新型大国关系新局面。这是中国处理中美关系问题上的原则立场。但是，中美关系向什么方向发展，不是中国一家说了算的。来而不往非礼也。美国对中国这一警句的丰富含义应有充分的了解。

任何事情都是有底线的。在事关领土主权问题上，不管是谁，中国都不可能退让，也没有任何回旋空间。钓鱼岛问题对中国意味着什么，美国应该很清楚，也必须搞清楚。在钓鱼岛问题上，美国背负着"私相授受"的历史包袱，奉劝美国不要再背新包袱，更不要被日本绑架，因一时冲动扰乱中美关系大局。

（2013年1月21日）

欧盟，自信点儿

"当欧洲设计遇上中国制造、欧洲技术遇上中国市场，就会产生美妙的效应。"营造正常合作氛围，是把握中欧合作机遇必要之举

欧盟委员会去年底发布了对华有机涂层钢板"双反"调查的披露文件。中国企业和政府积极配合进行调查，提供了大量详尽的应诉抗辩材料。然而，欧盟委员会日前裁定中国企业存在高额的倾销和补贴幅度。

这一裁决将严重损害中国企业的合法权益。中方不仅向欧方提出书面抗辩意见，而且声明保留在世贸组织法律框架下解决问题的权利。

"中欧经济在很短时间内已经发展到相互需要、无法分割的程度。"这是欧盟理事会主席范龙佩去年9月在中欧首脑会晤期间讲过的一句话。既然欧盟对同中国的经贸关系有这样一个基本判断，处理相关事务时理应按照顾全大局、谋求双赢的思路行事。欧盟的上述做法再次表明，有一个基本判断是一回事，排除干扰、与时俱进地行事更难。

从反倾销、反补贴调查到双管齐下，从企业或企业联盟投诉要求调查到欧盟委员会主动发起调查……尽管近年来中欧经贸关系总体上保持了稳定，但欧盟"主动出击"的力度正变得越来越大，无怪乎一些媒体上出现了中欧之间有可能爆发"贸易战"的言论。

中欧经贸摩擦频发有结构方面的因素。需要指出的是，这种情况也同欧盟经济困境有关。2009年以来，欧盟国家深受主权债务危机困扰，经济

增长动力不足，就业市场疲软。刺激内需的压力、行业协会和工会组织的游说，加重了欧盟贸易保护主义倾向。

"应急"情况下采取的贸易保护主义措施，往往需要很多年才能清除干净。世界银行最新一期《全球经济展望》，就将贸易保护主义的上升列为全球贸易回暖的主要风险因素。历史经验充分表明，为了拯救危机而采取贸易保护主义措施，结果只能是饮鸩止渴。上世纪30年代经济危机时期，美国签署了大幅度提高关税税率的《斯姆特—霍利法案》，却引起了其他国家的贸易保护主义报复；上世纪70年代，石油危机引发的经济危机，各国贸易保护主义兴起；20世纪末亚洲金融危机后，全球反倾销和反补贴案件爆发式增长，拖慢了世界经济走出危机的脚步。

欧盟频频显现的贸易保护主义倾向是不自信心态的外化。然而，这种不自信实在是没有必要。欧洲虽面临困境，但经济基础雄厚，体制机制齐备，创新能力较强，欧洲应对欧债危机的措施效果初显。《全球经济展望》预计，欧元区在2013年收缩0.1%后，将于2014年回归正增长。只要欧洲继续推进一体化，欧洲实力地位将得到恢复。

欧盟是中国第一大贸易伙伴，中国是欧盟第二大贸易伙伴。尽管欧盟把中欧经贸关系定位为"竞争和伙伴关系"，但竞争应该是良性竞争，伙伴更应妥处分歧。当前，中欧都处在发展的关键阶段，保持正常经贸合作的重要性不言而喻。

（2013年1月18日）

关注非洲，不能只管"扑火"

确保马里的稳定是重要的，但更重要的是有持续的援助，帮助这样的非洲国家尽快减少极端贫困人口，启动发展进程

马里局势最近几天急剧恶化，政府军和北部武装分子陷入激战。在马里政府请求下，法国出兵马里，非洲与西方多国则承诺提供军事及后勤支持。马里局势牵动着国际舆论的视线。

非洲近年开始出现经济腾飞态势，但可持续发展的内生动力明显不足。其主要原因之一就是部族、宗教与贫困问题交叉感染，频频造成社会动荡，甚至波及邻国，严重制约了一些国家的发展。

细观之下，马里问题的复杂性在于，宗教、部族、社会发展和极度贫困等诸多矛盾混合发酵。在非洲，特别是非洲法语区国家，这样的问题比较普遍。近几年来，毛里塔尼亚政变、尼日尔政变、马达加斯加政变，背后都有与马里动荡相类似的问题在作祟。这些国家有一个共同特点：它们都处在当今世界最不发达国家行列。因发展滞后不断放大社会矛盾，大大削弱政权稳定性，反过来又加大了推动发展的难度。

非洲的问题只能在不断推动发展的进程中加以解决，没有发展，难有稳定，原有的问题只会更趋恶化。马里动荡再一次给国际社会敲响了警钟，如何帮助马里这样的国家创造安全的发展环境，提供发展的动力，国际社会特别是联合国肩负重任。

经济全球化时代，如果非洲不能成为一个稳定的增长极，全球增长也不大可能是平衡和可持续的。一位激进的非洲学者曾这样说过，当代世界的穷人也有三样武器：无穷无尽的难民潮、各种传染性疾病和全球继续变暖。

实现联合国千年发展目标，减少非洲地区贫困人口的最大敌人不是缺钱，而是冷漠。正是这种冷漠，把非洲穷国"隔离"在了经济全球化的进程之外。近几年来，因为经济危机的持续，西方发达国家对于非洲发展事业的投入，或心有余而力不足，或口惠而实不至。2005年在英国鹰谷举行的G8峰会、2010年在加拿大举行的G8峰会，均就援助非洲发展做出过承诺，但这些承诺一直没有完全兑现。

没有人计算过法国人动用武力确保马里稳定，以及此前军事介入科特迪瓦等行动，花了多少钱。但有一点可以确信，如果这些钱能在更早的时候，花在帮助非洲国家的发展上，可能会产生比军事干预更有效的作用。

联合国千年发展目标特别顾问杰弗瑞·萨克斯早在几年前就呼吁过：如果美国和其他富国施以援手，非洲是能够摆脱贫困的，美国这个每年军费开支达数千亿美元的国家，有机会为全球安全做出持久贡献，其方式就是拯救非洲成千上万的生命并帮助那里的人们摆脱极端贫困。

确保马里的稳定是重要的，但更重要的是有持续的援助，帮助这样的非洲国家尽快减少极端贫困人口，启动发展进程，让发展成果惠及广大民众。国际社会应进一步加大支持非洲一体化建设的力度，帮助非洲提高整体发展能力，促进非洲和平稳定，为非洲发展创造安全环境。

（2013年1月17日）

美国外交当超越"纠错"

> 世界多极化同历史上的"均势"有着全然不同的时代背景。适应时代要求，需要足够的意志力、战略定力和清醒意识

奥巴马的第二个总统任期即将开始。回顾奥巴马第一任期的外交政策，美国一些舆论认为，奥巴马外交得分要比内政得分更高，美国的国际形象有所改善，这也为奥巴马第二任期在国际舞台上有更大的作为打下基础。

奥巴马是在美国深受反恐战争拖累、信誉滑向低谷之时入主白宫的。为了甩掉前任留下的外交包袱，奥巴马尝试着实现外交转型。一个大国，外交政策要立得住，离不开两个基本认识：一是告别霸权已成时代大势；二是无论实力有多强也必然有力所不及之事。这两点奥巴马比小布什看得更清楚一些。这其中既有理念方面的差异，更重要的还是现实使然。

奥巴马第一个总统任期的外交从"纠错"起步，更加强调硬实力和软实力搭配使用，更加注重大国之间的协调。但是，美国推行多边体制始终有一个大前提，那就是主导权必须牢牢掌握在美国手中。美国没有放弃在全球推行其价值观，美国要通过其所掌控的世界金融体系、长期以来建立的规则制约力，以及对盟国的号召力，用一种较低成本投入来维护道义制高点和重大战略利益。这种调整具有反复性，现实的诱惑或心理失衡都会让美国回到倚重武力的老路。奥巴马第一个任期内爆发了利比亚战争，这

同华盛顿结束伊拉克、阿富汗两场战争的努力形成鲜明对照。

观察奥巴马下一个任期外交走向，有两点值得注意。其一，在调整全球治理机制、处理热点冲突、推行亚太再平衡战略和解决各种全球性问题时，美国能够在多大程度上克制冲动，更多地以一个平等参与者的身份加入合作进程，甚至准备好在必要时让渡部分主导权。其二，美国会不会因为国内问题的拖累而变得更加内向。对美国来说，内向并不意味着战略收缩。心有余而力不足之时，美国的外交政策常常会表现出焦躁和盲动。美国毕竟是当今世界头号强国，其缺少系统性的外交政策的冲击力是巨大的，甚至有可能让世界格局转换陷入某种停顿。

当代国际关系的复杂之处，不仅在于大国实力对比迅速变化，同时处理国际事务的规则体系也进入一个前所未有的调整期。世界多极化同历史上的"均势"有着全然不同的时代背景。要适应时代要求，需要有强大的意志力抵制不合时宜的思维惯性，在学会自我约束的过程中开创新的合作空间；需要对历史负责的审慎态度和战略定力；需要对某些国家制造事端绑架新兴大国与守成大国关系的图谋保持清醒意识。

充分意识到以上这几点，奥巴马第二个任期的外交将不只是操作层面的"纠错"，甚至有可能取得一些建树性成就。

（2013年1月16日）

世界需要中印共同发展

两国在地区和国际事务中保持合作,将为两国增强互信、把握对方战略意图提供新的支撑

新年伊始,中国和印度表达了深化双边合作、实现共同发展、共创美好未来的愿望。这体现了中印两国对发展相互关系重要性的认识。

《印度时报》前不久发表文章称,2012年是中印关系"问题最少的一年",两国政府间"沟通渠道畅通无阻","双方的目标是加强互动,从而更好地了解彼此"。这种看法是中印关系现状的真实写照,缘自中印关系持续稳定发展所产生的正能量。

过去10年是中印关系大发展的10年。两国建立起面向和平与繁荣的战略合作伙伴关系,双边贸易额从本世纪初大约30亿美元猛增至2012年约800亿美元,中国成为印度第一大贸易伙伴,印度是中国在南亚最大的贸易伙伴。

中印关系发展到今天这一步,与两国坚持走自己的道路、不断深化改革、加大开放力度分不开,也得益于亚洲和平发展的大环境。中印经济稳定快速的发展,为亚洲成为全球经济的重要引擎提供了动力支撑。

中印关系正呈现出新的特点,边界问题得到有效管控,经贸合作大发展的同时也产生一些技术层面的摩擦和对贸易不平衡的担心。与此同时,中印两国国际影响力不断增强,有关中印关系"外溢效应"延伸至第三方

和海洋的议论有所增加。

但是，加强经贸合作过程中出现的问题，与边界争端有本质不同。前一类问题恰恰表明两国关系在深化、在发展，在变得更加正常。任何两个大国的经贸关系都是在接连遇到问题、不断解决问题的往复中不断向前发展的。中印两国领导人对2015年将双边贸易额增加到1000亿美元充满信心。

中印经贸合作的深入推进，与两国通过谈判确定了解决边界问题的政治指导原则、保持了边境地区和平安宁有很大关系。经贸关系发展得好，互信就会增加，就会有利于边界问题的谈判解决。

中印同为地区大国，在推动与周边国家关系时，有着各自的地缘利益考虑。但这样的考虑只要以追求亚洲地区长久和平为目标，只要不把其他地区大国视为对手，只要有利于整个区域的合作共赢，就一定会产生积极的外溢效应，也有助于亚洲的发展不被外力主导或受到干扰。中印两国地区和国际影响力的增强，并不意味着两国摩擦点的增多。相反，两国在地区和国际事务中保持合作，将为两国增强互信、把握对方战略意图提供新的支撑。

今后5到10年是中印关系发展的战略机遇期。两国都肩负着发展经济、改善民生、促进地区和平发展的重要任务，双方都需要和平稳定的外部环境。抓住机遇，不断扩大双方的共同利益，将进一步增强中印战略互信，推进双边关系更大、更好发展。

中印同为文明古国，也都是发展中大国。两国同时走上振兴的道路，是21世纪国际关系史上最重要的事件之一。世界有足够空间供中印共同发展，世界也需要中印实现共同发展。把两国关系珍惜好、保持好、发展好，是中印双方的共同责任和利益所在。中方将一如既往地重视中印关系，期待着同印方密切合作，共创中印关系更加美好的未来。

（2013年1月15日）

金子总会发光

> 金砖国家的含金量，金砖国家参与国际事务能力，还是要用历史的眼光、辩证的眼光和发展的眼光来观察

金砖国家安全事务高级代表第三次会议、金砖国家卫生部长会议日前在印度首都新德里举行。

一段时间以来，国际舆论出现有关金砖国家的负面议论，如金砖国家是否会出现"掉队"现象、金砖国家能否持续合作等。正是在这一背景下，中国代表在新德里会议上强调，当前形势下，金砖国家应树立发展道路自信、对金砖国家发展前景的自信、对金砖国家合作的自信。

金砖国家有足够的理由自信。世界银行统计数据显示，本世纪前十年，金砖国家平均增长率超过8%，远高于发达国家2.6%的平均增长率，也高于4.1%的全球平均增长率。2010年，金砖国家对世界经济增长的贡献率超过60%，其中仅中国的贡献就达到30%。金砖国家成为全球经济复苏的领跑者。2011年，中国为世界贡献了1.3万亿美元GDP增长，相当于每12周半创造出一个希腊，或是每年创造出一个西班牙。2012年，中国、巴西、俄罗斯、印度贡献了约2.2万亿美元GDP增长，相当于一年创造出一个意大利。

在世界经济形势低迷的大背景下，金砖国家遇到的困难显而易见。然而，金砖国家增长及其合作方面的问题，究其实质都是发展过程中的问

题，这些问题只能借助更大的发展来解决。金砖国家要保持活力，关键要靠对内深化改革、对外加强合作两个轮子同步前行。

从长远看，金砖国家的长期稳定增长具有各种有利因素。首先，五国的人口、土地面积、市场容量、自然资源相加，超过西方七国数倍之多。其次，五国经济结构均以实体经济为主，再加上内需市场较大的弹性，金砖国家在国际金融危机中表现出的抗压性明显超过其他国家。再次，金砖国家工业化、城镇化方兴未艾，且劳动力数量和素质不断提升，所处的工业化阶段意味着产业升级的增量空间和市场化改革空间较大。

金砖国家的含金量，金砖国家参与国际事务能力，还是要用历史的眼光、辩证的眼光和发展的眼光来观察。

"金砖国家的经济基调就是这个时代的经济基调。"高盛公司前首席经济学家吉姆·奥尼尔不仅首创"金砖"概念，其大胆论断也在实践中不断得到验证。不过，金砖的意义早已超出经济范畴。金砖国家合作机制的建立，是新兴大国群体性崛起的必然产物，是各国自身发展需求的客观选择，也是顺应国际形势发展的自然结果。

金砖国家"利益交集"在扩大，需要共同应对的挑战在增加，当务之急是在两个层面加强金砖国家的合作。一是增强经济互动，通过结构调整深入挖掘互补性，扩大合作成果，分享合作红利。二是针对一些全球性问题，通过协调拿出切实可行的方案，提升金砖国家国际话语权。

倡导团结、合作、共赢理念，做深、做实、做强互利合作。金砖国家在促进世界和平发展方面将不断迈出新步伐。

（2013年1月14日）

世界不是文明拳击场

中国崛起并不简单地等同于经济增长，必将体现在政治、经济、科学、文化等多个层面，其本质是文明的进步

"中国对人类现代面临问题的解决之道，强有力地挑战我们珍视的文化品质；中国人的生存能力可能远胜于我们。"美国"中国问题"泰斗费正清早在上世纪就发出这样的慨叹。

时隔多年后，美国《时代》周刊记者迈克尔·舒曼满怀忧虑地指出："中国崛起对世界文明发展有何影响尚不明确。或许这才是我们最担心的事情——这个世界即将产生根本性的变化，但我们对其变化的方向一无所知。"

这些话颇有代表性，让我们实实在在看到，单线式文明史观是如何成为西方认识中国的思想包袱。中国崛起触动了西方文明的主导地位，但世界并非不同文明的拳击场。

漫长的人类文明史演进表明，任何一种文明的产生和发展都是与其他文明碰撞、交流、融合的过程，不同文明有共性也有个性。迄今为止，没有哪一种文明是在完全封闭的环境中发展起来的。

英国历史学家弗格森认为，世界文明演进不是一个文明衰落、一个文明兴起那么简单，世界文明是在相互借鉴融合中不断发展的。当一些西方学者把研究的视角伸向中国社会的最基层，他们发现，其实有很多影响了

文明发展的因素是共通的。弗格森就在温州人身上发现了数百年前能够使欧洲崛起的因素之一——勤奋工作。温州人不仅每天的工作时间超过美国人,还比美国人更善于储蓄。

中国30多年改革开放历程,就是一个不断借鉴、吸纳人类文明优秀成果的过程。这一伟大变革为中国创造了史无前例的发展机遇,也释放了中华文明的巨大能量。中国早已不再是简单地接受外部世界影响。中国正在向世界展示一条全新的发展道路、一种独特的文化价值。

相互借鉴而不刻意排斥,取长补短而不定于一尊,这是各国发展进步、丰富世界文明的重要途径。对中国未来发展的预测,需要有一种全新的视角。中国的崛起并不简单地等同于经济增长,必将体现在政治、经济、科学、文化等多个层面,其本质是文明的进步。

美国著名时事评论家扎卡利亚在《后美国时代》一书中指出:"我们有史以来第一次见证这样真正的全球增长。在这样的国际秩序里,世界各国不再是被控制者抑或旁观者,他们将是参与者,按照自己的意志运转。这是一个真正意义上的全球秩序。"

既然世界多极化是不可阻挡的历史趋势,为什么中国崛起就必然会以其他文明的衰落为代价呢?为什么多种文明的共同发展就不可能成为未来世界的图景呢?

从走向世界到与世界展开深度的互动,从解决自身发展问题到成为世界发展的一个重要引擎,一个更加自信的中国走向国际关系舞台中央,走向世界文明舞台中央。中华民族伟大复兴是中国故事,也是世界故事。

(2013年1月11日)

美伊较劲　法案添乱

重启对话不仅有助于探索解决伊朗核问题方案，对维护地区和平与稳定同样具有重要意义

伊朗核问题在有惊无险中进入2013年。新年伊始，有积极信息传出，伊朗核问题六国机制范围内的对话即将重启。

伊朗核问题将成为美国总统奥巴马第二任期一个主要外交议题。奥巴马日前签署一项名为"反击伊朗在西半球影响力法案"，责成美国国务院等政府部门半年内制定一项战略，联合美国在拉美的盟国和伙伴，应对伊朗在拉美地区"日益具有敌意的势力与活动"。

这是美伊双方围绕"孤立"和"反孤立"进行的又一场较量。姑且不论效果如何，新法案显露了美国人挥之不去的"后院情结"。由于历史原因，美国一直将拉美和加勒比地区视为自家后院，但进入新世纪以来，拉美一些国家已不再唯美国是从。一年前成立的拉美国家组织将美国排斥在外，受到美欧制裁之苦的伊朗在拉美外交空间得到拓展。美国新法案是否会招来伊朗反击，将给即将开始的对话增加变数。

面对伊朗的"核诉求"，美国采取的主要是制裁加封锁战略，同时寄希望于伊朗内部的变化。目前看来，这种应对手段效果并不理想。伊朗核问题六国机制时断时续，始终未见突破。2012年，美伊关系步入"危险期"。伊朗军演，美国航母"围观"，以色列逐渐成为伊朗核问题的重要

变量。这一切让人感到战争的可能性无法排除。

然而，无论从军事实力还是经济力量上看，伊朗与美国都处在非对称状态。美国在伊朗核问题上保持战争高压却又不轻易出手，归根结底还是因为战争成本太高。一旦开战，油价飙升、地区动荡也将带来严重后果。结束一场战争，远比开始一场战争要难得多。这是伊拉克战争、阿富汗战争给美国人留下的深刻教训。从国内因素看，经济问题重重、民众厌战情绪上升，也是掣肘美国战争选项的深层因素。

作为主权国家，伊朗有和平利用核能的权利，但发展核武器有违国际社会的共识。伊朗应遵守联合国有关决议，与国际原子能机构开展全面合作，在解决相关问题过程中消除现实安全关切。

重启对话不仅有助于探索解决伊朗核问题方案，对维护地区和平与稳定同样具有重要意义。伊朗核问题要真正迎来新契机，需要寻找新思路，而非在外交孤立、封锁的老路上兜圈子。

（2013年1月10日）

日本不要瞎折腾

日本多次出动船只和飞机非法进入中国钓鱼岛海域和领空，这种非法活动必须停止

日本外务省8日上午紧急召见中国驻日本大使，就中国海监船驶入钓鱼岛海域一事，向中国政府表示了强烈抗议，并强烈要求中方保持克制。我驻日大使据理反驳，表达了中方不接受所谓抗议的严正立场。

2010年，中国渔政就将钓鱼岛及其附属岛屿附近海域的护渔巡航纳入常态化。2012年9月10日，中国政府发表声明公布钓鱼岛及其附属岛屿的领海基线，中国海监船只在该海域开展维权巡航，行使中国对钓鱼岛及附近海域的管辖权。日本愿意抗议就抗议吧，不管有多强烈，什么都改变不了。道理很简单，钓鱼岛及其附属岛屿是中国固有领土，其领海及领空的主权属于中国。中国采取什么样的措施维护领土主权，纯属自己的事，同日本没有任何干系。

我们有必要再提一次，钓鱼岛问题是怎么产生的。1895年中日甲午战争之后，日本内阁秘密通过决议，将钓鱼岛等岛屿划归冲绳县所辖。同年4月17日，中国被迫与日本签订不平等的《马关条约》，将台湾全岛及所有附属各岛屿割让给日本，包括钓鱼岛。第二次世界大战后，钓鱼岛回归中国。然而，上世纪70年代，美国和日本对钓鱼岛进行私相授受，再次严重侵犯中国的领土主权。

中华民族任人欺凌的时代早已一去不复返，中国完全有能力维护自己的领土主权。日本必须正视这一现实。不管日本如何难以忘记昔日的帝国辉煌，不管日本的心理调整有多艰难，这一切也都是日本自己的事。中国对此没有丝毫兴趣，也没有任何义务让日本的感受好一些。日本摆出一副受委屈的样子，煞有介事地搞什么抗议，不过是自欺欺人、自我抚慰的无聊之举。

40多年前，中日两国老一辈领导人就钓鱼岛问题达成谅解和共识，为中日邦交正常化铺平了道路。钓鱼岛问题如何走到今天这个地步的，没必要再次详述，对此国际社会清楚得很。偷鸡不成蚀把米，这是日本自己找的。不思悔改，接着折腾下去，日本的感受只能更糟。

中日正常交往、经贸合作受到严重干扰，日本对此十分不安，多次表示要扭转对华关系的发展势头。中国希望与日本和平共处、世代友好、互利合作、共同发展。但这一切是有前提的，不可能绕开钓鱼岛问题。中国将继续采取坚决措施维护领土主权。日本必须打消幻想，停止一切损害中国领土主权的行为。

日本多次出动船只和飞机非法进入中国钓鱼岛海域和领空，这种非法活动必须停止。

（2013年1月9日）

民族自信心铸就"中国梦"

中国道路的意义在于从实践上证明良政的模式是多元的,各国都能找到适合本国的发展道路

国际金融危机不仅是对全球经济的严峻挑战,实际上也是对各种制度、各种发展模式的一次大考。中国表现、中国道路、中国体制,在这场大考中创造了"风景这边独好"的传奇。

"中国传奇"续写新篇,也引来更多探寻的目光。即便是那些长期以来对中国共产党、对中国特色社会主义一片负面评价的某些西方人士,也开始对中国共产党领导的有效性和优越性进行研究。

毫无疑问,"中国传奇"是在30多年改革开放大背景下展开的。中国用短短30多年时间走过西方发达国家两三百年走过的现代化进程。如此巨大的发展成就不可能简单归因于集中爆发的"自然推动力"。于是,延伸出这样两个问题:中国迅速崛起的支撑点何在?30多年改革开放对中国和世界意味着什么?

从世界文明发展角度观察中国道路的窗口已经打开。近年来,"欧洲文明崛起探源"成为热门课题,其背后有对中国发展的观照。学者们试图借助对比方法,找到某个文明在某个历史时期突然超前的原因。

在西方国家,文明史演进研究由来已久,但文明发展多元性观点始终没有成为主流。原因在于,近代以来西方资本主义生产方式成为"先进"

与"发达"的化身。西方的成功为人类文明发展做出贡献，同时也成为对文明发展认识的"制约"。这种制约在西方表现为根深蒂固的文明优越感，并通过殖民手段和强大的思想文化传播影响像中国这样的后发国家。

历史的阴影和现实的困惑消磨了发展中国家民族自尊心和民族自信心，现实中的"思想殖民"依然顽固。近年来，一些发展中国家放弃对自身发展道路的探索，盲目照搬西方模式却陷入混乱局面，思想根源就在于此。

把历史变成一部西方文明成功史，变成一场由西方向"接替者"传递自由火炬的接力赛，这是一种误导。中国30多年改革开放的辉煌成就打破了单线式文明史观。中国道路的意义不在于向世界各国提供替代西方民主体制的灵丹妙药，而在于从实践上证明良政的模式是多元的，各国都能找到适合本国的发展道路。

"另一种文明已经和西方平起平坐。他们在许多方面更胜我们一筹——他们对成功充满渴望，对未来信心坚定。"英国《金融时报》的评论十分精到。

（2013年1月8日）

凝聚力也是行动力

一旦为了执政而执政,民主制度不管形式上多完备,到头来也只能是一个空壳

欧美国家带着焦虑和打开新局面的期盼步入2013年。焦虑源自进入第六个年头的国际金融危机,但也有这场危机暴露的深层次问题。

英国《经济学家》杂志如是总结华盛顿"政治瘫痪"和"欧元区瘫痪"相似之处:第一,无法超越修修补补进而达成"治本"协议;第二,国家和政党受制于利益集团;第三,政治家对选民不够坦诚。

美国《外交》杂志指出,在选举政治下,选出出类拔萃的领导人困难重重。即使偶尔有少数出色的领导人上台,还是免不了要面对被政治、法律桎梏牢牢捆住手脚的局面,实际上是寸步难行。

这种忧患和反思难能可贵,不仅有思想的张力,也是西方政体自我修复能力的必要元素。

美欧思想界谈及对方体制问题时,不时会流露出一丝酸涩。《经济学家》封面上赫然写着:"美国正在变成欧洲"。不管哪一方是情感伤害的始作俑者,苛责和揶揄都不足取。同处困境,更应相怜相惜,砥砺共进。人类命运共同体意识需要在每一个细微处加以培育。

欧美国家对自身体制问题的反思,越来越多地延伸到"中国道路"——

"中国的崛起与西方民主国家的衰落，向全世界提供了鲜明的对照。"

"当西方最具代表的民主政体瘫痪时，中国已经做好决定，昂首前进。"

中国人对发展进程中世所罕见的挑战有清醒认识。只要不是捧杀，外部世界的肯定乃至羡慕都值得我们关注思考。毕竟鸦片战争后的百年屈辱历史并不遥远，彻底摆脱"被殖民心态"、完成民族自信心的重建，是一项长期而又艰巨的任务。道路自信、理论自信、制度自信依赖发展成就支撑，也需要在比较中不断强化。

西方的体制问题有历史积淀、现实诱因，也有经济全球化这一大的时代背景，总而言之不是中国造成的。在这一问题上，中西方思想界拥有共识。中国崛起同西方遭遇困境不期而遇，是一个值得深入思考的课题。纯属人类文明演进的偶然，还是蕴含了某种历史的启迪？或许，时隔多年后人们才有能力给出可信的答案。

"中国模式的政治制度不可能取代西式选举民主，因为中国从不将自己的政治模式包装成普世通用的典范，也不会对外输出。"美国《外交》杂志这一看法十分中肯。无论中西方在历史文化传统和制度体系方面有多大差异，但维持国家正常运转、推动发展进程的良政有共通之处。心平气和地探讨一下这些共通之处，应该是有益的。

一个政党上台执政，就要切实肩负起管理国家的职责，包括推动"不受欢迎"的变革。强大的社会动员能力是必不可少的要件。而这种动员能力只能在推动社会形成共识的过程中获得。尽管局部利益和整体利益、眼前利益和长远利益很难摆平，但保持国家发展的强劲势头和可持续性是民众最大的共同利益，也是根本利益。超越党派和集团利益决策，把道理掰开揉碎讲清楚，总会得到大多数民众的理解和支持，凝聚起变革的力量，获得足够的行动力。

一旦为了执政而执政，民主制度不管形式上多完备，到头来也只能是一个空壳。

（2013年1月7日）

有一种智慧叫"顺应"

> 在处理好同外部世界关系方面,中国有足够的信心,也深知时间在自己一边。道理很朴素,但很硬

"财政悬崖"让华盛顿这个新年过得很忙乱。问题早就摆到了桌面上,争来争去也有不少时日,为什么非要搞到"坠崖"后再爬上来的境地呢?不管是政党"极化"作怪,还是"权力分裂"使然,美国国会两党的作为有浓重表演色彩。不表演得淋漓尽致,不足以表达对所代表社会阶层乃至利益集团的忠诚,不足以将造成"政治瘫痪"的帽子扣到对手头上。

围绕"财政悬崖"的表演,有美国政党政治传统作底色。相比之下,新年前另一起表演就更不着调了。也不知道哪里来的底气,日本领导人居然大呼小叫要在中国周边搞什么"价值观联盟"。拿什么样的价值观搞联盟呢?是颠覆历史事实、挑战战后国际秩序安排的价值观?还是组建缺少担当的政府、走马灯般更换首相的价值观?想高举价值观招牌当盟主,总得先成为一个"正常国家"吧。

回首2012年世界风云,真切感受到某些人做事表演色彩太重。有的是做给选民看的,有的是做给盟友看的,也有的是为了壮胆做给自己看的。表演终归是表演,除了一时的轰动效应不可能管什么大用。但是,表演所产生的负能量也是实实在在的。

这种负能量集中体现在以下几个方面:其一,效率低下误事。当前,

国内问题和国际问题边界越发模糊，不少时候误自己的事意味着惊扰他人，给世界经济复苏添乱。其二，销蚀互信搅局。当今世界，你好我好大家好并非没有可能，关键是相处的氛围如何。由着性子斗狠，嘴上说一套暗中干一套，最后的局面不难想象。其三，入戏太深迷乱。相对于剧院来说，国际政治舞台实在是太大了，进得去出得来谈何容易。不管是假戏真做，还是硬着头皮演下去，都是挺不好的事。一旦有重要影响力的大国都失去了现实感，整个国际关系体系麻烦就大了。

2012年世界上相当一部分表演或是冲着中国来的，或是有中国崛起背景，这种情况今年也不会有大的改变。毕竟，中国崛起是当今国际关系演进的一条主线。实现两个"百年梦想"，中国需要一个良好的外部环境。但是，中国不会为某些人的表演而烦躁，更不会因此乱了阵脚。中国有从坏处准备，争取最好结果的战略清醒和战略定力。

在处理好同外部世界关系方面，中国有足够的信心，也深知时间在自己一边。道理很朴素，但很硬。中国致力于同各国一道，推动实现世界和平发展、合作共赢、公平正义。中国最大的战略意图就是让自己的日子一年比一年好，也希望别人的日子也一年比一年好，除此别无他图。

世界多极化、经济全球化深入发展，文化多样化、社会信息化持续推进，科技革命孕育新突破。面对人类历史上前所未有的大变革大调整大变化，国际社会的确需要构建一个价值观联盟。这样一个价值观联盟越强大，就越有利于保持国际形势总体稳定，越有利于走好转型之路。需要强调的是，这个联盟的价值观是时代的要求，而不是哪个国家随意确定、随意代言的。

世界潮流浩浩荡荡，顺之则昌，逆之则亡。

（2013年1月4日）